诚信为本　操守为重

坚持准则　不做假账

——与学习会计的同学共勉

高等职业教育财经类专业群 **智慧财经** 系列教材

高等职业教育财务会计类专业"**岗课赛证**"融通教材

icve 智慧职教 高等职业教育在线开放课程新形态一体化教材

大数据+

智能化 成本核算与管理

主　编　沈豫琼　钱　文

副主编　蹇瑾洁　李　爽　高秋元　罗晗颖

▍大数据与会计
▍大数据与财务管理
▍大数据与审计
▍会计信息管理
▍财税大数据应用

中国教育出版传媒集团

高等教育出版社·北京

内容提要

本书是高等职业教育财经类专业群智慧财经系列教材之一，也是高等职业教育财务会计类专业"岗课赛证"融通教材。

本书落实立德树人根本任务，围绕成本核算与管理职业岗位能力需求确定工作任务，着力培养学生成本核算、成本管理、成本分析的职业能力。同时以 Excel 作为主要的成本数据处理工具，辅以 Power BI 作为数据可视化工具，强化成本数据整理、数据可视化、成本费用分配表编制及明细账登记、成本报表编制与分析等操作能力训练，推动成本核算与管理课程升级与数字化改造。本书按照项目任务式编排教材内容，包括成本认知、成本核算、成本管理三个模块，认识成本及成本核算与管理、认识成本核算与管理的发展、认识成本核算等10个项目和29个任务。本书设计理念先进，突出理实一体、"岗课赛证"融通、专技融合，将价值引领、软件工具使用、知识学习与业务操作有机整合。

本书配套开发了立体化的教学资源，如微课、教学设计、电子教案、课件、表格模板等数字化教学资源，帮助学习者全面系统掌握相关技能，具体资源获取方式见书后"郑重声明"页的资源服务提示。

本书可作为高等职业教育专科、职业教育本科院校及应用型本科院校财务会计类专业及其他财经商贸类专业的教材，也可以作为从业人员的业务参考用书。

图书在版编目（C I P）数据

智能化成本核算与管理 / 沈豫琼，钱文主编 . -- 北京 ：高等教育出版社 ，2024.4
ISBN 978-7-04-061824-2

Ⅰ．①智… Ⅱ．①沈… ②钱… Ⅲ．①智能技术－应用－成本计算－高等职业教育－教材 ②智能技术－应用－成本管理－高等职业教育－教材 Ⅳ．①F231.2-39

中国国家版本馆 CIP 数据核字（2024）第 044270 号

智能化成本核算与管理
ZHINENGHUA CHENGBEN HESUAN YU GUANLI

策划编辑	张雅楠	责任编辑	张雅楠	封面设计	李树龙	版式设计	马 云
责任绘图	马天驰	责任校对	高 歌	责任印制	存 怡		

出版发行	高等教育出版社	咨询电话	400-810-0598
社　址	北京市西城区德外大街4号	网　址	http://www.hep.edu.cn
邮政编码	100120		http://www.hep.com.cn
印　刷	中煤（北京）印务有限公司	网上订购	http://www.hepmall.com.cn
开　本	787mm×1092mm 1/16		http://www.hepmall.com
印　张	19		http://www.hepmall.cn
字　数	330千字	版　次	2024 年 4 月第 1 版
插　页	2	印　次	2024 年 4 月第 1 次印刷
购书热线	010-58581118	定　价	49.80 元

前　言

为全面贯彻《中华人民共和国职业教育法》，加快推进《职业教育专业目录（2021年）》《职业教育专业简介（2022年修订）》的实施，满足全国各地高等职业院校财务会计类和财政税务类专业实施新版人才培养方案的教学急需，中国职业技术教育学会智慧财经专业委员会组织全国高职院校和行业企业百余名专家，依据有关专业基础课和专业核心课的教学改革新要求，编写了本套高等职业教育财经类专业群智慧财经系列教材。本书是该系列教材之一，是顺应数字化管理时代的要求，改变传统成本会计纸上算账的教学模式，以 Excel、Power BI 作为成本数据处理工具，提高学生数据整理、数据可视化、成本费用分配表及明细账登记、成本报表编制分析等操作能力，按照相关专业核心课程"智能化成本核算与管理"的教学需求编写的通用教材。

本书立足成本会计典型职业活动和工作任务，将价值塑造与知识传授、能力培养融为一体，注重培养学生运用现代信息技术开展成本核算、管理与分析工作的能力，注重提升学生分析问题、解决实际问题的综合创新能力，注重培育学生经世济民、诚信服务、德法兼修的职业素养。

本书与传统成本会计教材相比，具有以下特点：

（一）聚焦课程思政，落实立德树人根本任务

本书以党的二十大精神为指引，全面贯彻新发展理念，围绕各项目教学内容，以降本增效推动经济可持续发展为重点，充分挖掘课程思政教育资源，加强对学生的国家意识、法治意识、社会责任意识、成本意识、效益意识、节约意识、可持续发展理念的培养，赋予专业课程价值引领的重任，并进一步提升专业课程育人成效。

（二）聚焦数智赋能，体现智能化便利与效率

传统成本核算与管理教材手工计算量较大，在成本核算和分析过程中，有大量的时间花费在数据处理上。本书将 Excel、Power BI 与成本核算和分析紧密结合起来，

通过二维码的方式提供成本核算及分析的原始表格，让学生亲自动手用Excel生成数据，用Power BI分析数据，能够动态且清晰地了解成本数据的来龙去脉及逻辑关系。同时通过Excel和Power BI的应用，能够大大提高成本核算与分析的效率。以逐步结转分步法为例，对于多步骤生产过程，在完成第一步骤成本计算后，第二步骤以及第三步骤只需录入基础数据，即可自动生成成本数据，避免了计算环节的重复操作，有利于提高学生学习的获得感和成就感。本书还配有丰富的立体化教学资源，包括微课、操作视频等二维码链接的资源及教学课件、参考答案等，更好地为教师和学生提供服务。

（三）聚焦岗课赛证，促进高素质技术技能人才培养

在本书的编写过程中，作者团队到企业实际岗位做了广泛调研，合作企业也为本书的编写提供了大量案例，确保教材内容贴近专业培养目标和职业岗位需求。本书设置了"岗课赛证融通同步训练"和"综合技能强化训练"，将成本核算与管理岗位要求、1+X职业技能等级证书标准及会计实务技能大赛与成本会计岗位要求融入教材，为学生参赛和考证提供有力有效的帮助。

（四）聚焦学做一体，推进课堂教学模式改革

本书采用理实一体化的编写模式，以学生为本，将理论知识融入到具体案例，案例结果并不直接呈现，而是分步骤强化过程，引领操作，打破了"老师讲，学生听"的传统教学模式，充分发挥学生学习的主观能动性，让学生"脑子转起来，思维活起来，双手动起来"，由学会到会学，从"要我学"达到"我要学"的学习境界，推进课堂教学模式改革。

本书由云南财经职业学院教授沈豫琼、副教授钱文担任主编，蹇瑾洁、李爽、高秋元、罗晗颖担任副主编，谢惟佳与王瑞婕参加了本书的编写。具体分工如下：项目1、项目2、项目3由蹇瑾洁编写，项目4由钱文、王瑞婕编写，项目5由沈豫琼、谢惟佳编写，项目6由李爽编写，项目7、项目8由罗晗颖编写，项目9、项目10由高秋元编写。罗晗颖负责模块三的总纂，沈豫琼负责全书的整体规划，并对模块一、模块二进行了总纂与定稿。在本书编写过程中得到了中联企业管理集团有限公司等单位的大力支持。

本书编写中，我们参阅、借鉴了国内外相关论著、教材，参考了行业企业的实操案例和实践经验，并深入研究了Excel、Power BI在工作岗位中的应用。我们希望

通过本书的出版，能够为成本核算与管理提供一些信息化工具应用思路。但由于水平有限，书中难免还有疏漏之处，敬请读者批评指导，以使本书臻于完善。

编者

2024 年 3 月

目　录

模块1　成　本　认　知

模块2　成　本　核　算

模块 3　成本管理

成本认知

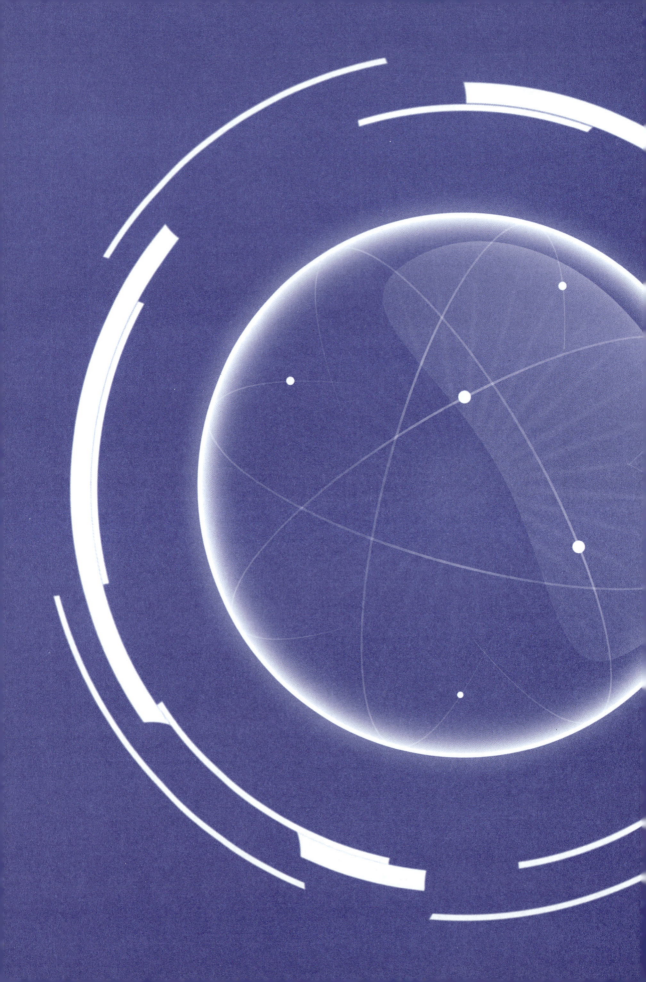

认识成本及成本核算与管理

学习目标

素养目标
◆ 通过了解成本的经济实质和作用，树立成本节约意识。

知识目标
◆ 了解成本的经济实质、作用、分类。

◆ 理解成本核算与管理的职能。

◆ 掌握成本核算与管理的岗位任务。

技能目标
◆ 能够描述成本的经济实质和作用。

◆ 能够描述成本核算与管理的职能和岗位任务。

【思维导图】

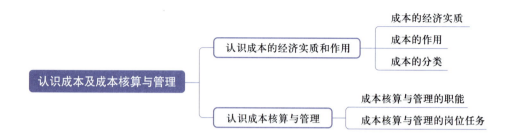

在企业生产活动中，"成本"一定是被高度关注的元素。其有两个理由：一是企业的所有经营活动都要依赖于投入；二是能否在行业中具有相对优势，很大程度上取决于成本。不论是一名管理者，还是一名创业者，都会认为成本管理是经营管理的重中之重。

任务1　认识成本的经济实质和作用

一、成本的经济实质

人们要进行生产经营活动或达到一定目的，就必须耗费一定的资源（人力、物力和财力），其所耗费资源的货币表现及其对象化称为成本。比如生产车间在生产产品过程中消耗的原材料，支付人员的工资，支付的管理费用等。用会计学语言表述就是：成本指特定的会计主体为了达到一定的目的而发生的可以用货币计量的代价。

二、成本的作用

（一）成本是生产耗费的补偿尺度

成本是以货币形式对生产耗费进行计量，并为企业的再生产提供资金补偿的标准。企业只有按照这个标准补偿了生产中的资金耗费，才能进行顺利生产。企业通过销售收入对生产耗费即资金耗费进行补偿，而成本就是衡量这一补偿金额大小的尺度。

（二）成本是制订价格的重要依据

根据价值规律，产品价格决定于产品的价值。但在产品价值无法直接计算的情况下，只能通过产品成本间接地反映产品价值水平。因此，成本是制订价格的依据。成本可以作为制订价格的参考，在市场经济中，价格往往是由各个部门的平均成本再加上社会的平均利润形成的。

（三）成本是企业进行决策的重要依据

在现代企业中，成本越来越成为企业管理者投资决策、经营决策的重要指标，比如在扩大产量、增加品种等生产决策中，成本往往是重要的考量因素，在市场价格等因素一定的前提下，成本的高低直接影响企业盈利的多少。

（四）成本是反映工作质量的指标

成本同企业生产经营各个方面的工作质量和效果有着内在的联系，企业劳动生产率高低、原料和劳动力的消耗状况、设备利用率、生产技术和经营管理水平高低，都能通过成本直接或间接地反映出来。因此，成本又是反映企业业绩评价的指标。

三、成本的分类

成本在广义上指的就是全部费用，狭义上指的是产品成本。为了科学地进行成本管理，正确计算企业生产经营过程中发生的费用，需要对种类繁多的费用进行合理分类。费用可以按不同的标准分类，其中最基本的是按费用的经济内容和经济用途分类。

（一）按经济内容分类

费用按经济内容不同，可以分为外购材料、外购燃料、外购动力、职工薪酬、折旧费、利息支出和其他支出。

（1）外购材料，即企业为进行生产经营而耗用的一切从外单位购进的原料及主要材料、半成品、辅助材料、包装物、修理备用件和低值易耗品等。

（2）外购燃料，即企业为进行生产经营而耗用的一切从外单位购进的各种固体、液体和气体燃料。

（3）外购动力，即企业为进行生产经营而耗用的一切从外单位购进的各种动力。

（4）职工薪酬，即企业为获得职工提供的服务或解除劳动关系而给予的各种形式的报酬或补偿。

（5）折旧费，即企业按照规定的固定资产折旧方法计算提取的折旧费用。

（6）利息支出，即企业应计入财务费用的借入款项的利息支出减利息收入后的净额。

（7）其他支出，即不属于以上各要素但应计入产品成本或期间费用的费用支出，如差旅费、租赁费、外部加工费以及保险费等。

这种分类方式可以反映企业在一定时期内通过生产经营活动发生了哪些费用、金额各是多少，据以分析企业各个时期各种费用的构成和水平。但是，这种分类不能说明各项费用的用途，不便于分析各种费用的支出是否节约、合理。

（二）按经济用途分类

费用按经济用途不同，可以分为计入产品成本的生产费用和直接计入当期损益的期间费用两类。

1. 生产费用

（1）直接材料，即直接用于产品生产，构成产品实体的原料以及有助于产品形成的主要材料和辅助材料。

（2）直接人工，即直接从事产品生产的工人的职工薪酬。

（3）制造费用，即企业为生产产品和提供劳务而发生的各项间接费用，包括企业生产部门（如生产车间）发生的水电费、固定资产折旧、无形资产摊销、管理人员的职工薪酬、劳动保护费、国家规定的有关环保费用、季节性和修理期间的停工损失等。

（4）燃料和动力，即直接用于产品生产的燃料和动力。

2. 期间费用

（1）销售费用是指企业在销售商品和材料、提供劳务的过程中发生的各种费用。

（2）管理费用是指企业为组织和管理企业生产经营活动所发生的费用。

（3）财务费用是指企业为筹集生产经营所需资金等而发生的筹资费。

实际应用中的产品成本是指产品的生产成本，不是指产品耗费的全部成本，具体包括企业在生产产品过程中所发生的材料费用、职工薪酬等，以及不能直接计入而按一定标准分配计入的各种间接费用。

在实际工作中，为了促使企业厉行节约，减少生产损失，对一些不形成产品价值的损失性支出也列入产品成本之内，包括废品损失、停工损失等。而行政管理部门为组织和管理生产经营活动而发生的管理费用、为筹集资金而发生的财务费用、为销售产品而发生的销售费用，由于在发生时难以按产品归集，为了简化成本核算工作，都直接计入当期损益，冲减利润，不计入产品成本。

📶 实践技能训练

友和电子厂本月只生产一种产品 A。2024 年 3 月，发生如下交易事项，要求根据相关数据计算产品成本。

（1）购进原材料 920 000 元，其中 60% 被生产领用。

（2）生产工人工资 88 000 元，生产车间管理人员工资 5 000 元，企业技术人员工资 10 000 元，食堂服务人员工资 12 000 元。

（3）生产设备计提折旧 42 000 元。

（4）贷款购买设备，支付利息 6 000 元。

（5）投放短视频平台广告费 42 000 元。

根据以上资料，可以确定 A 产品成本为_____元。

任务 2　认识成本核算与管理

一、成本核算与管理的职能

企业生产经营活动越来越丰富，成本核算与管理的职能和任务也随之逐步完善。具体地说，成本核算与管理工作主要包括成本预测、成本决策、成本计划、成本控制、成本核算、成本考核和成本分析 7 个职能。

（一）成本预测

成本预测是指在分析企业现有经济技术、市场状况和发展趋势的基础上，根据与成本有关的数据，采用专门的科学方法，对未来的成本水平及其变化趋势做出科学的测算。预测是着眼未来、展望未来，是企业进行经营决策和编制成本计划的基础。成本预测有利于帮助企业降低产品成本，挖掘企业降低成本的潜力。

（二）成本决策

成本决策是根据成本预测提供的数据和其他有关资料，制订出优化成本的各种备选方案，运用决策理论和方法，选择最佳成本方案的过程。做出最优化的成本决策是制订成本计划的前提，也是实现企业成本目标和提高经济效益的重要途径。

（三）成本计划

成本计划是指在成本预测和成本决策的基础上，通过一定的程序，运用一定的方法，以货币计量形式表现计划期产品的生产耗费和各种产品的成本水平，并以此作为控制与考核成本的重要依据。编制好成本计划，有利于提高企业领导和职工降低成本的自觉性，帮助其充分挖掘企业降低成本的潜力，克服盲目性。

（四）成本控制

成本控制是指在产品成本形成的过程中，通过对产品成本形成进行监督，采取各种有效方法，及时发现存在的偏差，将各项费用的发生限制在计划控制范围之内，以保证成本计划的顺利执行。成本控制对于企业最大限度地挖掘降低成本、费用的潜力，提高经济效益有着重要的现实意义。

（五）成本核算

成本核算是对生产经营过程中实际发生的成本、费用进行计算，并进行相应的账务处理。成本核算过程，是对生产耗费进行归集、分配及对象化的过程。成本核算是成本会计工作的基础，为编制下期成本计划、进行成本预测和决策提供资料，并为制订产品价格提供依据。

（六）成本考核

成本考核是指在成本核算的基础上，定期地对成本计划的执行结果进行考核和评价。成本考核常常与奖惩制度相结合，根据成本考核的结果进行奖惩，调动人员积极性，更好地履行经济责任，提高成本管理水平。

（七）成本分析

成本分析是根据成本核算和成本考核提供的成本数据及其他有关资料，与本期计划成本、上年同期实际成本、本企业历史先进的成本水平，以及国内外先进企业的成本等进行比较，了解成本变动情况，确定成本差异，以便采取措施，改进生产经营管理，降低成本和费用，提高经济效益。

综上可以看出，成本各项工作的各个环节是相互联系、相互补充的，这些环节一般贯穿于企业生产经营活动的全过程并发挥相应的作用。在各个环节中，成本核算是基础。没有成本核算，成本的预测、决策、计划、控制、考核和分析都无法进行。

为避免重复，并突出重点，本教材着重阐述企业成本核算和成本分析的具体内容。

二、成本核算与管理的岗位任务

成本核算与管理的岗位任务是成本核算与管理工作的具体化，也是人们期望通过成本核算与管理应达到的目的。作为会计的一个重要分支，成本核算与管理是企业经营管理的一个重要组成部分，其需要为企业经营管理提供所需要的数据和信息，保障经营管理活动，以达到降低成本、费用，提高经济效益的目的。

成本核算与管理的岗位任务主要包括：

（1）审核企业各项成本支出，进行成本核算、费用管理、成本分析，并定期编制成本分析报表。

（2）每月月末进行费用分配，及时与生产、销售部门核对在产品、产成品，分析差异原因并上报。

（3）进行有关成本管理工作，分析各项消耗定额和成本计划的执行情况。

（4）分解下达成本、费用、计划指标，收集有关信息和数据，开展成本分析工作。

（5）评估成本方案，及时改进成本核算方法。

实践技能训练

思考如何抓住成本管理的"牛鼻子"

"牛鼻子"抓住了，即抓住了事物的主要矛盾或影响全局的关键，符合辩证唯物主义基本原理，是解决矛盾和分析问题的科学方法，也是我国改革开放多年来的重要经验。对于成本核算与管理而言，真正难的恐怕是如何发现"牛鼻子"。

不谋全局者，不足以谋一域。在开展成本管理相关工作时，必须先对整体的成本管控框架进行全面了解。要对成本管理相关的各个环节有明确清晰定位，切切实实胸中有本"账"。如果脑中对全局不清楚，也就不可能会知道"牛鼻子"在哪里了。

例如，就快递行业来讲，随着行业竞争越演越烈，快递公司在不断追求更低成本、更好服务，以追求争取更大的市场份额。快递公司在成本管理方面是否有"牛鼻子"呢？

如果你是一家快递公司的成本管理人员，你会如何帮助公司进行成本优化呢？（可以从快递公司的运营模式、机制创新、提升信息化能力等方面开展调研。）

持续深入降成本　助推实体经济恢复壮大

2023年6月，国家发展改革委等四部门发布《关于做好2023年降成本重点工作的通知》，要求以习近平新时代中国特色社会主义思想为指导，全面贯彻落实党的二十大精神，坚持稳中求进工作总基调，完整、准确、全面贯彻新发展理念，加快构建新发展格局，着力推动高质量发展，更好统筹疫情防控和经济社会发展，大力推进降低实体经济企业成本，支持经营主体纾困发展，助力经济运行整体好转。

2023年降成本重点工作措施系统而有针对性，精准务实。一是坚持全面推进与突出重点相结合。延续企业成本类别的既定框架，从税费成本、融资成本、制度性交易成本、人工成本、用地原材料成本、物流成本、资金周转效率、企业内部挖潜八个方面展开，同时针对当前突出问题重点突出地谋划具体举措。如，税收优惠政策强调精准性、针对性，主要针对小规模纳税人、服务业纳税人、小型微利企业、个体工商户等抗风险能力偏弱的对象，以及科技创新、重点产业链等重点领域。二是坚持制度性安排与阶段性措施相结合。明确提出将重点领域研发费用税前加计扣除比例提升至100%的政策作为制度性安排长期实施。也有一些措施则主要是阶段性的，如继续阶段性降低部分社会保险费率等。三是坚持降低显性成本与降低隐性成本相结合。对降低缴纳的税费、财务费用、交易成本、人工成本、用地原材料成本、物流成本等显性成本作出相应部署，也围绕市场准入、融资渠道、招投标和政府采购等方面谋划举措，促进形成公平竞争市场环境，降低经营主体面临的隐性成本。四是坚持降本减负与转型升级相结合。在普遍性降低某些成本的同时，对创新、小微民营等重点领域和重点群体予以倾斜支持，同时还采取更大力度措施引导支持企业转型升级，有关激励企业内部挖潜的举措将引导企业从内部优化管理、转型升级来降本增效。

降成本是供给侧结构性改革的重要内容，是助力实体经济企业轻装上阵、提升竞争力的一项重要举措。当前，经济社会全面恢复常态化运行，多数生产需求指标同比增速提升，就业、物价总体稳定，经济运行呈恢复向好态势。同时，国际环境依然复杂严峻，国内需求仍显不足，经济回升内生动力还不强，实体经济企业经营发展面临的风险挑战仍然较多，特别是一些中小微企业、个体工商户经受持续冲击后经营仍然较为困难，经营主体信心和预期仍然有待提振。在此背景下，部署推动降成本工作更有着雪中送炭、添薪加火的特殊现实意义。大力支持经营主体纾困发展，最终将助推我国经济实现整体性恢复，重回正常增长轨道。

降成本工作是一项系统工程，需要持之以恒推动。同时，降成本不是简单地一降了之，要统筹兼顾需要与可能，按照适宜节奏来降。2023年降成本工作重点举措的落地实施，将在前期多年成效基础上持续深入发力，优化市场环境、持续降本增效，不断增强实体经济企业活力和竞争力，提振市场信心，助力我国经济加快恢复。

岗课赛证融通同步训练

一、单选题

1. 成本核算与管理最基础的职能是（　　　）。

A. 成本预测　　　　　　　　　B. 成本决策

C. 成本核算　　　　　　　　　D. 成本考核

2. 工业企业的多种费用按其经济用途分类，其重要作用在于（　　　）。

A. 反映企业在一定时期内通过生产经营活动发生了哪些费用、金额各是多少

B. 可以为编制企业材料采购资金计划和劳动工资计划提供资料

C. 可以为企业核定资金定额和考核资金周转速度提供资料

D. 可以阐明企业费用的具体用途，有助于核算与监督产品消耗定额和费用预算的执行状况，有助于加强成本管理和成本分析

3. 下列内容不属于成本核算与管理的岗位任务的是（　　　）

A. 审核企业各项成本支出

B. 每月月末进行费用分配，及时与生产、销售部门核对在产品、产成品，分析差异原因并上报

C. 进行有关成本管理工作，分析各项消耗定额和成本计划的执行情况

D. 为产品销售制订推广营销方案

二、多选题

1. 成本核算与管理的职能有（　　　　　）。

A. 成本预测　　　　　　　　　　B. 成本决策

C. 成本计划和成本控制　　　　　D. 成本核算

2. 成本的作用主要有（　　　　　）。

A. 成本是生产耗费的补偿尺度

B. 成本是制定价格的重要依据

C. 成本是企业进行决策的重要依据

D. 成本是反映工作质量的指标

3. 成本计划的意义包括（　　　　　）。

A. 编制成本计划是企业组织全体职工确定成本目标，不断降低成本的重要手段

B. 编制成本计划，为成本控制、成本分析和成本考核提供了重要的依据

C. 编制成本计划是编制其他计划的依据

D. 编制成本计划是企业增加销售量的重要工具

三、判断题

1. 成本是计算企业盈亏的依据。企业只有当其收入超出其为取得收入而发生的支出时，才有盈利。（　　　）

2. 在成本核算与管理的各个环节中，成本预测是基础，没有成本预测，其他环节都无法进行，因而也就没有了成本会计。（　　　）

3. 在进行成本预测、成本决策和编制成本计划的过程中，也应进行成本控制，这种成本控制也称成本的事后控制。（　　　）

4. 企业生产经营活动的原始记录，是进行成本预测、编制成本计划、进行成本核算的依据。（　　　）

5. 因为成本是产品价值的组成部分，所以成本必然会通过销售收入得到补偿。（　　　）

认识成本核算与管理的发展

学习目标

素养目标
◆ 通过了解成本核算与管理的发展，培育开拓精神。

知识目标
◆ 了解成本核算与管理的形成、特征及其工作组织。
◆ 了解从 Excel 到 Power BI 的成本核算与管理。

技能目标
◆ 能够描述成本核算与管理的形成、特征和工作组织。

【思维导图】

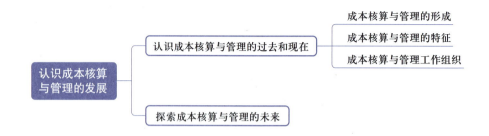

在大数据经济浪潮扑面而来、中国制造希望实现换道超车的新时代，如何深刻认识数字化、智能化变革的力量和方法，是目前各行各业都在思考的课题。成本作为企业价值创造的源泉，也是企业产生利润的驱动力。成本的核算与管理在企业经营管理活动中发挥着举足轻重的作用，其有着独特的理论和方法体系。同时，新时代也赋予了它更多的意义，这就需要我们更好地去把握成本核算与管理的过去、现在和未来。

任务1　认识成本核算与管理的过去和现在

一、成本核算与管理的形成

早在工业革命之前，就已经存在若干成本核算的方法。1531 年意大利的 Mcdici 家族在他们的毛纺厂中，按照毛纺厂的生产工艺设置了"毛纺公账""织布公账""染色工账"等特殊分录账，并且，他们已经认识到设备需要在其经济寿命期内分期转销的折旧概念。这被认为是成本核算的萌芽。1555 年法国人克里斯托弗尔·普拉廷（Christopher Plantin）在其印刷厂中建立了一套简单的成本核算账户体系，能够反映印刷一本书所耗用的纸张成本、人力费用以及其他费用，这就相当于现在品种法的核算方法。

随着社会经济生产力发展，成本核算需求在不断拓展和延伸。特别是在第一次工业革命时期，成本管理的思想获得快速发展。1911 年美国管理学家弗雷德里克·温斯洛·泰勒（Frederick Winslow Taylor）在《科学管理原理》一书中提到了"以计件工资和标准化工作原理来控制工人生产效率"的思想，随后标准成本法、差异分析法等方法应运而生。

美国"钢铁大王"安德鲁·卡耐基（Andrew Carnegie）在其回忆录中曾说："先进的机器、完美的规划、熟练的工人、出色的经理，这保证了我们的巨大成功……根据我们钢铁厂的经验，我们知道精确的会计制度意味着什么。在生产过程中，原料从一个部门转移到另一个部门，都有员工进行核对，没有比这种做法更能提高利润的了。"这生动地诠释了企业内部实行成本管理对企业发展的巨大价值。

到20世纪80年代左右，随着企业规模化生产，产品开始标准化、批量化生产，这时的成本管理思想主要是通过标准成本法、责任成本法等工具方法对生产成本、期间费用、资产的耗费等各项成本进行管理。

到了20世纪90年代后，计算机在企业管理中获得广泛应用，信息技术不断发展，经济全球化格局的逐步形成，企业所面对的市场竞争进一步加剧，对成本管理的重视程度也日趋加大。企业开始打破围墙，站在更高的战略层面，从上下游产业链的全环节考虑成本管理问题。

随着竞争环境的日益复杂化和市场竞争的日趋激烈，企业越来越需要更全面、更细致、更准确地去规划和控制成本。特别是借助信息技术的发展，成本核算与管理拥有更加广阔的应用前景，其战略性意义不断提升。

二、成本核算与管理的特征

在一般人的印象里，成本核算与管理只是计算产品成本，其实这仅是它的特征之一。成本核算与管理的重要特征，是把注意力放在企业资源的详细计划、有效控制和合理利用方面。这里所说的资源是指人力、物力和财力。

企业必须根据生产经营的任务来计划资源的投入和使用，并测算这些资源投入和使用后的效率和效益。为了正确制订成本计划，确定成本目标，需要细致地观察、分析企业周围的环境和企业内部的状况，充分掌握正确的信息。同时，需要根据市场经济的要求，按照生产经营的各个环节和项目以及生产经营期限，分别制订出生产经营各个环节和阶段的费用预算及成本计划，形成有机的成本计划体系。根据成本计划体系确定各个环节的责任标准并进行控制，将责任落实到各环节和人员上，通过相应措施进行成本控制，使计划成本达到预期的目标。

三、成本核算与管理工作组织

为了达到成本核算与管理的目标，充分发挥其在企业生产经营过程中的作用，科学地组织成本核算与管理工作已形成相对完善的体系。成本核算与管理工作组织主要包括设置机构、配备人员、建立制度。

（一）设置机构

成本核算与管理机构的设置要与企业规模、业务数量、管理要求相适应。在大中型企业中，成本会计机构一般设在厂部会计部门中。在小型企业，通常在会计部门中设置成本核算组或专职人员负责成本核算与管理工作。

（二）配备人员

在企业的成本核算与管理机构中，根据企业的规模大小、业务繁简配备适当的成本核算与管理人员是实现成本会计目标的重要保证。为了充分地调动成本核算与管理人员的工作积极性，《中华人民共和国会计法》规定了会计人员的职责和权限。这些职责和权限对于成本核算与管理人员也是完全适用的。

成本核算与管理人员应该认真履行自己的职责，正确行使自己的职权。要做到这一点，成本核算与管理人员除应精通成本核算与管理、具备会计职业道德外，还要懂得财务管理和熟悉生产技术。

（三）建立制度

各企业为了具体规范本企业成本核算与管理的工作办法，应根据各种法规和制度，结合本企业生产经营的特点和管理要求，具体制订本企业的成本核算与管理制度、规章和办法。企业成本核算与管理制度必须符合社会主义市场经济的要求，体现国家有关方针、政策和法规，与国家出台的《中华人民共和国会计法》《中华人民共和国注册会计师法》《总会计师条例》《企业财务会计报告条例》《企业会计准则》等法规制度保持一致。

思考如何胜任成本核算与管理岗位工作

小明想要通过考核选拔，竞聘集团的成本会计岗位。他对此既有渴望，又有担心。渴望的是能够接触集团更多元的业务，有更大的发展平台，担心的是无法胜任该岗位工作。他找到师傅，想聊一聊作为一名成本核算与管理的新手，怎样才能迅速上手。师傅告诉他，成本核算与管理人员的工作很多时候是"摸着石头过河"，在实际工作中，由于影响成本的因素有很多，既有经济因素，又有技术因素；既有企业外部因素，又有企业内部因素；既有客观因素，又有主观因素。因此，成本核算与管理人员要努力学习生产技术、价值工程、成本优化理论等，不断提高个人的素质。师傅还给了他一份到岗准备小贴士（见图2-1）。请你结合这份小贴士，帮助小明梳理出几个具体的问题，便于向前辈进一步请教。

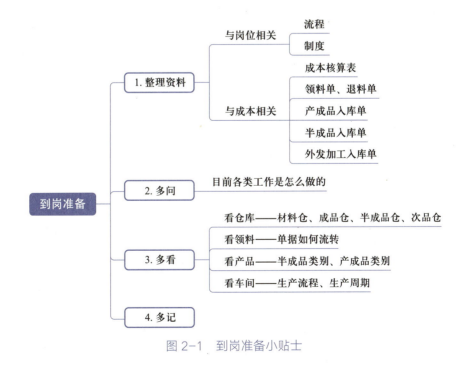

图 2-1 到岗准备小贴士

任务 2　探索成本核算与管理的未来

对于成本核算与管理而言，新一代信息技术所带来的根本改变就是将"现实的万物"和"虚拟的互联网"整合在一起，使企业能够实时准确地获得更全面的成本信息，从而推动精细化成本核算与管理的应用。

物联网是智能制造的基础设施，它已经悄无声息地渗透进我们的生活。例如，当我们满怀期盼地在网上购物平台查看已购商品的物流动态时，背后有快递企业一整套物联网系统在默默支撑；当我们在超市扫描价签结账时，商品的销售信息已实时传入超市管理系统。事实上，在工业生产领域，生产设备的所有数据，包括产量数据、生产线数据、作业数据等已经可以实时通过网络传输到企业 IT 系统中。在运输、入库、领用、制造、产成品入库、销售等所有环节中，企业可在多个管理节点采集成本数据并传入数据仓库，从而使生产成本计算变得可追踪，计算结果更为科学、合理，财务人员也能准确掌握生产线上各作业环节的成本消耗，并基于大数据和数智技术实现对成本的动态核算预测、控制和分析。

智能化，特别是财务机器人的运用实现了成本核算与管理工作的自动化。财务机器人，也就是财务工作中机器人流程自动化（Robotic Process Automation，简称 RPA），是指用软件自动化方式，把人工操作的工作用计算机完成，它让软件机器人自动处理大量重复的、基于规则的工作流程任务。例如，对于会计部门来说，员工每月都有交通费、差旅费等各种单据需要报销，会计部门需要对这些费用进行整理、收集、精算，登记录入到公司的管理系统，还要把汇总结果登记录入到税务部门的系统中去，甚至还要和工资明细等进行合并，工作繁琐且容易出错。如果使用 RPA 技术，就可以自动识别单据类型、费用、特定员工信息，自动输入公司的管理系统以及税务系统，减少人工错误，确保零失误，提高工作效率，大幅度降低运营成本。

从物联网获得的数据可以与 RPA 技术相结合，进一步延伸以实现自动化流程，实现数据赋能业务。新一代信息技术使得会计工作在一定程度上能实现自动化，例如，通过数据处理中心自动将收集来的物品位置、数量、状态、价值等信息，自动生成一系列原始凭证，很多常规的记账凭证甚至也可以依据这些原始凭证在信息系统中自动生成，这大大减少了会计人员的工作量，也在一定程度上提高了会计核算的客观性和准确度。

思考从 Excel 到 Power BI 的成本核算与管理

在信息化时代,数据就是生产力。从企业生产经营活动产生的数据中挖掘出有价值的信息,对于企业生产和发展至关重要。

商业智能（Business Intelligence,简称 BI）,指的是运用现代数据仓储、线上分析处理、数据挖掘和数据展现技术等进行数据分析,以实现商业价值。

自助式 BI 工具门槛低、灵活度高、效率高,财务人员可以像使用 Excel 一样,快速入门并掌握自助式 BI 工具。如图 2-2 所示的就是使用 Power BI 制作出的折线和簇状柱形图,通过图形能够很清楚地看出全年销售情况。同时,请你试一试在 Excel 中找到折线图、柱形图的制作方式,为后续的学习做准备。

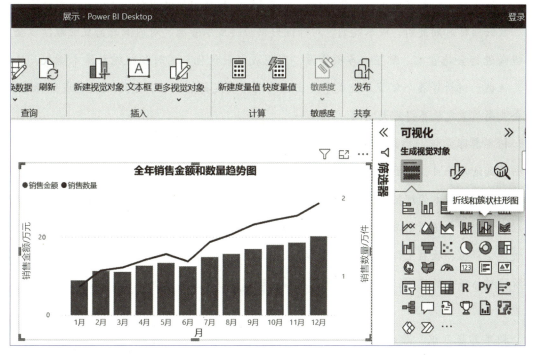

图 2-2　利用 Power BI Desktop 制作的折线和簇状柱形图

树牢算账意识　着力降本增效

成本控制是企业发展的生命线。唯有运筹帷幄的"计算"和颗粒归仓的"算计"，才能实现项目管理的降本增效。中铁六局集团太原铁路建设有限公司以"一切工作到项目，一切工作在项目体现"为导向，深入践行"大商务"管理理念，着力提升算账意识，形成全员、全过程、全层级、全链条的算账氛围，推动企业实现高质量发展。

成本决定效益，效益决定发展。只有算得好，才能干得好。只有牢固树立算账意识，才能算好当前投入产出的"成本账"和企业高质量发展的"长远账"，助力项目管理再上新台阶。

树牢算账意识，树立目标责任成本理念。"大商务"管理理念突出目标责任，以项目立项为起点，以项目交付、终期兑现为终点，将算账意识贯穿整个过程，形成闭环管理。强化各级"当家人"的效益意识、算账意识，通过算账算出压力、算出信心，以算账结果指导决策。做好项目前期策划、成本策划，对外做好供应链成本管理、对内做好前置管理，以全成本视角进行全局管控，配置好各项资源，实现成本最优化。同时积极挖潜降本增效，从人员、机械、材料等各个环节严控成本支出，调动全员发挥能动性，想方设法完成目标成本，为企业高质量发展赢得更大空间。

树牢算账意识，推行标后预算清单化管理和全过程管控。通过将工、料、机等成本要素归集到清单子目，以更加高效、科学的方式形成清单收入，并形成预算成本和实际成本的对比，为项目成本管理提供强有力的数据支撑。同时抓好统筹协调，通过现场实时管控、计划动态调整，打通资源要素优化配置从方案到落地的"最后一公里"，真正把效率效益在施工进度、产值、收益上体现出来。定期按照施工进度对标后预算进行分解，动态分析项目在各阶段整体成本的变化，清晰掌握项目在各环节的盈亏状况，及时止住"出血点"、打造"增长点"。

树牢算账意识，做好全过程风险防控。针对风险防控，以问题为导向，扎实开展提质增效专项行动，着力分析问题、解决问题，提高项目创效能力，积极加快创新驱动步伐，纵深推进开源创效与成本管控并重，统筹推进稳产高产与安全优质生产，算清长远发展的大账。抓好全过程风险防控，确保所有价值与效益"颗粒归仓"。

效益很大程度都是挤出来、算出来的。只有全员树牢算账意识，既算好项目建设的"小账"，又算好企业发展的"大账"，抓严抓实成本管理、抓紧抓细效能提升，才能真正实现降本增效，为企业实现高质量发展贡献力量。

💻 学思践行

细算账、算细账，能省一点是一点，能省一分是一分。算"支出账"、算"收入账"，归根结底算的都是"效益账"。在严峻的市场大环境下，必须坚持效益导向，强化经营意识，算中干、干中算。从算的账中找出差距和问题，做到原料采购动态调整、生产配料结构优化、品种规格效益最大化。推行"算账经营"，为了效益这个目标，想办法、寻对策、出主意。

岗课赛证融通同步训练

一、单选题

1. 企业进行成本会计工作具体直接的依据是（　　）。

A. 各项具体会计准则

B. 企业财务通则和企业会计准则

C. 企业的成本会计制度、规章和办法

D. 企业会计制度

2. 在 15 世纪，能够反映印刷一本书所耗用的纸张成本、人力费用以及其他费用，与现在核算方法（　　）类似。

A. 品种法　　　　　　　　　　　B. 分批法

C. 分步法　　　　　　　　　　　D. 多步法

二、多选题

1. 成本核算与管理工作组织的具体内容有（　　　　　）。

A. 做好各项基础工作

B. 设置成本核算与管理机构

C. 配备成本核算与管理人员

D. 制订本企业的成本核算与管理制度、规章与办法

2. 企业成本核算与管理机构的设置应与（　　　　　）相匹配。

A. 管理要求　　　　　　　　　B. 企业规模

C. 业务数量　　　　　　　　　D. 成本会计人员的多少

3. 下述关于成本核算与管理机构的叙述，正确的是（　　　　　）。

A. 成本核算与管理机构是在企业中组织、领导并直接从事成本核算与管理工作的机构

B. 大中型企业可在会计部门中单独设置成本会计机构，专门从事成本会计工作

C. 在规模较小、会计人员不多的企业，可以在会计部门中指定专人负责成本核算与管理工作

D. 有关职能部门和生产车间，也应根据工作需要设置成本核算与管理机构，或者配备专职或兼职的人员，负责该职能部门和生产车间成本核算与管理工作

三、判断题

1. 成本核算与管理是为编制财务会计报表提供成本信息。（　　　）

2. 由于成本核算与管理工作是企业整个财务工作的组成部分，因此，有关会计工作的法规和制度也同样适用于成本核算与管理工作。（　　　）

3. 在规模较小、会计人员不多的生产企业中也必须单设成本会计机构。（　　　）

4. 企业应根据企业外部有关方面的需要来组织成本会计工作。（　　　）

5. 成本核算与管理的发展与科学技术水平、社会生产力水平的高低有关。（　　　）

模块2

成本核算

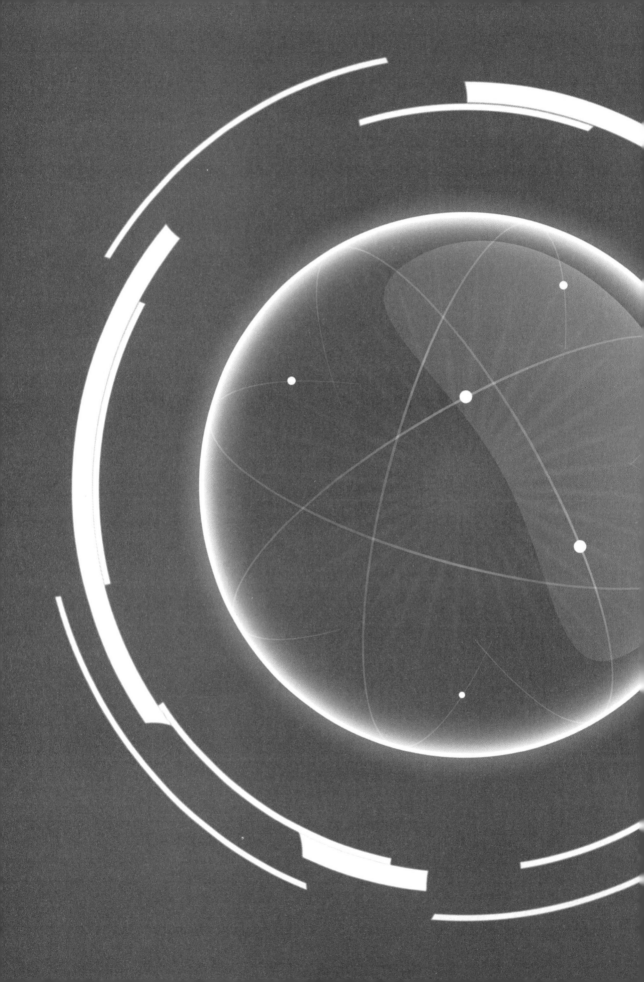

认识成本核算

学习目标

素养目标

◆ 通过了解成本核算的要求，培养主动作为的意识和全局性观念。

知识目标

◆ 了解成本核算的原则和要求。

◆ 掌握成本核算的账户和程序。

技能目标

◆ 能够运用成本核算的原则进行成本核算。

◆ 能够运用成本核算的程序和账户进行成本核算。

【思维导图】

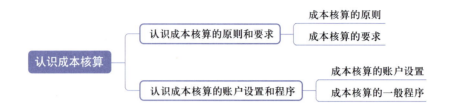

成本核算是对生产经营过程中发生的各种费用，按照一定的对象和标准进行归集和分配，以计算各个成本对象的总成本和单位成本的一项工作。成本核算是成本会计的核心，成本核算资料是成本分析和成本考核的重要依据。

任务1　认识成本核算的原则和要求

一、成本核算的原则

成本核算原则是会计人员在成本核算过程中应该遵循的基本规范。为了保证成本核算达到目的，保障成本信息的可靠性，财务人员在成本核算过程中应该遵循以下原则：

（一）合法性原则

计入成本的费用必须符合国家法律、法规和制度等规定，不符合规定的费用不能计入成本。

（二）可靠性原则

可靠性原则包括真实性和可核实性。真实性就是所提供的成本信息与客观的经济事项相一致，不应掺假，或人为地提高、降低成本。可核实性是指成本核算资料按一定的原则由不同的会计人员加以核算，都能得到相同的结果。真实性和可核实性是为了保证成本核算信息的正确、可靠。

（三）相关性原则

相关性原则包括成本信息的有用性和及时性。有用性是指成本核算要为管理当局提供有用的信息，为成本管理、预测、决策服务。及时性是强调信息取得的时间性，及时的信息反馈，便于及时采取措施，改进工作。

（四）分期核算原则

企业生产经营活动是连续不断进行的，为了计算一定期间所生产产品的成本，企业就必须将其生产经营活动划分为若干个相等的成本会计期间，分别计算各期产品的成本。成本核算的分期，必须与会计年度的分月、分季、分年相一致，这样有利于各项工作的开展。

（五）权责发生制原则

在成本核算时，对于已经发生的支出，如果其受益期不仅包括本期而且还包括以后各期，就应按其受益期进行分摊，不能全部列入本期；对于虽未发生却应由本期负担的费用，应先行预提计入本期费用中，待实际支出时，不再列入费用。

（六）实际成本计价原则

对生产所耗用的原材料、燃料和动力等费用，都是按实际成本计价的。对可计提折旧的固定资产必须按其原始价值和规定的使用年限计算。对完工产品要按实际成本计价。

（七）一贯性原则

产品成本计算方法一经确定，没有特殊的情况，不应经常变动，以使计算出来的成本资料便于进行比较。企业如果因情况特殊确需改变原有的成本核算方法的，应在有关的会计报告中加以说明。

（八）重要性原则

对于一些主要产品、费用，企业应采用比较复杂、详细的方法进行分配和计算，而对于一些次要的产品、费用，则可采用简化的方法进行合并计算和分配，不能不分主次。

二、成本核算的要求

（一）做好各项基础工作

为进行成本核算，企业应当建立健全各项原始记录，并做好各项材料物资的计量、收发、领退、转移、报废和盘点工作，包括材料物资收发领用，劳动用工和工资发放，机器设备交付使用，以及水、电、暖等消耗的原始记录，并做好相应的管理工作以及定额的制订和修订工作等。同时，产品成本计算，往往需要以产品原材料和工时的定额消耗量和定额费用作为分配标准，因此，也需要制订或修订材料、工时、费用的各项定额，使成本核算具有可靠的基础。

企业应当充分利用现代信息技术，编制、执行企业产品成本预算，对执行情况进行分析、考核，落实成本管理责任制，加强对产品生产事前、事中、事后的全过程控制，做好产品成本核算与管理各项基础工作。

（二）正确划分各种费用支出的界限

产品成本是为生产产品而发生的各种耗费的总和，通常是企业存货的主要构成内容。成本着重于按产品进行归集，一般以成本计算单或成本汇总表及产品入库单等为计算依据。

为正确计算产品成本，必须正确划分以下五个方面的费用界限：

（1）正确划分收益性支出和资本性支出的界限；

（2）正确划分成本费用、期间费用和营业外支出的界限；

（3）正确划分本期成本费用与以后期间成本费用的界限；

（4）正确划分各种产品成本费用的界限；

（5）正确划分本期完工产品与期末在产品成本的界限。

上述五方面成本费用的划分应当遵循受益原则，即谁受益谁负担、何时受益何时负担、负担费用应与受益程度成正比。上述成本费用划分的过程，也是产品成本的计算过程。

（三）根据生产特点和管理要求选择适当的成本计算方法

产品成本的计算，关键是选择适当的产品成本计算方法。产品成本计算的方法必须根据产品的生产特点、管理要求及工艺过程等予以确定。否则，产品成本就会失去真实性，无法进行成本分析和考核。目前，企业常用的产品成本计算方法有品种法、分批法、分步法、分类法、定额法、标准成本法等。

（四）遵守一致性原则

企业产品成本核算采用的会计政策和会计估计一经确定，不得随意变更。在成本核算中，各种会计处理方法要前后一致，使前后各项的成本资料相互可比。比如，企业应根据《企业会计准则》的规定正确确定固定资产的折旧方法、使用年限、预计净残值，无形资产的摊销方法、摊销期限等。各种方法一经确定，应保持相对稳定，不能随意变更。

（五）编制产品成本报表

企业一般应当按月编制产品成本报表，全面反映企业生产成本、成本计划执行情况、产品成本及其变动情况等。企业可以根据自身管理要求，确定成本报表的具体格式和列报方式。

实践技能训练

原始记录各式各样，但表达的信息都是类似的，请利用网络资源查看以下与成本会计工作有关的原始记录，归纳一下这些原始凭证要传达的关键信息是什么？

（1）产品生产方面的原始记录。如生产任务通知书、工时卡、停工通知书、废品通知单、完工产品和半成品入库单、在产品转移交接单、在产品盘存报告单等。

（2）企业生产经营过程中材料、物资方面的原始记录。如领料单、限额领料单、领料登记簿、材料退库单等。

（3）企业生产经营过程中活劳动耗费方面的原始记录。如职工考勤记录、工时记录、停工记录、工资结算单等。

（4）企业固定资产方面的原始记录。如设备移交单、设备报废单、设备事故单等。

（5）企业财务会计方面的原始记录。如库存现金收付款凭证、转账通知单等。

任务2　认识成本核算的账户设置和程序

一、成本核算的账户设置

为了进行成本核算，企业一般应设置"生产成本——基本生产成本""生产成本——辅助生产成本""制造费用""销售费用""管理费用""财务费用""长期待摊费用"等账户。如果需要单独核算废品损失和停工损失，还应设置"废品损失""停工损失"账户。下面分别对以上账户进行介绍。

（一）"生产成本——基本生产成本"账户

基本生产是指为完成企业主要生产目的而进行的产品生产。为了归集基本生产所发生的各种生产费用，计算基本生产产品成本，应设置"生产成本——基本生产成本"账户。该账户借方登记企业为进行基本生产而发生的各种费用；贷方登记转出的完工入库的产品成本；期末余额在借方，表示基本生产的在产品成本，即基本生产在产品占用的资金。

（二）"生产成本——辅助生产成本"账户

辅助生产是指为基本生产服务而进行的产品生产和劳务供应。辅助生产所提供的产品和劳务，有时也对外销售，但这不是它的主要目的。为了归集辅助生产所发生的各种生产费用，计算辅助生产所提供的产品和劳务的成本，应设置"生产成本——辅助生产成本"账户。该账户借方登记企业为进行辅助生产而发生的各种费用；贷方登记完工入库产品的成本或分配转出的劳务成本；期末余额在借方，表示辅助生产在产品的成本，即辅助生产在产品占用的资金。

（三）"制造费用"账户

为了核算企业为生产产品和提供劳务而发生的各项制造费用，应设置"制造费用"账户。该账户借方登记实际发生的制造费用；贷方登记分配转出的制造费用；除季节性生产企业外，该账户月末应无余额。"制造费用"账户应按车间、部门设置明细分类账，账内按费用项目设立专栏进行明细登记。

（四）"销售费用"账户

为了核算企业在产品销售过程中所发生的各项费用以及为销售本企业产品而专设的销售机构的各项经费，应设置"销售费用"账户。该账户借方登记实际发生的各项产品销售费用；贷方登记期末转入"本年利润"账户的销售费用；期末结转后该账户应无余额。"销售费用"账户的明细分类账，应按费用项目设置专栏，进行明细登记。

（五）"管理费用"账户

为了核算企业行政管理部门为组织和管理生产经营活动而发生的各项管理费用，应设置"管理费用"账户。该账户借方登记发生的各项管理费用；贷方登记期末转入"本年利润"账户的管理费用；期末结转后该账户应无余额。"管理费用"账户的明细分类账应按费用项目设置专栏，进行明细登记。

（六）"财务费用"账户

为了核算企业为筹集生产经营所需资金而发生的各项费用，应设置"财务费用"账户。该账户借方登记发生的各项财务费用；贷方登记应冲减财务费用的利息收入、汇兑收益以及期末转入"本年利润"账户的财务费用；期末结转后该账户应无余额。"财务费用"账户的明细分类账，应按费用项目设置专栏，进行明细登记。

（七）"长期待摊费用"账户

为了核算企业已经支出，但摊销期限在一年以上（不含一年）的各项费用，应设置"长期待摊费用"账户。该账户借方登记实际支付的各项长期待摊费用；贷方登记分期摊销的长期待摊费用；该账户的余额在借方，表示企业尚未摊销的各项长期待摊费用的摊余价值。"长期待摊费用"账户应按费用种类设置明细分类账，进行明细核算。

（八）"废品损失"账户

为了核算生产过程中发生的废品损失，可在"生产成本——基本生产成本"账户下设置"废品损失"明细账户进行核算。该账户借方登记不可修复废品的生产成本和可修复废品的修复费用；贷方登记应从废品成本中扣除的回收废料的价值。该账户借贷双方上述内容相抵后的差额，即为企业的全部废品净损失。其中对应由过失人负担的部分，则从其贷方转入"其他应收款"账户借方，及时要求赔偿；其余废品净损失，应该全部归由本期完工的同种产品成本负担，列入"废品损失"账户。

（九）"停工损失"账户

停工损失是由于停工超过规定期限所发生的各种费用，包括停工期内支付的生产工人工资和提取的职工福利基金、耗用的燃料和动力费，以及应负担的车间经费和企业管理费等。可以单独设置"停工损失"账户或在"生产成本——基本生产成本"账户下设置明细账户进行核算。停工期间发生的各项费用记入"停工损失"账户的借方，然后从其贷方转入"生产成本——基本生产成本"账户借方，并按一定比例摊入当月完工产品成本。

二、成本核算的一般程序

成本核算的一般程序是指对企业生产经营过程中发生的各项费用，按照成本核算的要求，逐步进行归集和分配，计算出各种产品的成本和各项期间费用的基本过程。

成本核算程序一般分为以下几个步骤：

（一）确定成本核算对象

确定成本核算对象是计算产品成本的前提。成本核算对象是生产费用的实际承担者，也是产品成本明细账设置的依据。生产类型和组织方式不同的企业，成本核算对象的确定是不一样的，其可能是某种产品、某批产品，也可能是某一生产步骤。是以产品品种、产品批次还是以生产步骤等作为成本核算对象，取决于企业的生产特点和管理要求。

（二）确定成本项目

企业应按照国家有关成本开支范围的规定，正确核算产品成本，一般应设置直接材料、燃料及动力、直接人工、制造费用等成本项目。

（三）设置有关成本和费用明细账

设置有关成本和费用明细账，如基本生产成本明细账、辅助生产成本明细账、制造费用明细账、产成品和自制半成品明细账等。

（四）原始记录收集与审核

收集确定各种产品的生产量、入库量、在产品盘存量以及材料、工时、动力消耗等，并对所有已发生生产费用进行审核。

（五）生产费用归集与分配

归集所发生的全部生产费用，并按照确定的成本计算对象予以分配，按成本项目计算各种产品的在产品成本、产成品成本和单位成本。

（六）结转产品成本

月末，对本月完工产品成本和本月已销产品成本进行结转。

【案例】某公司生产甲、乙两种产品，共同耗用原材料 6 000 千克，每千克 2.8 元，共计 16 800 元。生产甲产品 1 200 件，单件甲产品原材料消耗定额为 3 千克；生产乙产品 800 件，单件乙产品原材料消耗定额为 1.5 千克。原材料费用分配计算结果如下：

甲产品原材料定额消耗量 = 1 200 × 3 = 3 600（千克）；

乙产品原材料定额消耗量 = 800 × 1.5 = 1 200（千克）；

原材料消耗量分配率 = 6 000/（3 600 + 1 200）= 1.25；

甲产品应分配原材料数量＝3 600×1.25＝4 500（千克）；

乙产品应分配原材料数量＝1 200×1.25＝1 500（千克）；

甲产品应分配原材料费用＝4 500×2.8＝12 600（元）；

乙产品应分配原材料费用＝1 500×2.8＝4 200（元）。

采用这种分配方法，可以考核原材料消耗定额的执行情况，有利于加强原材料消耗的实物管理，但是分配计算的工作量较大。

📋 降本增效

用"破局思维"做好降本增效大文章

2023 年 1—10 月份，山东能源西北矿业邵寨煤业公司（简称：邵寨煤业）吨煤完成成本比考核指标下降 29.46 元／吨，实现降本创效 3 724 万余元。面对煤炭市场严峻复杂的形势，该公司成本投入不增反降，顺利完成上级考核指标。在决战决胜全年安全生产的关键时期，邵寨煤业坚持思想破冰、实干破局、机制破题，以降本增效为重要工作措施，练内功、抓管理、挖潜力、提效率，在应对市场变化中凝聚起掌握工作主动权、打好发展主动仗的共识，紧紧围绕"蓄势突破"工作主题，深入落实挖潜增效手段，以降本对冲降价。

严管理、聚合力，拧紧思想"一股绳"。思路决定出路，方法决定效果。面对复杂的内外部发展形势，邵寨煤业集全员之智、聚全员之力，制定好降本增效的顶层设计，把精益管理作为应对市场变化，破题攻坚的"制胜密码"。

邵寨煤业牢牢把握"消除浪费、控本提效"的主体思路，结合市场新形势和发展新要求，进一步强化健全机制和考核管理体系，明确规定"降本增效目标任务"和"具体考核办法"，每月定期对各区、队、部、室成本费用的支出情况进行考核，严格奖惩兑现，向成本费用要效益。

优工艺、控费用，激活生产"主引擎"。邵寨煤业作为新建矿井，在基建之初就从设计上考虑"节本降耗"这一工作重点。把降能耗作为降成本的发力点，在设备改造和工艺优化上下功夫，对关键设备运行工况"把脉问诊"，以工艺优化和技术革新解决生产过程问题和弊端，力促降本增效工作取得新进展。

在该公司设备维修车间，旧皮带和废锚杆"碰撞"后，就成了井下的管路挂钩；废旧钢丝绳和扁尾绳"相遇"后，就成了除锈用的喷砂；报废的皮带架杆和方管"邂逅"后，就成了实用的电缆缠绕架……经过工人师傅的巧手改造，废旧物料焕发了"第二春"。

细管控、深挖潜，算好经营"效益账"。邵寨煤业坚持"煤价降到哪里、成本就控制到哪里"，将勤练内功、深挖内潜作为抵御市场寒冬的利器。细算经济账，扎紧钱袋子，打出组合拳，把经营工作做细做精，确保企业发展高质量、效益有保障。

设备检修牢固秉持"能修则修、能用不换"的原则，积极引导职工增强"省下一分、增利一分"的成本节约意识，回收利用旧材料、旧设备。同时，将能焊补与修复的设备一律修复，能够自主修复的设施绝不外委。截至2023年10月底，通过修旧利废累计创效87.7万元，回收锚杆牌、钢带等19类物料2万余件，节约成本90余万元。

💻 学思践行

降本增效要牢固树立过"紧日子"的思想，持续加大成本管控精细化力度，挖掘潜力，开源节流，创新思维，打好节能降耗组合拳，不断提高管理效率和效益，推进降本增效工作走深走实，实现企业高质量发展。

降本增效要严管理、聚合力，进一步调动和提高全体员工向成本费用要效益的工作积极性；要优工艺、控费用，通过工艺优化和技术革新解决生产过程中问题和弊端，力促降本增效工作取得新进展；要细管控、深挖潜，细算经济账，扎紧"钱袋子"，把经营工作做细做精，确保企业发展高质量、效益有保障。

岗课赛证融通同步训练

一、单选题

1. 用来核算企业为生产产品和提供劳务而发生的各项间接费用的账户是（　　）。

A. "生产成本——基本生产成本"

B. "制造费用"

C. "管理费用"

D. "财务费用"

2. 企业为生产产品发生的原材料及主要材料的耗费，应通过（   ）账户核算。

A. "生产成本——基本生产成本"

B. "生产成本——辅助生产成本"

C. "管理费用"

D. "制造费用"

3. "生产成本——基本生产成本"账户借方余额表示（   ）。

A. 本期发生的生产费用   B. 完工产品成本

C. 月末在产品成本   D. 累计发生的生产费用

4. 下列各项中，属于直接生产费用的是（   ）。

A. 生产车间厂房的折旧费

B. 产品生产专用设备的折旧费

C. 企业行政管理部门固定资产的折旧费

D. 生产车间的办公费用

5. 下列各项损失中，属于废品损失项目的是（   ）。

A. 入库后发现的生产中的废品损失

B. 可以降价出售的不合格品降价的损失

C. 产成品入库后由于保管不当发生的损失

D. 产品出售后发现的废品由于包退、包换和包修形成的损失

二、多选题

1. 应计入产品成本的各种材料费用，按其用途进行分配，应记入的账户有
（   ）。

A. "管理费用"   B. "生产成本——基本生产成本"

C. "制造费用"   D. "财务费用"

2. 发生下列各项费用时，可以直接借记"生产成本——基本生产成本"账户
的有（   ）。

A. 车间照明用电费   B. 构成产品实体的原材料费用

C. 车间生产工人工资　　　　　　D. 车间管理人员工资

3. 下列支出在发生时直接确认为当期费用的是（　　　　　）。

A. 行政人员工资　　　　　　　　B. 支付的本期广告费

C. 预借差旅费　　　　　　　　　D. 固定资产折旧费

4. "财务费用"账户核算的内容包括（　　　　　）。

A. 财务人员工资　　　　　　　　B. 利息支出

C. 汇兑损益　　　　　　　　　　D. 财务人员业务培训费

5. 不形成产品价值，但应计入产品成本的有（　　　　　）。

A. 废品损失

B. 季节性停工损失

C. 固定资产修理期间的停工损失

D. 入库后由于保管不善导致的损失

三、判断题

1. 废品损失是指废品的生产成本扣除赔偿款以后的损失。（　　　）

2. 企业应根据国家有关制度，严格认真地划分各费用的界限，为成本管理提供相对正确的成本数据。（　　　）

3. 产品成本项目中的直接材料，可以包括直接用于生产的辅助材料、燃料、动力等。（　　　）

4. 无论采用哪种方法分配制造费用，期末"制造费用"账户都没有余额。（　　　）

5. 几种产品共同耗用的原材料费用，属于直接计入费用。（　　　）

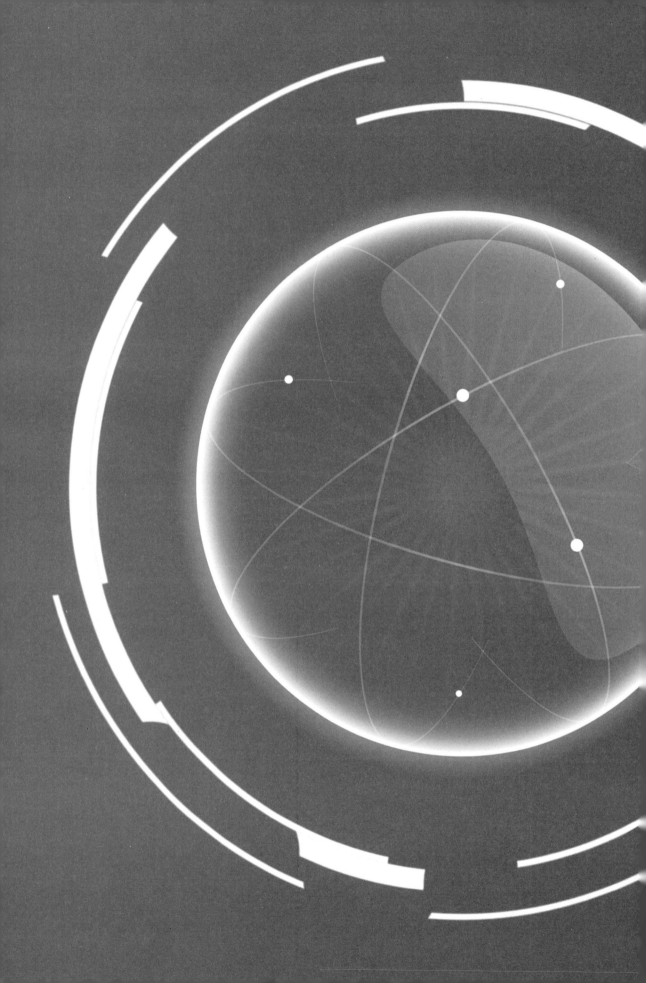

产品成本核算品种法的应用

学习目标

素养目标

◆ 通过学习品种法中生产经营费用特别是辅助生产中水、电费的归集和分配，树立节能减排意识，践行"实施全面节约战略，共建节约型社会"的理念。

◆ 运用品种法精准计算成本时要讲程序、守规矩、懂方法，践行降本增效、服务企业、贡献社会、强国有我的理念。

知识目标

◆ 理解品种法的概念、种类、特点和适用范围。

◆ 掌握生产经营费用的归集和分配方法及其适用范围。

◆ 掌握生产费用在完工产品与在产品之间的分配方法及其适用范围。

技能目标

◆ 能够运用 Excel 建立品种法的成本计算模型，完成生产经营费用的归集和分配。

◆ 能够运用 Excel 完成生产费用在完工产品与在产品之间的分配。

◆ 能够运用 Excel 建立品种法的成本计算模型，完成产品成本核算。

【思维导图】

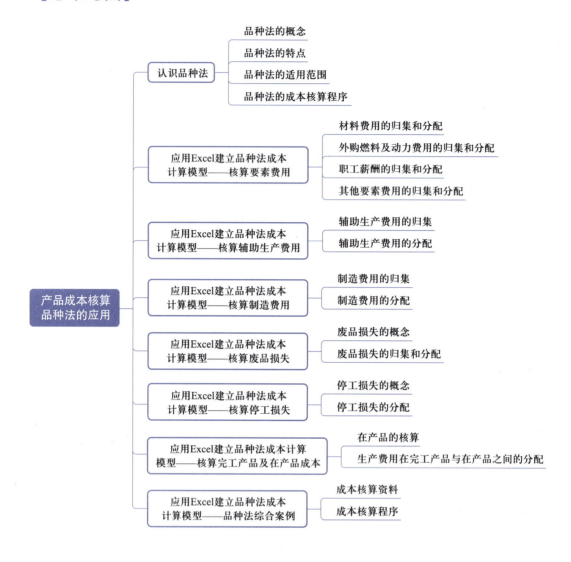

项目4 Excel
原始表格下
载

品种法体现了成本核算的基本原理，是产品成本核算的基本方法。它以产品品种为成本核算对象，按产品品种设置成本明细账，进行生产费用的归集和分配，计算产品成本。通过 Excel 建立品种法成本计算模型，对要素费用、辅助生产费用、制造费用、废品损失、停工损失等生产经营费用进行归集和分配，最终计算出完工产品和在产品成本的过程，可以大大简化品种法成本核算工作量。

任务 1 认识品种法

一、品种法的概念

品种法又称"简单法"，是指以产品品种为成本核算的对象，来归集和分配生产费用，进而核算产品成本的一种方法。在品种法下，生产中所发生的一切费用属于直接费用和间接费用，可以直接计入和分配计入产品的成本。由于按照产品品种来计算产品成本是成本计算最基本的要求，并且计算方法比较简单，因此，品种法是产品成本核算中最基础的方法，体现了产品核算的基本原理。

二、品种法的特点

（一）以产品品种作为成本核算对象

企业在采用品种法核算产品成本时，是以产品品种作为核算的对象，并且需要据此设置产品成本明细账来归集和分配生产费用。如果企业只生产一种产品，企业的所有生产费用可以直接记入该产品的生产成本明细账或产品成本计算单；如果企业生产多种产品，企业的所有生产费用就要分配计入每种产品的生产成本明细账或成本计算单。

（二）成本核算按月定期进行

由于大量大批生产的企业基本上是不间断地进行产品生产，无法严格按照产品的生命周期来归集生产费用进而计算产品成本，因此只能按月定期进行产品成本核算。所以采用品种法进行核算的特点之一就是按月定期核算产品成本，与报告期相一致，但是与产品的生产周期不一致。

（三）期末有在产品时，需要在完工产品和在产品之间进行生产费用分配

对于大量大批单步骤生产的企业来说，通过简单的生产步骤就可以完成整个生产过程，产品品种单一，月末一般没有在产品。因此，在进行产品成本核算时不需要

将生产费用在月末在产品和完工产品之间进行分配。

对于规模较小且不需要提供各步骤成本资料的大量大批多步骤生产企业来说，由于需要多步骤才可完成复杂生产，所以月末一般有在产品。因此，要将生产费用在完工产品和月末在产品之间进行分配，从而确定完工产品成本和在产品成本。

三、品种法的适用范围

（一）适用于大量大批单步骤生产的行业或企业

品种法适用于大量大批单步骤生产的行业或企业，例如从事自来水生产的供水业、从事原煤原油开采的挖掘业和发电业等。这类行业或企业的特点是生产产品品种单一化、车间为封闭式或者流水线式管理、月末一般没有或者只存在少量在产品，不需要在完工产品和在产品之间进行生产费用分配并核算。

（二）适用于规模较小且不需要提供各步骤成本资料的大量大批多步骤生产企业

对于规模较小且管理上并不要求提供各个步骤成本资料的大量大批企业也可以使用品种法进行核算，如水泥厂、糖果厂、纺织厂和造纸厂等。

（三）适用于辅助生产车间

对于企业的辅助生产车间也可以使用品种法进行核算。例如提供产品的辅助生产车间，其发生的费用均为生产费用，可以按成本项目进行直接归集，采用品种法核算其成本。

四、品种法的成本核算程序

品种法作为产品成本计算的一种最基本的方法，其计算程序主要有以下六步骤：

（一）按产品品种开设生产成本明细账

如果企业只生产一种产品，则只需要设置一个生产成本明细账。如果企业生产多种产品，则应该为不同的产品分别设置生产成本明细账。基本生产成本明细账分设直接材料、直接人工、制造费用等成本项目。

（二）归集与分配本月生产费用

根据原始凭证，按照用途将生产费用进行归集与分配，填制相应的分配表。生产产品发生的直接材料、直接人工等直接费用记入各产品成本明细账；间接生产费用先在制造费用明细账中进行归集；辅助生产车间发生的费用在辅助生产成本明细账中进行归集。

（三）归集与分配辅助生产费用

根据辅助生产成本明细账，对辅助生产费用进行归集与分配，编制辅助生产费用分配表，企业可以采用适当的分配方法，进行辅助生产费用分配，并且据此登记有关的明细账。

（四）归集与分配制造费用

根据制造费用明细账，对生产费用进行归集与分配，编制制造费用分配表，将制造费用分配给各受益产品，并且据此登记生产成本明细账。

（五）计算完工产品成本和月末在产品成本

根据生产成本明细账中按成本项目归集的生产费用，采用适当的方法计算各种产品的完工产品成本与在产品成本。假如月末没有在产品，则本月生产费用总额就是全部完工产品的成本。

（六）结转完工产品成本

根据生产成本明细账与产品成本计算单归集的生产费用，汇总编制完工产品成本汇总表，汇总计算各完工产品总成本和单位成本，并编制记账凭证，结转完工产品成本，并据此登记库存商品明细账。

品种法成本计算程序如图 4-1 所示。

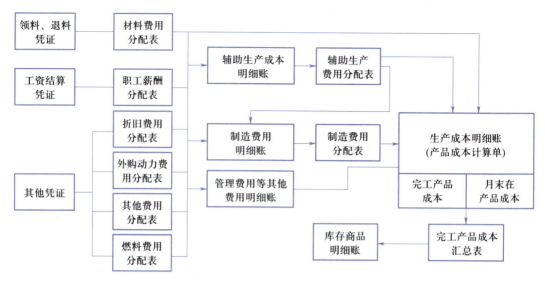

图 4-1   品种法成本计算程序

企业以产品品种为成本核算对象，设置生产成本明细账（产品成本计算单），每月要定期进行成本核算，月末需要在完工产品和月末在产品之间分配生产费用。由此可见，企业生产的产品品种越多，财务人员每月计算产成品成本的工作量就越大。通过 Excel 建立品种法成本计算模型，可以实现成本计算的智能化，把财务人员从繁杂的计算工作中解脱出来，从而提高工作效率。

📱 实践技能训练

请判断企业应采用什么方法进行成本核算，并说明理由。

滇湖通用水务自来水有限公司承担着本市供水服务的运营。昆市人口庞大，用水需求量较大，企业只生产自来水一种产品，在生产过程中主要经过初步消毒—混凝—过滤—再次消毒几个步骤。具体如下：

企业将原水放入臭氧接触池进行初步消毒，再向池塘投入不同类型的药剂使得淤泥等杂质混合凝结，之后再将较大颗粒的混凝水沉淀后进入沉底池；紧接着，水将进入煤滤池进行过滤，过滤完成后使用活性炭吸附，目的是降低水中有机化合物含量；最后将深度处理的水放入氯进行消毒，之后就生产出了供昆市市民使用的自来水。

虽然看起来自来水公司生产步骤较多且复杂，但滇湖通用水务自来水有限公司进行了技术革新后，仅用一条生产线即可将原水生成自来水。

解答：

滇湖通用水务自来水有限公司应采用的成本核算方法是＿＿＿＿＿＿＿＿＿＿＿＿＿＿＿＿＿＿。

其理由是＿＿＿＿＿＿＿＿＿＿＿＿＿＿＿＿＿＿＿＿＿＿＿＿＿＿＿＿＿＿＿＿＿＿＿＿＿＿。

任务 2　应用 Excel 建立品种法成本计算模型——核算要素费用

要素费用归集和分配内容很多，主要包括材料费用的归集和分配、外购燃料及动力费用的归集和分配、职工薪酬的归集和分配、其他要素费用的归集和分配。

一、材料费用的归集和分配

（一）材料费用的归集

企业应当建立健全原始记录和计量验收制度，严格材料收入和发出的凭证手续，保证材料消耗数量的真实性。记录生产过程中材料消耗数量的原始凭证有领料单、限额领料单和领料登记表等。为了正确计算本期材料实际消耗量，期末，对于生产单位已领未用的材料，应当填制退料单，办理退料手续或假退料手续，从当月领用数量中扣除。退料单也是记录材料消耗数量的原始凭证。

期末，应当根据全部领料凭证（包括用于抵减领料数的退料凭证）汇总编制发出材料汇总表（见表 4-1），确定计入直接材料费用的材料消耗量。发出材料汇总表应当按照领料用途和材料类别分别进行汇总。

（二）材料费用的分配

1. 分配去向

材料费用分配是成本核算人员通过编制材料费用分配表进行分配的一种方法。

材料费用的分配去向需要根据材料耗用部门或耗用地点，并结合材料的具体用途加以确定。

（1）基本生产车间耗用的材料。

产品生产直接材料耗用，即直接被产品生产耗用的材料，属于直接材料耗费。这些直接材料耗费记入基本生产成本明细账的直接材料成本项目。

修复废品材料耗用，即废品修复过程中耗用的材料，属于废品损失，记入废品损失明细账的直接材料成本项目。

基本生产车间一般耗用的材料，即生产车间为组织与管理生产和保证生产正常进行而耗用的那部分材料，这些材料间接服务于产品生产，属于间接成本，记入制造费用明细账。

（2）辅助生产车间耗用的材料。

直接用于辅助产品生产（或劳务提供）的材料，应记入辅助生产成本明细账的直接材料成本项目。

用于辅助生产车间一般耗用材料，先记入制造费用明细账进行归集，月末分配记入辅助生产成本明细账的制造费用成本项目，处理方法与基本生产车间类似。

如果辅助生产车间不对外提供产品，而且辅助生产车间规模较小、辅助产品或劳务单一，为了简化核算工作，可不设制造费用账户，辅助生产车间耗用的材料全部直接记入辅助生产成本明细账。

（3）销售机构以及销售过程中耗用的材料。

销售机构以及销售过程中耗用的材料不计入产品成本，而是记入销售费用明细账，作为期间费用转入"本年利润"账户，冲减当期损益。

（4）厂部行政管理部门耗用的材料。

厂部行政管理部门耗用的材料，不计入产品成本，记入管理费用明细账，作为期间费用转入"本年利润"账户，冲减当期损益。

2. 分配计算

产品生产耗用原材料，单一产品耗用的，直接计入该产品成本；多种产品共同耗用的，选取恰当的标准分配计入产品成本。分配标准不同，会产生不同的材料费用分配方法，主要有材料定额消耗量比例分配法、材料定额费用比例分配法等。

（1）材料定额消耗量比例分配法。

材料定额消耗量比例分配法以产品材料定额消耗量为分配标准计算材料费用分配率，据以分配材料费用的一种方法。其计算分配的顺序为：

① 计算各产品材料定额消耗量，其计算公式为：

某种产品材料定额消耗量 = 该种产品实际产量 × 单位产品材料消耗定额

② 计算材料费用分配率，其计算公式为：

材料费用分配率 = 材料实际费用总额 ÷ 各种产品材料定额消耗量之和

③ 计算各产品应分配的材料费用，其计算公式为：

某种产品应分配的材料费用 = 该种产品材料定额消耗量 × 材料费用分配率

【案例 4-1】竹朋公司 2023 年 9 月生产甲、乙两种产品，9 月共同消耗材料 30 000 千克，每千克 5 元，共计 150 000 元。本月生产甲产品 600 件，甲产品单位材料消耗定额 15 千克；生产乙产品 400 件，乙产品单位材料消耗定额 8 千克。

根据以上资料，利用 Excel，采用材料定额消耗量比例分配法计算甲、乙产品应分配的材料费用。

在 Excel 中建立材料费用分配表（采用材料定额消耗量比例分配法），完成甲、乙产品共同消耗材料费用的分配，如图 4-2 所示。

产品	产量	消耗定额	定额消耗量	费用分配率	材料费用
甲产品	600	15	9,000		110,656
乙产品	400	8	3,200		39,344
合计			12,200	12.30	150,000

材料费用分配表（采用材料定额消耗量比例分配法）
2023年9月

图 4-2　甲、乙产品材料费用分配表（采用材料定额消耗量比例分配法）[①]

操作提示

● 原始数据录入，B4、B5、C4、C5、F6 单元格根据企业实际发生额及相关凭证据实填入。

● 各产品定额消耗量计算，选中 D4 单元格，输入公式"=B4*C4"；选中 D4 单元格，拖曳填充柄至 D5 单元格；选中 D4 至 D6 单元格，求和。

[①] 表中部分数据默认显示为四舍五入保留两位小数后的结果，下同。

- 费用分配率计算，选中 E6 单元格，输入公式"＝F6/D6"。

- 各产品应分配材料费用计算，选中 F4 单元格，输入公式"＝D4*E6"；选中 F5 单元格，输入公式"＝D5*E6"。

（2）材料定额费用比例分配法。

材料定额费用比例分配法是以原材料定额费用为分配标准进行材料费用分配的一种方法。其计算分配的顺序为：

① 计算各产品的材料费用定额，其计算公式为：

某种产品材料费用定额 = 该种产品材料消耗定额 × 材料单价

② 计算各产品材料定额费用，其计算公式为：

某种产品材料定额费用 = 该种产品实际产量 × 该种产品材料费用定额

③ 计算材料费用分配率，其计算公式为：

材料费用分配率 = 材料实际费用总额 ÷ 各种产品材料定额费用之和

④ 计算各产品应分配的材料费用，其计算公式为：

某种产品应分配的材料费用 = 该种产品材料定额费用 × 材料费用分配率

【案例 4-2】沿用【案例 4-1】的资料，利用 Excel 采用材料定额费用比例分配法计算甲、乙产品应分配的材料费用。

在 Excel 中建立材料费用分配表（采用材料定额费用比例分配法），完成甲、乙产品共同耗用材料费用的分配，如图 4-3 所示。

	A	B	C	D	E	F
1	材料费用分配表（采用材料定额费用比例分配法）					
2	2023年9月					
3	产品	产量	费用定额	定额费用	费用分配率	材料费用
4	甲产品	600	75	45,000		110,656
5	乙产品	400	40	16,000		39,344
6	合计			61,000	2.46	150,000

图 4-3　甲、乙产品材料费用分配表（采用材料定额费用比例分配法）

📍 操作提示

- 原始数据录入，B4、B5、F6 单元格根据企业实际发生额及相关凭证据实填入。

●各产品费用定额计算，选中 C4 单元格，输入公式"＝15*5"；选中 C5 单元格，输入公式"＝8*5"。

●产品材料定额费用计算，选中 D4 单元格，输入公式"＝B4*C4"；选中 D4 单元格，拖曳填充柄至 D5 单元格；选中 D4 至 D6 单元格，求和。

●费用分配率计算，选中 E6 单元格，输入公式"＝F6/D6"。

●各产品应分配材料费用计算，选中 F4 单元格，输入公式"＝D4*E6"；选中 F5 单元格，输入公式"＝D5*E6"。

【案例 4-3】沿用【案例 4-1】资料。竹朋公司 2023 年 9 月发出材料汇总表如表 4-1 所示，要求编制该公司材料费用分配表（甲、乙产品共同耗用材料采用材料定额消耗量比例分配法进行分配）。

表 4-1　发出材料汇总表

2023 年 9 月

领料部门		耗用材料费用／元
基本生产车间	甲产品生产	200 000
	乙产品生产	70 000
	产品共同耗用	150 000
	小计	420 000
辅助生产车间	机修车间	10 000
	运输车间	0
	小计	10 000
车间一般耗用	基本生产车间	7 000
	机修车间	3 000
	运输车间	1 000
	小计	11 000
企业管理部门耗用		1 000
专设销售机构耗用		2 000
合计		444 000

在 Excel 中建立材料费用分配表，完成本月材料费用数据录入及分配。如图 4-4 所示。

	A	B	C	D	E	F	G	H
1	材料费用分配表							
2	2023年9月							
3	应借科目		成本项目	直接计入	分配计入			材料费用合计
4					定额耗用量	分配率	待分配费用	
5	生产成本——基本生产成本	甲产品	直接材料	200,000	9,000		110,656	310,656
6		乙产品	直接材料	70,000	3,200		39,344	109,344
7		小计		270,000	12,200	12.30	150,000	420,000
8	生产成本——辅助生产成本	机修车间	直接材料	10,000				10,000
9		运输车间		0				0
10		小计		10,000				10,000
11	制造费用	基本生产车间	机物料	7,000				7,000
12		机修车间	机物料	3,000				3,000
13		运输车间	机物料	1,000				1,000
14		小计		11,000				11,000
15	管理费用			1,000				1,000
16	销售费用			2,000				2,000
17	合计			294,000				444,000

图 4-4　材料费用分配表

> **操作提示**
>
> • "直接计入"费用按照发出材料汇总表对应项目数据直接录入，本例中甲、乙产品共同耗用材料以定额耗用量为标准进行分配计入。
>
> • 分配率计算，选中 F7 单元格，输入公式"＝G7/E7"。
>
> • 甲、乙产品应分配费用计算，选中 G5 单元格，输入公式"＝E5*F7"；选中 G6 单元格，输入公式"＝E6*F7"。

编制材料费用分配的会计分录如下：

根据材料费用分配表（图 4-4），编制会计分录如下：

借：生产成本——基本生产成本——甲产品　　　　　　　310 656

　　　　　　　　　　　　　　——乙产品　　　　　　　109 344

　　　　——辅助生产成本——机修车间　　　　　　　　10 000

　　制造费用——基本生产车间　　　　　　　　　　　　7 000

　　　　——机修车间　　　　　　　　　　　　　　　　3 000

——运输车间	1 000
管理费用	1 000
销售费用	2 000
贷：原材料	444 000

二、外购燃料及动力费用的归集和分配

企业外购燃料及动力费用的归集和分配与材料费用的归集和分配相同。企业外购燃料及动力费用，有的直接用于产品生产，有的间接用于产品生产，还有的用于经营管理等。对于直接用于产品生产的燃料及动力费用，能分清相关产品的，直接记入相关产品基本生产成本明细账的燃料动力成本项目；对于用于辅助生产的燃料及动力费用，记入辅助生产成本明细账的燃料动力成本项目。如果企业没有单独设置燃料动力成本项目，直接用于产品生产和辅助生产的燃料及动力费用，则分别记入基本生产成本明细账和辅助生产成本明细账的直接材料成本项目。

对于几种产品共同耗用的外购的燃料及动力费用，不能分清相关产品的燃料及动力费用的，要采取适当的分配方法分配记入相关产品基本生产成本明细账和辅助生产成本明细账的所属明细科目。分配标准的选择根据燃料、动力消耗和产品重量、体积的关系来确定，一般选择重量、体积等作为分配标准，其计算公式如下：

燃料、动力费用分配率 = 燃料、动力消耗总额 ÷ 分配标准（重量、体积等）

受益产品应负担的燃料、动力费用 = 该产品的重量、体积等 × 燃料、动力费用分配率

鉴于动力费用的分配方法与原材料费用的分配方法相似，在此不再详述。注意，对于外购动力，其付款期限一般在下期，而成本费用的核算期在本期，本期成本核算时应先通过"应付账款"账户核算，下期付款时再将该账户冲销。

三、职工薪酬的归集和分配

（一）职工薪酬的归集

职工薪酬是指企业为了获取职工提供的服务而给予的各种形式的报酬以及其他

相关支出，职工薪酬主要包括短期薪酬、离职后福利、辞退福利和其他长期职工福利。企业提供给职工配偶、子女、受赡养人、已故员工遗属及其他受益人等的福利，也属于职工薪酬。

1. 短期薪酬

短期薪酬是指企业在职工提供相关服务的年度报告期间结束后 12 个月内需要全部予以支付的职工薪酬，因解除与职工的劳动关系给予的补偿除外。短期薪酬具体包括：职工工资、奖金、津贴和补贴，职工福利费，医疗保险费、工伤保险费和生育保险费等社会保险费，住房公积金，工会经费和职工教育经费，短期带薪缺勤，短期利润分享计划，非货币性福利以及其他短期薪酬。

2. 离职后福利

离职后福利是指企业为获得职工提供的服务而在职工退休或与企业解除劳动关系后，提供的各种形式的报酬和福利，短期薪酬和辞退福利除外。

3. 辞退福利

辞退福利是指企业在职工劳动合同到期之前解除与职工的劳动关系，或者为鼓励职工自愿接受裁减而给予职工的补偿。

4. 其他长期职工福利

其他长期职工福利是指除短期薪酬、离职后福利、辞退福利之外的所有职工薪酬，包括长期带薪缺勤、长期残疾福利等。

企业根据职工考勤记录和产量记录（工作量记录）等原始记录计算出应付职工薪酬以后，要填制在工资结算单中。同时，应根据工资结算单按人员类别（工资用途）编制工资结算汇总表，汇集工资费用。工资结算汇总表是进行工资结算和分配（计入有关成本和费用）的原始依据。

（二）职工薪酬的分配

1. 分配去向

职工薪酬分配是成本核算人员通过编制职工薪酬费用分配表进行分配的一种方法。职工薪酬的分配去向是按照职工薪酬发生的部门或地点，并结合具体用途加以确定。

（1）基本生产车间人员的职工薪酬。

基本生产车间人员的职工薪酬按照用途的不同进行分配，直接从事产品生产的生产工人职工薪酬属于直接人工，应记入基本生产成本明细账的直接人工成本项目；基本生产车间管理人员的职工薪酬（包括除了从事产品生产工人以外其他人员的职工薪酬，如辅助工人），则记入制造费用明细账进行归集，月末分配记入基本生产成本明细账的制造费用成本项目。

（2）辅助生产车间人员的职工薪酬。

对于辅助生产车间人员的职工薪酬，按照用途不同，也可分为直接从事产品生产的工人职工薪酬和车间管理人员的职工薪酬两部分。对辅助生产人员的职工薪酬有两种处理方法。

一是直接从事产品生产工人的职工薪酬，应记入辅助生产成本明细账的直接人工成本项目。辅助生产车间管理人员的职工薪酬先记入制造费用明细账进行归集，月末分配记入辅助生产成本明细账的制造费用成本项目。这种处理方法与基本生产类似。

二是如果辅助生产不对外提供产品，而且辅助生产车间规模较小、提供的辅助产品或劳务单一，为了简化核算工作，可以不设辅助生产的制造费用明细账，辅助生产车间所有人员的职工薪酬直接全部记入辅助生产成本明细账。

（3）销售机构、行政管理部门人员的职工薪酬。

销售机构、行政管理部门人员的职工薪酬不计入产品成本，而应分别记入销售费用明细账、管理费用明细账，作为期间费用转入"本年利润"账户，冲减当期损益。

2. 分配计算

企业生产工人的职工薪酬，如果可以归属于单一产品耗用，直接计入该产品成本；多种产品共同耗用的，选取恰当的标准分配计入产品成本。分配标准可以是产品的生产工时、机器工时、定额工时比例等。其分配的计算程序如下：

（1）确定各产品的分配标准。

（2）计算职工薪酬费用分配率，其计算公式为：

$$职工薪酬费用分配率 = \frac{某车间生产工人职工薪酬总额}{该车间产品生产工时（实际、定额或机器）总数}$$

（3）计算各产品应分配的职工薪酬，其计算公式为：

某种产品应分配的职工薪酬 = 该产品生产工时 × 职工薪酬费用分配率

【案例4-4】竹朋公司2023年9月应付职工薪酬总额为44 000元，公司只有一个基本生产车间，生产工人共同生产甲、乙两种产品，机修车间和运输车间是公司的辅助生产车间，本月职工薪酬费用汇总表如表4-2所示。根据资料，利用Excel对本月职工薪酬进行分配。

表4-2 职工薪酬费用汇总表

2023年9月

车间（部门）			生产工时/小时	应付职工薪酬/元
基本生产车间	生产工人	甲产品	300	20 000
		乙产品	200	
	管理人员			8 000
	小计			28 000
机修车间	生产工人			6 000
	管理人员			2 000
	小计			8 000
运输车间	生产工人			4 000
	管理人员			1 000
	小计			5 000
企业管理部门人员				2 000
专设销售机构人员				1 000
合计				44 000

在Excel中建立职工薪酬费用分配表，完成本月职工薪酬费用数据录入及分配，如图4-5所示。

📍 操作提示

● 直接计入费用按照职工薪酬费用汇总表对应项目数据直接录入，本例中甲、乙产品共同耗用生产工人职工薪酬以生产工时为标准进行分配计入。

● 分配率计算，选中F7单元格，输入公式"＝G7/E7"。

● 甲、乙产品应分配费用计算，选中 G5 单元格，输入公式"＝E5*F7"；选中 G6 单元格，输入公式"＝E6*F7"。

	A	B	C	D	E	F	G	H
1	职工薪酬费用分配表							
2	2023年9月							
3	应借科目		成本项目	直接计入	分配计入			费用合计
4					生产工时	分配率	分配费用	
5	生产成本——基本生产成本	甲产品	直接人工		300		12,000	12,000
6		乙产品	直接人工		200		8,000	8,000
7		小计			500	40	20,000	20,000
8	生产成本——辅助生产成本	机修车间	直接人工	6,000				6,000
9		运输车间	直接人工	4,000				4,000
10		小计		10,000				10,000
11	制造费用	基本生产车间	职工薪酬	8,000				8,000
12		机修车间	职工薪酬	2,000				2,000
13		运输车间	职工薪酬	1,000				1,000
14		小计		11,000				11,000
15	管理费用		职工薪酬	2,000				2,000
16	销售费用		职工薪酬	1,000				1,000
17	合计			24,000			20,000	44,000

图 4-5　职工薪酬费用分配表

编制职工薪酬费用分配的会计分录如下：

根据职工薪酬费用分配表（图 4-5），编制会计分录如下：

借：生产成本——基本生产成本——甲产品　　　　　　　12 000

　　　　　　　　　　　　　　——乙产品　　　　　　　 8 000

　　　　　——辅助生产成本——机修车间　　　　　　　 6 000

　　　　　　　　　　　　　　——运输车间　　　　　　　 4 000

　　制造费用——生产车间　　　　　　　　　　　　　　 8 000

　　　　　　——机修车间　　　　　　　　　　　　　　 2 000

　　　　　　——运输车间　　　　　　　　　　　　　　 1 000

　　销售费用　　　　　　　　　　　　　　　　　　　　 2 000

　　管理费用　　　　　　　　　　　　　　　　　　　　 1 000

　　　贷：应付职工薪酬　　　　　　　　　　　　　　　44 000

四、其他要素费用的归集和分配

其他要素费用主要指折旧等费用，这些费用有的应计入产品成本费用，有的应计入期间费用，其归集和分配方法及适用范围与职工薪酬类似，这里不再赘述。

任务 3 应用 Excel 建立品种法成本计算模型
——核算辅助生产费用

一、辅助生产费用的归集

辅助生产部门是指为基本生产车间、企业行政管理部门等单位服务而进行产品生产和劳务供应的部门。其中有的只生产一种产品和劳务，如供电、供水、供气、通风、运输等；有的则生产多种产品和提供多种劳务，如从事工具、模具、修理用备件的制造，以及机器设备的修理等。辅助生产部门提供的产品和劳务，主要是为本企业服务，但有时也对外销售。

企业辅助生产部门在产品和劳务供应过程中产生的各种耗费，构成了这些产品或劳务的成本。辅助生产费用的归集程序取决于辅助生产部门的生产特点。在只生产一种产品或提供单一劳务的辅助生产部门，其所发生的费用都属于直接费用，在发生时可直接记入该产品或劳务的有关成本项目，其成本归集的程序比较简单。在提供多品种产品或劳务的辅助生产部门，所发生的费用需由两个或两个以上的产品或劳务负担，需将共同费用在不同的受益对象之间进行分配。

辅助生产费用的归集是通过"生产成本——辅助生产成本"账户进行的。一般应按车间、产品或劳务的种类设置明细账，账内可按成本项目或费用项目设置专栏，进行明细核算。对于直接用于辅助生产产品或提供劳务的费用，应记入"生产成本——辅助生产成本"账户，对于单设"制造费用"账户的辅助生产车间发生的制造费用，应先记入"制造费用——辅助生产车间"账户，再直接转入或分配转入"生产成本——辅助生产成本"账户及其明细账，计算辅助生产车间的产品或劳务的成本。

有的企业辅助生产车间规模较小，发生的制造费用较少，也不对外销售产品或提供劳务，不需要按照规定的成本项目计算辅助生产产品成本，为简化核算，辅助生产车间的制造费用可以不单独设置"制造费用——辅助生产车间"账户，不通过"制造费用"账户进行汇总，而直接记入"生产成本——辅助生产成本"账户。

二、辅助生产费用的分配

由于辅助生产车间所生产的产品和提供劳务的种类不同，转出和分配费用的程序方法也不一样。辅助生产车间所生产的工具、模具、修理备用件等产品的成本，应在完工入库时，计算并结转为存货成本，即从"生产成本——辅助生产成本"账户转入"原材料"等账户，再根据用途转入其他账户。辅助生产车间提供的不能入库的产品和劳务，如电、水和运输等发生的费用，需在各受益对象之间按照受益数量或其他有关比例进行分配。分配时应从"生产成本——辅助生产成本"账户转入"生产成本——基本生产成本""制造费用""管理费用""销售费用""在建工程"等账户。

辅助生产费用分配方法很多，一般有直接分配法、交互分配法、计划成本分配法、顺序分配法和代数分配法等，本书重点讲解前三种分配方法。

（一）直接分配法

直接分配法是将归集起来的辅助生产费用在辅助生产车间之外进行分配，辅助生产车间之间相互发生的辅助生产费用视为没有发生，不在辅助生产车间之间进行分配的一种方法。直接分配法计算程序如下：

1. 确定待分配费用

某辅助生产车间本月归集的生产费用，即为其待分配费用。

2. 确定分配标准

某辅助生产费用分配标准的计算公式为：

$$\text{某辅助生产费用分配标准} = \text{该辅助生产车间提供的产品或劳务总量} - \text{其他辅助生产车间耗用的该辅助生产车间的产品或劳务数量}$$

3. 计算分配率

某辅助生产费用分配率的计算公式为：

$$\begin{array}{ccc} \text{某辅助生产} & \text{该辅助生产车间} & \text{该辅助生产费用的} \\ \text{费用分配率} = \text{待分配费用} \div \text{分配标准} \end{array}$$

4. 计算各受益对象的分配金额（承担的辅助生产费用）

各受益对象承担额的计算公式为：

$$\text{各受益对象承担额} = \text{该受益对象分配标准} \times \text{该辅助生产费用分配率}$$

直接分配法适用于各辅助生产车间之间相互提供产品和劳务较少的情况下使用。其分配过程较为简单，但结果不够准确。

【案例 4-5】明达公司 2023 年 7 月供水车间费用为 21 100 元，供水共 3 785 吨，其中向供电车间提供 15 吨；供电车间费用为 15 000 元，供电共 9 800 千瓦时，其中向供水车间提供 150 千瓦时，其他劳务数量如表 4-3 所示。要求采用直接分配法分配辅助生产费用。

表 4-3　辅助生产车间提供的劳务数量表

车间（部门）			供水车间 / 吨	供电车间 / 千瓦时
基本生产车间	第一车间	甲产品生产		7 500
		一般耗用	600	60
	第二车间	乙产品生产		300
		一般耗用	1 500	80
	第三车间	丙产品生产		150
		一般耗用	1 300	60
辅助生产车间	供水车间	产品生产		150
	供电车间	产品生产	15	
企业行政管理部门			250	1 000
销售部门			120	500
合计			3 785	9 800

在 Excel 中建立辅助生产费用分配表（直接分配法），完成辅助生产费用相关数据录入及分配工作，如图 4-6 所示。

	A	B	C	D	E	F	G	H
1	辅助生产费用分配表（直接分配法）							
2	2023年7月							
3	项目	供水车间			供电车间			金额合计
4		数量	分配率	分配金额	数量	分配率	分配金额	
5	待分配辅助生产费用	3,785	5.60	21,100	9,800	1.55	15,000	36,100
6	其他辅助生产耗用的产品（劳务）数量	15			150			
7	生产成本——基本生产成本（甲产品）				7,500		11,658	11,658
8	生产成本——基本生产成本（乙产品）				300		466	466
9	生产成本——基本生产成本（丙产品）				150		233	233
10	制造费用——第一车间	600		3,358	60		93	3,451
11	制造费用——第二车间	1,500		8,395	80		124	8,520
12	制造费用——第三车间	1,300		7,276	60		93	7,369
13	管理费用	250		1,399	1,000		1,554	2,954
14	销售费用	120		672	500		777	1,449
15	合计	3,785		21,100	9,800		15,000	36,100

图 4-6　辅助生产费用分配表（直接分配法）

操作提示

● 原始生产数据录入，供水车间、供电车间待分配辅助生产费用，其他辅助生产耗用的产品（劳务）数量，以及各受益对象耗用数量，根据辅助生产车间提供的劳务数量表（表 4-3）录入。

● 计算供水车间分配率，选中 C5 单元格，输入公式"=D5/（B5-B6）"。

● 计算供电车间分配率，选中 F5 单元格，输入公式"=G5/（E5-E6）"。

● 计算各受益对象的分配金额，以甲产品承担的供电车间费用为例，选中 G7 单元格，输入公式"=E7*F5"。

● 计算销售费用的金额，用倒挤的方法确定，以专设销售机构承担的供水车间费用为例，选中 D14 单元格，输入公式"=D5-D6-D10-D11-D12-D13"。

根据辅助生产费用分配表（直接分配法）分配结果（图 4-6），编制会计分录如下：

借：生产成本——基本生产成本——甲产品　　　　　　　11 658

　　　　　——基本生产成本——乙产品　　　　　　　　466

　　　　　——基本生产成本——丙产品　　　　　　　　233

　　制造费用——第一车间　　　　　　　　　　　　　3 451

　　　　　——第二车间　　　　　　　　　　　　　　8 520

——第三车间	7 369
管理费用	2 954
销售费用	1 449
贷：生产成本——辅助生产成本——供水车间	21 100
——供电车间	15 000

（二）交互分配法

交互分配法是将归集起来的辅助生产费用先在辅助生产车间之间进行分配，再将辅助生产费用在辅助生产车间之外进行分配的一种方法。

交互分配法，要进行两次分配，首先是对内交互分配，在各辅助生产车间之间将相互提供的产品或劳务进行分配；其次是对外分配，将辅助生产费用分配给辅助生产车间以外的各受益对象。

1. 第一次分配——对内交互分配

（1）确定待分配费用。

各辅助生产车间第一次对内交互分配待分配费用即为该辅助生产车间发生的费用。

（2）确定分配标准。

各辅助生产车间第一次对内交互分配的分配标准为该辅助生产车间提供的产品或劳务总量。

（3）计算分配率。其计算公式为：

$$\text{某辅助生产费用交互分配的分配率} = \text{该辅助生产车间待分配费用} \div \text{该辅助生产费用的分配标准}$$

（4）计算各辅助生产车间分配金额。其计算公式为：

$$\text{某辅助生产车间承担额} = \text{该辅助生产车间耗用的其他辅助生产车间产品（劳务）数量} \times \text{该辅助生产费用交互分配的分配率}$$

2. 第二次分配——对外分配

（1）确定对外待分配费用。其计算公式为：

$$\text{某辅助生产车间对外待分配费用} = \text{该辅助生产车间第一次分配前费用} + \text{第一次分配转入的费用} - \text{第一次分配转出的费用}$$

（2）确定分配标准。其计算公式为：

$$
\begin{array}{c}
某辅助生产车间 \\
对外分配标准
\end{array}
=
\begin{array}{c}
该辅助生产车间提供的 \\
产品（劳务）总量
\end{array}
-
\begin{array}{c}
第一次分配转出的 \\
产品（劳务）数量
\end{array}
$$

（3）计算分配率。其计算公式为：

$$
\begin{array}{c}
某辅助生产费用 \\
对外分配的分配率
\end{array}
=
\begin{array}{c}
该辅助生产车间 \\
对外待分配费用
\end{array}
\div
\begin{array}{c}
该辅助生产费用 \\
对外分配标准
\end{array}
$$

（4）计算各受益对象的分配金额（承担的辅助生产费用）。其计算公式为：

$$
\begin{array}{c}
各受益对象 \\
承担额
\end{array}
=
\begin{array}{c}
该受益对象 \\
分配标准
\end{array}
\times
\begin{array}{c}
该辅助生产费用 \\
对外分配的分配率
\end{array}
$$

交互分配法在辅助生产车间之间相互提供产品和劳务较多的情况下使用。该方法分配结果较为准确，但是辅助生产费用的分配过程较为复杂且分配工作量较大。

【案例 4-6】沿用【案例 4-5】，该企业辅助生产车间未设置"制造费用"账户，发生的相关费用直接记入"生产成本——辅助生产成本"账户。要求采用交互分配法分配辅助生产费用。

在 Excel 中建立辅助生产费用分配表（交互分配法），完成辅助生产费用相关数据录入及分配工作，如图 4-7 所示。

	项目	供水车间			供电车间			分配金额合计
		数量	分配率	分配金额	数量	分配率	分配金额	
对内交互分配	待分配辅助生产费用	3,785	5.57	21,100	9,800	1.53	15,000	36,100
	生产成本——辅助生产成本（供水）				150		230	
	生产成本——辅助生产成本（供电）	15		84				
对外分配	对外分配待分配辅助生产费用	3,770	5.64	21,246	9,650	1.54	14,854	36,100
	生产成本——基本生产成本（甲产品）				7,500		11,545	11,545
	生产成本——基本生产成本（乙产品）				300		462	462
	生产成本——基本生产成本（丙产品）				150		231	231
	制造费用——第一车间	600		3,381	60		92	3,474
	制造费用——第二车间	1,500		8,453	80		123	8,576
	制造费用——第三车间	1,300		7,326	60		92	7,419
	管理费用	250		1,409	1,000		1,539	2,948
	销售费用	120		676	500		770	1,446
合计		3,770		21,246	9,650		14,854	36,100

辅助生产费用分配表（交互分配法）

2023年7月

图 4-7 辅助生产费用分配表（交互分配法）

● 原始生产数据录入，供水车间、供电车间对内交互分配待分配辅助生产费用，提供的产品（劳务）总量，其他辅助生产耗用的产品（劳务）数量，以及各受益对象耗用数量根据辅助生产车间提供的劳务数量表（表4-3）录入。

● 计算交互分配的分配率。供水车间分配率：选中D5单元格，输入公式"=E5/C5"；供电车间费用分配率：选中G5单元格，输入公式"=H5/F5"。

● 计算辅助生产车间相互承担的费用。供水车间承担的电费：选中H6单元格，输入公式"=F6*G5"；供电车间承担的水费：选中E7单元格，输入公式"=C7*D5"。

● 计算对外分配待分配辅助生产费用。供水车间待分配费用：选中E8单元格，输入公式"=E5−E7+H6"；供电车间待分配费用：选中H8单元格，输入公式"=H5−H6+E7"。

● 计算对外分配标准。供水车间产品数量：选中C8单元格，输入公式"=C5−C7"；供电车间产品数量：选中F8单元格，输入公式"=F5−F6"。

● 计算对外分配的分配率。供水车间分配率：选中D8单元格，输入公式"=E8/C8"；供电车间分配率：选中G8单元格，输入公式"=H8/F8"。

● 计算各受益对象分配金额，以甲产品承担供电车间费用为例，选中H9单元格，输入公式"=F9*G8"。

● 计入销售费用的金额，用倒挤的方法计算，以承担的供电车间费用为例，选中H16单元格，输入公式"=H8−H9−H10−H11−H12−H13−H14−H15"。

根据辅助生产费用分配表（交互分配法）分配结果（图4-7），编制会计分录如下：

借：生产成本——辅助生产成本——供水车间　　　　　　　　230

　　　　——辅助生产成本——供电车间　　　　　　　　84

　　贷：生产成本——辅助生产成本——供水车间　　　　　　84

　　　　　　　——供电车间　　　　　　　　　　　　230

借：生产成本——基本生产成本——甲产品　　　　　　11 545

　　　　——基本生产成本——乙产品　　　　　　　　462

——基本生产成本——丙产品	231
制造费用——第一车间	3 474
——第二车间	8 576
——第三车间	7 419
管理费用	2 948
销售费用	1 446
贷：生产成本——辅助生产成本——供水车间	21 246
——供电车间	14 854

（三）计划成本分配法

计划成本分配法是通过劳务或产品的计划单位成本和各受益单位的耗用数量分配辅助生产费用的一种方法。

计划成本分配法分配辅助生产费用时，需要分两个步骤进行。

（1）按照辅助生产的计划单位成本计算各受益单位应承担的辅助生产费用（计划成本）。其计算公式为：

$$\text{某受益对象承担的辅助生产计划成本} = \text{该受益对象耗用的辅助生产产品（劳务）数量} \times \text{辅助生产计划单位成本}$$

（2）计算并结转各辅助生产成本差异。其计算公式为：

$$\text{某辅助生产成本差异} = \text{该辅助生产的实际成本} - \text{该辅助生产的计划成本}$$

$$\text{某辅助生产的实际成本} = \text{该辅助生产分配前归集的费用} + \text{该受益对象承担的辅助生产计划成本}$$

$$\text{某辅助生产的计划成本} = \text{该辅助生产提供的产品或劳务总量} \times \text{该辅助生产的计划单位成本}$$

计划成本分配法一般在计划水平较高，劳务或产品的计划单位成本较为准确的情况下使用。该种方法有利于开展成本控制工作。需要注意的是，在该方法下，辅助生产部门实际发生的费用（包括交互分配转入的费用）与按计划成本分配转出费用的差额，即成本差异，分配给辅助生产以外的受益单位，但为了简化核算工作，一般将成本差异全部计入管理费用。

【案例 4-7】沿用【案例 4-5】，该企业辅助生产车间未设置"制造费用"账户，发生的相关费用直接记入"生产成本——辅助生产成本"账户。供水车间的计划单位成本为 5.5 元 / 吨，供电车间的计划单位成本为 1.5 元 / 千瓦时。要求采用计划成本分配法分配辅助生产费用。

在 Excel 中建立辅助生产费用分配表（计划成本分配法），完成辅助生产费用相关数据录入及分配工作，如图 4-8 所示。

	供水车间			供电车间			分配金额合计
辅助生产费用分配表（计划成本分配法）							
2023年7月							
	数量	计划单位成本	分配金额	数量	计划单位成本	分配金额	分配金额合计
待分配辅助生产费用	3,785		21,100.00	9,800		15,000.00	36,100.00
计划单位成本		5.50			1.50		
生产成本——辅助生产成本（供水）				150		225.00	225.00
生产成本——辅助生产成本（供电）	15		82.50				82.50
生产成本——基本生产成本（甲产品）				7,500		11,250.00	11,250.00
生产成本——基本生产成本（乙产品）				300		450.00	450.00
生产成本——基本生产成本（丙产品）				150		225.00	225.00
制造费用——第一车间	600		3,300.00	60		90.00	3,390.00
制造费用——第二车间	1,500		8,250.00	80		120.00	8,370.00
制造费用——第三车间	1,300		7,150.00	60		90.00	7,240.00
管理费用	250		1,375.00	1,000		1,500.00	2,875.00
销售费用	120		660.00	500		750.00	1,410.00
按计划成本分配金额			20,817.50			14,700.00	35,517.50
辅助生产实际成本			21,325.00			15,082.50	36,407.50
辅助生产成本差异			507.50			382.50	890.00

图 4-8　辅助生产费用分配表（计划成本分配法）

📍 **操作提示**

● 原始生产数据录入，供水车间、供电车间待分配辅助生产费用，各受益对象耗用的产品（劳务）数量，以及各辅助生产计划单位成本根据辅助生产车间提供的劳务数量表（表 4-3）等资料录入。

● 计算各受益对象承担的辅助生产计划成本，以供水车间承担的供电车间电费为例，选中 G7 单元格，输入公式"=E7*F6"。

● 计算各辅助生产的计划成本。供水车间按计划成本分配金额：选中 D17，输入公式"=SUM（D8:D16）"；供电车间按计划成本分配金额：选中G17，输入公式"=SUM（G7:G16）"。

- 计算各辅助生产的实际成本。供水车间的实际成本：选中D18，输入公式"=D5+D7"；供电车间的实际成本：选中G18，输入公式"=G5+D8"。
- 计算各辅助生产成本差异。供水车间成本差异：选中D19，输入公式"=D18-D17"；供电车间成本差异：选中G19，输入公式"=G18-G17"。

根据辅助生产费用分配表（计划成本分配法）分配结果（图4-8），编制会计分录如下：

借：生产成本——辅助生产成本——供水车间   225

    ——辅助生产成本——供电车间   83

  生产成本——基本生产成本——甲产品 11 250

    ——基本生产成本——乙产品   450

    ——基本生产成本——丙产品   225

  制造费用——第一车间   3 390

    ——第二车间   8 370

    ——第三车间   7 240

  管理费用   2 875

  销售费用   1 410

  贷：生产成本——辅助生产成本——供水车间 20 818

      ——供电车间 14 700

借：管理费用——其他   890

  贷：生产成本——辅助生产成本——供水车间 507.5

    辅助生产成本——供电车间 382.5

任务 4　应用 Excel 建立品种法成本计算模型
——核算制造费用

一、制造费用的归集

制造费用是在生产车间发生的各项间接费用，是指工业企业为生产产品或提供劳务而发生的、应计入产品成本但没有专设成本项目的各项生产费用。主要包括物料消耗，车间管理人员的薪酬，车间管理用房屋和设备的折旧费、租赁费和保险费，车间管理用具摊销，车间管理用的照明费、水费、取暖费、劳动保护费、设计制图费、试验检验费、差旅费、办公费以及季节性、修理期间停工损失等。

制造费用的归集是通过"制造费用"账户进行的。"制造费用"账户按照生产车间设置明细账，归集各生产单位在一定时期内为组织和管理生产所发生的制造费用及其分配情况，制造费用发生时，记入该账户的借方，进行分配结转时，记入该账户的贷方；该账户月末一般没有余额。

二、制造费用的分配

企业发生的制造费用，应当按月分配计入各成本核算对象的生产成本。只生产一种产品的情况下，其归集的制造费用应直接计入该种产品的成本；在生产多种产品的情况下，制造费用应采用适当的分配方法分配计入各种产品的成本。

制造费用的分配方法很多，通常采用生产工时比例分配法、年度计划分配率分配法、生产工人工资比例分配法以及机器工时比例分配法，本书重点讲解前两种方法。具体采用哪种分配方法，企业可以自行决定。分配方法一经确定，不得随意变更。确需变更的，应当在报表附注中予以说明。企业选择制造费用分配方法，必须与制造费用的发生具有比较密切的相关性，确保分配到每个成本核算对象上的制造费用的金额合理，并且计算简便。不同的制造费用分配方法，主要是分配标准不一样，其计算程序都是以下三个步骤。

第一步，确定各成本核算对象的分配标准，包括实际生产工时、定额生产工时、生产工人工资、机械工时、产品计划产量的定额工时等。

第二步，计算制造费用分配率。其计算公式为：

某制造费用分配率＝该制造费用总额 ÷ 各成本核算对象分配标准

第三步，计算各成本核算对象的分配金额（承担的制造费用）。其计算公式为：

各成本核算对象承担额＝该成本核算对象分配标准 × 该制造费用分配率

（一）生产工时比例分配法

生产工时比例分配法是以各种产品所耗生产工人工时为分配标准进行制造费用分配的一种方法。

【案例 4-8】竹朋公司 2023 年 9 月末归集的一车间、二车间和三车间的制造费用分别是 15 150 元、30 450 元和 21 600 元。每个车间甲、乙产品的生产时间分别为：一车间甲产品 1 750 小时、乙产品 750 小时，二车间甲产品 3 000 小时、乙产品 750 小时，三车间甲产品 2 250 小时、乙产品 1 500 小时。要求采用生产工时比例分配法分配甲、乙产品承担的制造费用。

在 Excel 中建立制造费用分配表（生产工时比例分配法），完成制造费用相关数据录入及分配工作，如图 4-9 所示。

应借科目		一车间			二车间			三车间			合计
		生产工时	分配率	分配金额	生产工时	分配率	分配金额	生产工时	分配率	分配金额	
生产成本——基本生产成本	甲产品	1,750		10,605	3,000		24,360	2,250		12,960	47,925
	乙产品	750		4,545	750		6,090	1,500		8,640	19,275
合计		2,500	6.06	15,150	3,750	8.12	30,450	3,750	5.76	21,600	67,200

图 4-9　制造费用分配表（生产工时比例分配法）

📍 操作提示

● 原始生产数据录入，一车间、二车间、三车间归集的制造费用，甲产品和乙产品生产工时根据实际生产情况及相关凭证录入。

● 计算各车间制造费用分配率，以一车间为例，选中 D7 单元格，输入公式 "=E7/C7"。

● 计算各产品承担的制造费用，以一车间制造费用分配为例，选中 E5 单元格，输入公式 "=C5*D7"；选中 E6 单元格，输入公式 "=C6*D7"。

根据制造费用分配表（生产工时比例分配法）分配结果（图 4-9），编制会计分录如下：

借：生产成本——基本生产成本——甲产品   47 925

             ——乙产品   19 275

    贷：制造费用——一车间   15 150

             ——二车间   30 450

             ——三车间   21 600

（二）年度计划分配率分配法

年度计划分配率分配法是以企业正常经营条件下的年度制造费用计划数和预计产量的定额标准量为分配标准计算分配率，并用该分配率和各月实际产量的定额分配标准量对制造费用进行分配的一种方法。

采用年度计划分配率分配法，可以随时计算已经完工产品负担的制造费用，分配手续简单，比较适合季节性生产的企业车间，也适用于计划管理水平较高的企业，否则制造费用的计划分配额与实际发生额差异过大，就会影响产品成本计算的准确性。

制造费用按照年度计划分配率进行分配，每月实际发生的制造费用与分配转出的制造费用金额不一定相等，"制造费用"账户一般会有月末余额，表示年度内实际发生的制造费用与按照年度计划分配率分配的累计转出额的差额，并且余额可能在借方，也可能在贷方，情况如图 4-10 所示。

制造费用

各月归集的实际发生的制造费用	各月按照年度计划分配率分配转出的制造费用
如果余额在借方：年度内实际发生的制造费用大于按照年度计划分配率分配的累计转出额的差额	如果余额在贷方：年度内实际发生的制造费用小于按照年度计划分配率分配的累计转出额的差额

图 4-10   "制造费用"T 形账户（年度计划分配率分配法）

年末，全年制造费用实际发生额与计划分配额之间的差额，调整转入 12 月份产品成本，结转后，制造费用没有余额。

【案例 4-9】竹朋公司一车间生产甲、乙产品，2023 年制造费用计划数为 90 000

元，甲、乙产品的计划产量分别为 10 000 件和 2 500 件，单位工时定额分别为 2.5 小时和 5 小时，9 月份的实际产量分别为 1 000 件和 200 件。本月实际发生制造费用 9 000 元。要求：采用年度计划分配率分配法分配制造费用。

在 Excel 中建立制造费用分配表（年度计划分配率分配法），完成制造费用相关数据录入及分配工作，如图 4-11 所示。

		年度计划数	年度计划产量	工时定额	年度计划定额工时	分配率	本月产量	本月定额工时	本月分配费用
应借科目		年度计划数	年度计划产量	工时定额	年度计划定额工时	分配率	本月产量	本月定额工时	本月分配费用
生产成本——基本生产成本	甲产品		10,000	2.50	25,000		1,000	2,500	6,000
	乙产品		2,500	5.00	12,500		200	1,000	2,400
合计		90,000			37,500	2.40		3,500	8,400

制造费用分配表（年度计划分配率分配法）
2023年9月

图 4-11 制造费用分配表（年度计划分配率分配法）

操作提示

● 原始生产数据录入。一车间制造费用年度计划数、甲产品和乙产品年度计划产量、本月产量、工时定额等数据根据实际生产情况及相关凭证录入。

● 计算各产品年度计划定额工时（即制造费用的分配标准）。选中 F4 单元格，输入公式"=D4*E4"；选中 F5 单元格，输入公式"=D5*E5"。

● 计算分配率。选中 G6 单元格，输入公式"=C6/F6"。

● 计算各产品本月定额工时。选中 I4 单元格，输入公式"=H4*E4"；选中 I5 单元格，输入公式"=H5*E5"。

● 计算各产品本月分配费用。选中 J4 单元格，输入公式"=I4*G6"；选中 J5 单元格，输入公式"=I5*G6"。

根据制造费用分配表（年度计划分配率分配法）分配结果（图 4-11），编制会计分录如下：

借：生产成本——基本生产成本——甲产品　　　　　　　　6 000

　　　　　　　　　　　　　　——乙产品　　　　　　　　2 400

　　贷：制造费用——一车间　　　　　　　　　　　　　　　　8 400

【案例 4-10】沿用【案例 4-9】，假定至 2023 年年末竹朋公司一车间实际发生制造费用 101 000 元，累计已分配转出制造费用 98 600 元（其中甲产品已分配 69 020 元，乙产品已分配 29 580 元）。要求将"制造费用"账户的差额进行调整。

年末制造费用账户余额 = 101 000 − 98 600 = 2 400（元）（借方余额）。

实际发生的制造费用大于按照年度计划分配率计算的累计转出额，差额 2 400 元按照甲产品和乙产品已分配金额比例调整计入甲产品和乙产品成本。

甲产品应调增的制造费用 = 2 400 ×（69 020 ÷ 98 600）= 1 680（元）。

乙产品应调增的制造费用 = 2 400 ×（29 580 ÷ 98 600）= 720（元）。

编制会计分录如下：

借：生产成本——基本生产成本——甲产品　　　　　　　　1 680

　　　　　　　　　　　　——乙产品　　　　　　　　　720

　　贷：制造费用——一车间　　　　　　　　　　　　　2 400

任务 5　应用 Excel 建立品种法成本计算模型
——核算废品损失

一、废品损失的概念

（一）废品的概念及分类

废品是指不符合规定的技术标准，不能按照原定用途使用或者需要修理后才能使用的在产品、半成品或产成品，包括在生产过程中发现的废品，以及入库后发现的废品。

按照产生原因不同，废品分为料废和工废两种。料废是由于材料不符合质量要求而造成的废品，工废是由于工人违反操作规程、看错或绘错图纸等原因造成的废品。

按照修复技术可能性和修复成本经济合理性，废品分为可修复废品和不可修复废品两种。可修复废品是指在技术上能够修复，而且修复成本在经济上合算的废品（两个条件需要同时具备）；不可修复废品是指在技术上无法修复，或者技术上虽然可以修复但所耗修复成本在经济上不合算的废品。

（二）废品损失的概念及内容

废品损失是指由于废品而发生的损失及修复成本。废品损失包括在生产过程中和入库后发现的不可修复废品的报废成本，以及可修复废品的修复成本扣除回收的残料价值和应由过失单位或个人赔款以后的损失。

合格品入库后因保管、运输等原因发生变质、损坏，不能按照原定用途使用，应作为产品毁损处理，其造成的损失不属于废品损失；质量不符合规定的技术标准，但经检验部门检验，不需要返修即可降价出售或使用的产品，在实际工作中称为次品，次品因降价等原因造成的损失也不属于废品损失；实行包退、包修、包换（三包）的企业，在产品出售后发现的废品所发生的一切损失也不属于废品损失。

二、废品损失的归集和分配

企业质量检验部门发现废品时，应该填制废品通知单，列明废品的种类、数量、生产废品的原因和过失人等。废品通知单经过成本会计人员和质检人员审核后，成为废品损失核算的依据。

不可修复废品的生产成本和可修复废品的修复费用，通过"废品损失"账户进行核算。

（一）不可修复废品损失的归集和分配

不可修复废品的损失是指不可修复废品的生产成本扣除回收残料价值、责任人赔款后的废品净损失。其废品损失的归集和分配包括不可修复废品生产成本结转、回收残料核算、责任人赔款核算以及不可修复废品净损失结转四个步骤。

1. 不可修复废品生产成本结转

不可修复废品是与同种合格产品一并进行生产的，其成本与同种合格产品成本同时发生，都归集在该种产品生产成本明细账中，要归集和分配不可修复废品损失，必须先计算不可修复废品生产成本，并将其从该种产品成本中剥离出来。

不可修复废品生产成本可以按照废品的实际成本计算，也可以按照废品的定额成本计算。

（1）按照实际成本计算不可修复废品生产成本。

按照实际成本计算不可修复废品生产成本，就是将废品与合格品共同发生的各成本项目费用，采用一定的分配标准，计算各成本项目费用分配率，在合格品与废品之间进行分配，计算出废品的实际成本，从"生产成本"账户转入"废品损失"账户。其计算公式为：

$$\text{各成本项目费用分配率} = \text{该成本项目归集的生产费用} \div \left(\text{合格产品该项目分配标准} + \text{不可修复废品该项目分配标准} \right)$$

$$\text{不可修复废品某成本项目承担额} = \text{不可修复废品该项目分配标准} \times \text{该成本项目费用分配率}$$

（2）按照定额成本计算不可修复废品生产成本。

按照定额成本计算不可修复废品生产成本，就是按照不可修复废品的数量和各项费用定额计算废品的定额成本。其计算公式为：

$$\text{不可修复废品各成本项目定额成本} = \text{不可修复废品数量} \times \text{该成本项目费用定额}$$

计算出的不可修复废品生产成本，应从"生产成本——基本生产成本"账户贷方转入"废品损失"账户借方。

2. 回收残料核算

不可修复废品报废，如果残料还有价值，应予以回收，回收残料价值应冲减废品的报废成本，借记"原材料"账户，贷记"废品损失"账户。

3. 责任人赔款核算

对因工作失误等原因造成废品损失的责任人，应追究其责任，比如赔偿相应损失。对于确定应收的赔偿款，应冲减废品的报废成本，借记"其他应收款"账户，贷记"废品损失"账户。

4. 不可修复废品净损失结转

不可修复废品净损失应由同种合格产品承担，经过以上步骤，"废品损失"账户归集的金额即为不可修复废品净损失，应从"废品损失"账户贷方转入"生产成本——基本生产成本"账户借方。

【案例 4-11】竹朋公司一生产车间生产甲产品，2023 年 10 月生产甲产品 250 件，生产过程中发现不可修复废品 20 件。生产工时为 10 000 小时，其中合格品 9 600 小时，废品 400 小时。基本生产成本（甲产品）明细账记录本月发生的生产费用为 70 000 元，其中直接材料 50 000 元，直接人工 12 500 元，制造费用 7 500 元。报废废品回收残料价值 1 500 元，责成责任人赔款 500 元。原材料系生产开始时一次投入，原材料费用按合格品和废品数量比例分配；其他费用按照生产工时比例分配。要求计算并结转不可修复废品损失。

在 Excel 中建立不可修复废品损失计算表（按实际成本计算），完成不可修复废品损失相关数据录入及计算工作，如图 4-12 所示。

项目	数量	直接材料	生产工时	直接人工	制造费用	合计
生产费用	250	50,000	10,000	12,500	7,500	70,000
费用分配率		200.00		1.25	0.75	202.00
废品生产成本	20	4,000	400	500	300	4,800
合格品生产成本	230	46,000	9,600	12,000	7,200	65,200

不可修复废品损失计算表（按实际成本计算）
2023年10月

图 4-12　不可修复废品损失计算表（按实际成本计算）

操作提示

● 相关数据录入，数量（包括总数量、合格品数量、废品数量），生产工时（包括总生产工时、合格品生产工时、废品生产工时），生产费用各成本项目数据根据实际生产情况及相关凭证录入。

● 分配直接材料费。直接材料项目费用分配率，选中 D5 单元格，输入公式"＝D4/C4"；废品承担的直接材料，选中 D6 单元格，输入公式"＝D5*C6"；合格品承担的直接材料，选中 D7 单元格，输入公式"＝D5*C7"，如果分配率是四舍五入的，则合格品承担额采用倒挤方法确定。

● 分配直接人工。直接人工项目费用分配率，选中 F5 单元格，输入公式"＝F4/E4"；废品承担的直接人工，选中 F6 单元格，输入公式"＝E6*F5"；合格品承担的直接人工，选中 F7 单元格，输入公式"＝E7*F5"，如果分配率是四舍五入的，则合格品承担额采用倒挤方法确定。

● 分配制造费用，方法同直接人工。

根据不可修复废品损失计算表（按实际成本计算）分配结果（图 4-12），编制会计分录如下：

第一步，结转不可修复废品生产成本。

借：废品损失——甲产品　　　　　　　　　　　　　　　　4 800

　　贷：生产成本——基本生产成本——甲产品　　　　　　　　4 800

第二步，冲减回收残料价值。

借：原材料　　　　　　　　　　　　　　　　　　　　　　1 500

　　贷：废品损失——甲产品　　　　　　　　　　　　　　　　1 500

第三步，责成责任人赔款。

借：其他应收款　　　　　　　　　　　　　　　　　　　　　500

　　贷：废品损失——甲产品　　　　　　　　　　　　　　　　　500

第四步，结转不可修复废品净损失。

借：生产成本——基本生产成本——甲产品　　　　　　　　2 800

　　贷：废品损失——甲产品　　　　　　　　　　　　　　　　2 800

【案例 4-12】竹朋公司一车间 2023 年 10 月生产乙产品，直接材料费用定额 160元，生产工时定额 5 小时，直接人工费用单价 11 元，制造费用单价 6 元。验收入库时发现不可修复废品 15 件，回收废品残料入库，价值 500 元，原材料系生产开始时一次投入，废品的完工程度为 50%。废品的生产成本按定额成本计算。要求计算并结转不可修复废品损失。

在 Excel 中建立不可修复废品损失计算表（按定额成本计算），完成不可修复废品损失相关数据录入及计算工作，如图 4-13 所示。

项目	数量	直接材料	工时定额	直接人工	制造费用	合计
不可修复废品损失计算表（按定额成本计算）						
2023年10月						
费用定额		160	5	11	6	
废品定额成本	15	2,400		825	450	3,675

图 4-13　不可修复废品损失计算表（按定额成本计算）

根据不可修复废品损失计算表（按定额成本计算）分配结果（图 4-13），编制会计分录如下：

第一步，结转不可修复废品生产成本。

借：废品损失——乙产品 3 675

　　贷：生产成本——基本生产成本——乙产品 3 675

第二步，冲减回收残料价值。

借：原材料 500

　　贷：废品损失——乙产品 500

第三步，结转不可修复废品净损失。

借：生产成本——基本生产成本——乙产品 3 175

　　贷：废品损失——乙产品 3 175

（二）可修复废品损失的归集和分配

可修复废品的损失是指可修复废品在返修过程中发生的各种修复费用，扣除回收残料价值、责任人赔款后的废品净损失。其废品损失的归集和分配包括可修复废品修复费用的核算、回收残料核算、责任人赔款核算以及可修复废品净损失的结转四个步骤。

可修复废品在修复期间发生的直接材料、直接人工和应分配的制造费用等可修复废品的修复费用，发生时直接确认为废品损失，借记"废品损失"账户，贷记"原材料"等账户。回收残料核算，责任人赔款核算，以及可修复废品净损失的结转与不可修复废品核算相同。

【案例 4-13】竹朋公司一车间 2023 年 10 月生产乙产品，生产过程中发现其中有可修复废品 20 件，在对可修复废品的修复过程中发生的费用为：直接材料 1 800元，直接人工 800 元，制造费用 1 100 元，收回残料价值 700 元，应由责任人赔偿500 元。

根据以上资料，编制会计分录如下：

第一步，可修复废品修复费用的核算。

借：废品损失——乙产品   3 700
  贷：原材料   1 800
    应付职工薪酬   800
    制造费用   1 100

第二步，冲减回收残料价值。

借：原材料   700
  贷：废品损失——乙产品   700

第三步，责成责任人赔款。

借：其他应收款   500
  贷：废品损失——乙产品   500

第四步，结转可修复废品净损失。

借：生产成本——基本生产成本——乙产品   2 500
  贷：废品损失——乙产品   2 500

任务 6   应用 Excel 建立品种法成本计算模型——核算停工损失

一、停工损失的概念

停工损失是指生产车间或车间内某个班组在停工期间发生的各项生产费用。

停工损失主要包括停工期间发生的原材料费用、人工费用和制造费用等，但不包括应由过失个人、单位或保险公司负担的赔款以及不满 1 个工作日的停工损失部分。

按停工是否正常来划分，企业的停工可以分为正常停工（如季节性停工、正常生产周期内修理期间的停工、计划内减产停工等）和非正常停工（如原材料或工具等短缺停工、设备故障停工、电力中断停工、自然灾害停工等）。

二、停工损失的分配

停工损失的分配是指将停工损失分配计入产品成本费用的过程。

停工损失可以单独核算，也可以合并核算，季节性停工、修理期间的正常停工费用应计入产品成本，非正常停工费用应计入当期损益。

（一）单独核算停工损失

在单独核算停工损失的企业中，停工损失的归集与分配是通过"停工损失"账户进行的。停工期间发生的计入停工损失的各种费用，应该在该账户的借方归集，借记"停工损失"账户，贷记"原材料""应付职工薪酬""制造费用"等账户。停工损失中应取得赔偿的部分，应从"停工损失"账户贷方转出至"其他应收款"账户，属于自然灾害造成的净损失，应从"停工损失"账户贷方转出至"营业外支出"账户，其余净损失应从"停工损失"账户贷方转出至"生产成本——基本生产成本"账户，结转后该账户没有余额。其会计分录如下：

（1）停工损失发生时：

借：停工损失——×× 车间

　　贷：原材料

　　　　应付职工薪酬

　　　　银行存款

　　　　制造费用

　　　　周转材料

（2）应收的由个人、单位或保险公司赔偿的金额以及自然灾害造成损失时：

借：其他应收款——个人、单位或保险公司

营业外支出——非正常损失

贷：停工损失——××车间

（3）结转停工净损失成本时：

借：生产成本——基本生产成本——××产品

贷：停工损失——×××产品

（二）合并核算停工损失

如辅助生产车间等部门，不单独设置"停工损失"账户，其停工损失分别记入"制造费用"等账户，其会计分录如下：

借：制造费用

其他应收款——个人、单位或保险公司

营业外支出——自然灾害

贷：原材料

应付职工薪酬

银行存款

制造费用

周转材料

任务 7　应用 Excel 建立品种法成本计算模型
——核算完工产品及在产品成本

一、在产品的核算

（一）在产品的概念

在产品是指没有完成全部生产过程，不能作为商品销售的企业未完工产品，在产品有广义和狭义之分。广义在产品是指从投产开始至尚未制成最终产品入库的产品，包括正在加工过程中的在制品、正在返修过程中的废品、已完成一个或几个生产步骤还需继续加工的半成品、已完工但尚未入库的完工产品、等待返修的可修复废品等。狭义在产品仅指正在各个生产车间处于相关生产步骤进行加工的在制品。这里所讲的在产品是狭义在产品。

（二）在产品数量的核算

在产品数量是核算在产品成本的基础，要确定月末在产品成本，必须先确定月末在产品的数量。

对在产品数量进行核算的方法一般有两种：一是设置在产品台账，进行台账记录，反映在产品的结存数量；二是通过实地盘点方式确定月末在产品数量。在实际工作中，往往将两种方法结合使用，通过在产品台账反映在产品的理论结存数量，通过实地盘点确定在产品的实际结存数量，两者差额表现为在产品的盘点溢余或短缺的数量。在产品台账如图4-14所示。

			在产品台账						
车间：一车间			2023年10月						
2023年		摘要	收入		转出			结存	
月	日		凭证号	数量	凭证号	合格品	废品	已完工	未完工

图4-14　在产品台账

（三）在产品清查的核算

在产品清查应当在每月月末进行，通过实地盘点确定在产品的实际结存数量，与在产品台账记录的结存数量进行核对，如有不符，编制在产品盘盈盘亏报告表，填明在产品名称、盈亏数量、金额、原因等。对于毁损的在产品还要登记残值。经有关领导批准后进行账务处理。为了反映在产品盘盈、盘亏和毁损的处理过程，应当设置"待处理财产损溢"账户。

"待处理财产损溢"账户的借方一般反映在产品发生盘亏、毁损和经批准处理核销的在产品发生盘盈的金额等，贷方一般反映在产品发生盘盈和经批准处理核销的在产品发生盘亏、毁损的金额等，期末该账户一般没有余额。

经批准处理核销的在产品发生盘盈的金额同时记入"制造费用"等账户；经批准处理核销的在产品发生盘亏、毁损的金额依据不同情况进行处理：准予计入产品成本的损失或由于车间管理不善造成的损失，转入"制造费用"账户的借方；自然灾害造成的非常损失应由保险公司或过失人赔偿部分，记入"其他应收款"账户的借方，其余损失则记入"营业外支出"账户的借方；无法查明原因的记入"管理费用"等账户。

1. 盘盈的会计处理

（1）批准前（发生盘盈时）：

借：生产成本——基本生产成本——×产品

　　贷：待处理财产损溢——待处理流动资产损溢

（2）批准后（予以转销时）：

借：待处理财产损溢——待处理流动资产损溢

　　贷：管理费用

　　　　制造费用

2. 盘亏、毁损的会计处理

（1）批准前（发生盘亏及毁损时）：

借：待处理财产损溢——待处理流动资产损溢

　　贷：生产成本——基本生产成本——×产品

（2）批准后（予以转销时，区别不同情况处理）：

借：原材料（毁损在产品收回的残值）

　　其他应收款（应收过失人或保险公司赔偿损失）

　　营业外支出（非常损失的净损失）

　　管理费用（无法收回的损失）

　　贷：待处理财产损溢——待处理流动资产损溢

【案例 4-14】竹朋公司 2023 年 7 月基本生产车间在产品清查结果如下：甲产品的在产品盘盈 20 件，费用定额 200 元；乙产品的在产品盘亏 50 件，费用定额 60 元，其中应由过失人赔款 1 000 元，其余损失是由于车间管理不善造成的；丙产品的在产品毁损 600 件，费用定额 40 元，其中自然灾害损失 7 000 元，残料入库价值 2 000 元，其余损失是由于车间管理不善造成的。以上事项均已批准处理。

1. 在产品盘盈的核算

（1）批准前：

借：生产成本——基本生产成本——甲产品 4 000
　　贷：待处理财产损溢——待处理流动资产损溢 4 000

（2）批准后：

借：待处理财产损溢——待处理流动资产损溢 4 000
　　贷：制造费用 4 000

2. 在产品盘亏、毁损的核算

（1）批准前：

借：待处理财产损溢——待处理流动资产损溢 27 000
　　贷：生产成本——基本生产成本——乙产品 3 000
　　　　　　　　　　　　　　　　　　——丙产品 24 000

（2）批准后：

① 盘亏转销。

借：其他应收款 1 000
　　制造费用 2 000
　　贷：待处理财产损溢——待处理流动资产损溢 3 000

② 毁损的残料入库。

借：原材料 2 000
　　贷：待处理财产损溢——待处理流动资产损溢 2 000

③ 毁损转销。

借：营业外支出 7 000
　　制造费用 15 000
　　贷：待处理财产损溢——待处理流动资产损溢 22 000

二、生产费用在完工产品与在产品之间的分配

生产费用在完工产品与在产品之间的分配，首先是将本月发生的生产费用在不同产品之间进行归集，即本月应计入各种产品成本的生产费用，按成本项目归集在"生产成本——基本生产成本"账户及其所属明细账的借方；其次是将各产品的月初在产品成本加上本月发生的生产费用，即各产品的本月生产费用合计，采用适当分配方法，在完工产品和在产品之间进行分配，以计算本月完工产品成本和在产品成本。

生产费用在完工产品与在产品之间分配时，要注意月初在产品成本、本月生产费用、本月完工产品成本和月末在产品成本四者之间的关系，可用如下公式表示：

月初在产品成本 + 本月生产费用 = 本月完工产品成本 + 月末在产品成本

月初在产品成本 + 本月生产费用 − 月末在产品成本 = 本月完工产品成本

常用的生产费用在完工产品与在产品之间分配的方法包括在产品不计算成本法、在产品按固定成本计价法、在产品按所耗直接材料成本计价法、约当产量法、在产品按定额成本计算法、定额比例法、在产品按完工产品成本计算法等。

完工产品和在产品之间费用分配方法的选择要考虑的因素有月末在产品数量的多少，各月在产品数量变化的大小，各项费用在成本中所占比重的大小，定额管理基础（定额是否准确、稳定）的好坏。

（一）在产品不计算成本法

在产品不计算成本法是指月末在产品不计算成本，本期分配归集的生产费用全部由完工产品承担的一种方法。该种方法适用于各月末在产品数量较少，或各月末在产品数量虽然较多，但相差不大，变化较少的产品生产；月初在产品成本与月末在产品成本的差额较小，不计算在产品成本对产品成本核算的正确性影响不大的产品生产。

> **实践技能训练**

竹朋公司 2023 年 7 月生产产品，该产品生产周期较短且价值低，月末在产品数量少且各月在产品数量比较稳定。本月产品成本计算单所记的产品成本总额为 200 000 元，其中

直接材料 140 000 元，直接人工 40 000 元，制造费用 20 000 元。本月完工入库产品 10 000 件，在产品 100 件。

采用在产品不计算成本法，本月完工产品成本为_____元。

（二）在产品按固定成本计价法

在产品成本按固定成本计价法是指 1 月份—11 月份各月月末在产品成本都按年初在产品成本计算，年末再采用约当产量法（或定额比例分配法或在产品按定额成本计算法等），将 12 月份归集的全部生产费用（包括月初在产品成本和本月发生的生产费用）在 12 月份完工产品和月末在产品之间进行分配，计算出的月末在产品成本作为次年年初在产品成本。采用该种方法，1 月份至 11 月份，因为月初在产品成本与月末在产品成本都按照固定成本计价，所以本月发生的生产费用等于本月完工产品成本。该种方法适用于各月月末在产品数量变动不大的产品，如果各月月末在产品数量变化不大，月初、月末在产品成本的差额也就不大，因此是否计算各月月初、月末在产品成本差额对于完工产品成本确定的影响也就很小。

（三）在产品按所耗直接材料成本计价法

在产品按所耗直接材料成本计价法是指各产品所归集的生产费用，只对直接材料成本项目归集的生产费用在完工产品和在产品之间进行分配，月末在产品仅以所分配的直接材料成本作为在产品成本；对其他成本项目（直接人工、制造费用等）归集的生产费用，不在完工产品和在产品之间分配，而全部作为完工产品成本的一种方法。该种方法适用于月末在产品数量较多，各月在产品数量变化也较大，同时直接材料项目在产品成本中占较大比重的产品。

操作步骤如下：

1. 计算直接材料项目的分配率（假定材料是生产开始时一次投入）

直接材料项目费用分配率的计算公式为：

$$\text{直接材料项目费用分配率} = \frac{\text{该成本项目归集的生产费用}}{\text{（完工产品产量 + 月末在产品产量）}}$$

2. 计算月末在产品成本

月末在产品成本的计算公式为：

$$月末在产品成本＝月末在产品数量 \times 直接材料项目费用分配率$$

3. 计算本月完工产品成本

本月完工产品成本的计算公式为：

$$本月完工产品成本＝完工产品数量 \times \frac{直接材料项目}{费用分配率} + \frac{本月发生的}{直接人工} + \frac{本月发生的}{制造费用}$$

【案例 4-15】竹朋公司 2023 年 8 月生产某产品，原材料在生产开始时一次投入。月初在产品直接材料 12 000 元，本月耗用直接材料 28 000 元，直接人工 8 000 元，制造费用 10 000 元。本月完工产品 160 件，月末在产品 40 件。要求在产品按所耗直接材料成本计价法计算完工产品和月末在产品成本。

在 Excel 中建立产品成本计算单（在产品按所耗直接材料成本计价法），完成月末在产品和完工产品成本计算相关数据录入及分配工作，如图 4-15 所示。

月	日	摘要	直接材料	直接人工	制造费用	合计
		产品成本计算单（在产品按所耗直接材料成本计价法）				
8	1	月初在产品成本	12,000			12,000
	31	本月生产费用	28,000	8,000	10,000	46,000
	31	生产费用合计	40,000	8,000	10,000	58,000
	31	完工产品产量	160	160	160	
	31	月末在产品产量	40			
	31	费用分配率	200			
	31	完工产品成本	32,000	8,000	10,000	50,000
	31	月末在产品成本	8,000			8,000

图 4-15　产品成本计算单（在产品按所耗直接材料成本计价法）

操作提示

● 原始生产数据录入，月初在产品成本、本月生产费用、完工产品产量、月末在产品产量，根据实际生产情况及相关凭证录入。

● 生产费用合计，选中 D5 单元格，输入公式" ＝SUM（D3:D4）"；选中 D5 单元格，拖曳填充柄至 G5 单元格。

● 计算直接材料项目的费用分配率，选中 D8 单元格，输入公式" ＝D5/（D6＋D7）"。

●计算月末在产品承担的直接材料费用，选中 D10 单元格，输入公式"=D8*D7"。

●计算完工产品成本，直接材料项目选中 D9 单元格，输入公式"=D6*D8"，直接人工项目选中 E9 单元格，输入公式"=E5"，制造费用项目选中 F9 单元格，输入公式"=F5"。

根据产品成本计算单（在产品按所耗直接材料成本计价法）（图 4-15），编制会计分录如下：

借：库存商品　　　　　　　　　　　　　　　　　50 000

　　贷：生产成本——基本生产成本　　　　　　　　　　50 000

（四）约当产量法

约当产量是指将月末在产品数量按照其完工程度折算为相当于完工产品的产量。约当产量法是将各成本项目期初结存在产品成本与本期发生的生产费用之和，按完工产品数量与月末在产品约当产量的比例进行分配，以计算完工产品成本和月末在产品成本的一种方法。该种方法适用于期末在产品数量较多，各月末在产品数量变化较大，产品中各个成本项目所占比重相差不大的产品。

1. 各成本项目月末在产品约当产量的计算

采用约当产量法将生产费用在完工产品和在产品之间进行分配，关键在于月末在产品约当产量的计算，而月末在产品约当产量计算的关键在于合理确定在产品的投料程度和加工程度。

（1）直接材料项目在产品约当产量的计算。直接材料项目在产品约当产量的确定取决于产品生产过程中的投料程度。产品生产过程中，原材料投料方式不同，在产品投料程度的确定方式也有所不同。

① 原材料在生产开始时一次投入。这种投料方式下，单位月末在产品所耗原材料与单位完工产品所耗原材料相同，在产品的投料程度按照 100% 计算。

② 原材料在每道工序开始时一次投入。这种投料方式下，各道工序月末在产品应负担的直接材料费用为截至该道工序的累计投料额，各道工序月末在产品投料程度计算公式如下：

$$某工序月末在产品投料程度 = \frac{前面各工序材料消耗定额之和 + 本工序材料消耗定额}{完工产品材料消耗定额}$$

③ 原材料随生产进度逐步投入。这种投料方式下，如果是单工序生产，月末在产品投料程度与完工程度一致；如果是多工序生产，各道工序月末在产品投料程度计算公式如下：

$$某工序月末在产品投料程度$$

$$= \frac{前面各工序材料消耗定额之和 + 本工序材料消耗定额 \times 该工序完工程度}{完工产品材料消耗定额}$$

月末在产品投料程度确定后，即可计算月末在产品直接材料项目的约当产量，其计算公式为：

$$\frac{某工序直接材料项目}{月末在产品约当产量} = \frac{该工序月末}{在产品数量} \times \frac{该工序月末}{在产品投料程度}$$

（2）加工费用项目在产品约当产量的计算。加工费用项目包括直接人工项目和制造费用项目，在产品约当产量的确定取决于产品生产过程中的完工程度。完工程度的确定除了可以按照实际完工程度确定外，还有如下两种方式。

① 按照平均完工程度计算。即各工序在产品完工程度一律按照 50% 计算，在各工序在产品数量和单位产品在各工序加工量都相差不多的情况下使用，能够简化成本核算。

② 各工序分别测定完工程度。即根据各工序的累计工时定额占完工产品工时定额的比率计算月末在产品完工程度，其计算公式为：

$$\frac{某工序月末在}{产品完工程度} = \frac{前面各工序工时定额之和 + 本工序工时定额 \times 该工序完工程度}{完工产品工时定额}$$

月末在产品完工程度确定后，即可计算月末在产品加工费用项目的约当产量，其计算公式为：

$$\frac{某工序加工费用项目}{月末在产品约当产量} = \frac{该工序月末}{在产品数量} \times \frac{该工序月末}{在产品完工程度}$$

2. 各成本项目费用分配率（单位成本）的计算

约当产量法下，各成本项目费用分配率的计算公式如下：

$$\dfrac{\text{直接材料项目}}{\text{费用分配率}} = \dfrac{\text{月初在产品直接材料} + \text{本期发生的直接材料}}{\text{完工产品产量} + \text{月末在产品直接材料项目约当产量}}$$

$$\dfrac{\text{直接人工项目}}{\text{费用分配率}} = \dfrac{\text{月初在产品直接人工} + \text{本期发生的直接人工}}{\text{完工产品产量} + \text{月末在产品直接人工项目约当产量}}$$

$$\dfrac{\text{制造费用项目}}{\text{费用分配率}} = \dfrac{\text{月初在产品制造费用} + \text{本期发生的制造费用}}{\text{完工产品产量} + \text{月末在产品制造费用项目约当产量}}$$

3. 完工产品成本的计算

约当产量法下，完工产品各成本项目成本的计算公式如下：

完工产品承担的直接材料成本 = 完工产品产量 × 直接材料项目费用分配率

完工产品承担的直接人工成本 = 完工产品产量 × 直接人工项目费用分配率

完工产品承担的制造费用成本 = 完工产品产量 × 制造费用项目费用分配率

4. 月末在产品成本的计算

约当产量法下，月末在产品成本的计算可以用月末在产品各成本项目的约当产量乘以各成本项目费用分配率得到，如果费用分配率是四舍五入确定的，则月末在产品各成本项目金额应采用倒挤的方法确定，即用各成本项目归集的全部生产费用扣除完工产品承担的部分计算得到。

【案例 4-16】竹朋公司 2023 年 7 月生产某产品，原材料于生产开始时一次投入，本月完工入库产品 400 件，月末在产品数量 100 件，在产品完工程度为 50%，月初在产品成本和本月生产费用资料如表 4-4 所示。要求采用约当产量法计算完工产品成本和在产品成本。

表 4-4　生产费用表

2023 年 7 月

金额单位：元

摘　要	直接材料	燃料和动力	直接人工	制造费用	合计
月初在产品成本	4 000	500	400	300	5 200
本月生产费用	16 000	4 000	5 000	3 300	28 300
生产费用合计	20 000	4 500	5 400	3 600	33 500

在 Excel 中建立产品成本计算单（约当产量法），完成相关数据录入及完工产品与在产品成本计算工作，如图 4-16 所示。

	A	B	C	D	E	F	G	H
1				产品成本计算单（约当产量法）				
2	月	日	摘要	直接材料	燃料动力	直接人工	制造费用	合计
3	7	1	月初在产品成本	4,000	500	400	300	5,200
4		31	本月生产费用	16,000	4,000	5,000	3,300	28,300
5		31	生产费用合计	20,000	4,500	5,400	3,600	33,500
6		31	完工产品产量	400	400	400	400	
7		31	月末在产品约当产量	100	50	50	50	
8		31	费用分配率	40.00	10.00	12.00	8.00	70.00
9		31	完工产品成本	16,000	4,000	4,800	3,200	28,000
10		31	月末在产品成本	4,000	500	600	400	5,500

图 4-16　产品成本计算单（约当产量法）

📍 操作提示

● 原始生产数据录入，月初在产品成本、本月生产费用、完工产品产量根据实际生产情况及相关凭证录入。

● 月末在产品约当产量计算。直接材料项目选中 D7 单元格，输入公式"=100*100%"；燃料动力项目选中 E7 单元格，输入公式"=100*50%"；直接人工项目与制造费用项目月末在产品约当产量计算同燃料动力项目。

● 各项目费用分配率计算。直接材料项目选中 D8 单元格，输入公式"=D5/（D6＋D7）"；燃料动力项目选中 E8 单元格，输入公式"=E5/（E6＋E7）"；直接人工项目和制造费用项目费用分配率计算以此类推。

● 完工产品成本计算。直接材料项目选中 D9 单元格，输入公式"=D6*D8"；燃料动力项目选中 E9 单元格，输入公式"=E6*E8"；直接人工项目和制造费用项目完工产品成本计算以此类推。

● 月末在产品成本计算。直接材料项目选中 D10 单元格，输入公式"=D5－D9"，其他项目月末在产品成本计算以此类推。

【案例 4-17】竹朋公司 2023 年 7 月生产某产品，其加工需经过三道工序完成，原材料分三次在每道工序开始时一次投入，该产品材料消耗定额为 500 千克，其中第一道工序投入 280 千克，第二道工序投入 160 千克，第三道工序投入 60 千克。该产品工时定额为 80 小时，其中第一道工序工时定额为 16 小时，第二道工序工时定额为 40 小时，第三道工序工时定额为 24 小时。该产品本月完工 500 件，三道工序在产品数量分别为 100 件、50 件和 60 件，各工序在产品在本工序完工程度均为 50%。月初在产品成本 18 000 元，其中直接材料 10 000 元，直接人工 5 000 元，制造费用 3 000 元；本月发生生产费用 55 242 元，其中直接材料 32 900 元，直接人工 14 839 元，制造费用 7 503 元。要求采用约当产量法计算完工产品和在产品成本。

在 Excel 中建立月末在产品直接材料项目约当产量计算表、月末在产品加工费用项目约当产量计算表以及产品成本计算单（约当产量法），完成相关数据录入及完工产品与在产品成本计算工作。

第一步，计算月末在产品直接材料项目约当产量，如图 4-17 所示。

	A	B	C	D	E
1	月末在产品直接材料项目约当产量计算表				
2	工序	材料消耗定额	在产品投料程度	在产品数量	在产品约当产量
3	第一道工序	280	56.00%	100	56
4	第二道工序	160	88.00%	50	44
5	第三道工序	60	100.00%	60	60
6	合计	500			160

图 4-17 月末在产品直接材料项目约当产量计算表

📍 操作提示

● 原始生产数据录入，各道工序材料消耗定额、在产品数量根据实际生产情况及相关凭证录入。

● 在产品投料程度计算，第一道工序在产品投料程度选中 C3 单元格，输入公式"=B3/B6"；第二道工序在产品投料程度选中 C4 单元格，输入公式"=（B3＋B4）/B6"；第三道工序在产品投料程度选中 C5 单元格，输入公式"=（B3＋B4＋B5）/B6"。

● 在产品约当产量计算，第一道工序在产品约当产量选中 E3 单元格，输入公式"=D3*C3"；第二道工序在产品投料程度选中 E4 单元格，输入公式"=D4*C4"；第三道工序在产品投料程度选中 E5 单元格，输入公式"=D5*C5"。

第二步，计算月末在产品加工费用项目约当产量，如图 4-18 所示。

	A	B	C	D	E
1	月末在产品加工费用项目约当产量计算表				
2	工序	工时定额	在产品完工程度	在产品数量	在产品约当产量
3	第一道工序	16	10.00%	100	10.00
4	第二道工序	40	45.00%	50	22.50
5	第三道工序	24	85.00%	60	51.00
6	合计	80			83.50

图 4-18　月末在产品加工费用项目约当产量计算表

操作提示

● 原始生产数据录入，各道工序工时定额、在产品数量根据实际生产情况及相关凭证录入。

● 在产品完工程度计算。第一道工序在产品完工程度选中 C3 单元格，输入公式"=（B3*50%）/B6"；第二道工序在产品完工程度选中 C4 单元格，输入公式"=（B3＋B4*50%）/B6"；第三道工序在产品完工程度选中 C5 单元格，输入公式"=（B3＋B4＋B5*50%）/B6"。

● 在产品约当产量计算。第一道工序在产品约当产量选中 E3 单元格，输入公式"=D3*C3"；第二道工序在产品约当产量选中 E4 单元格，输入公式"=D4*C4"；第三道工序在产品约当产量选中 E5 单元格，输入公式"=D5*C5"。

第三步，将生产费用在完工产品和在产品之间进行分配，如图 4-19 所示。

	A	B	C	D	E	F	G
1			产品成本计算单（约当产量法）				
2	月	日	摘要	直接材料	直接人工	制造费用	合计
3	7	1	月初在产品成本	10,000	5,000	3,000	18,000
4		31	本月生产费用	32,900	14,839	7,503	55,242
5		31	生产费用合计	42,900	19,839	10,503	73,242
6		31	完工产品产量	500	500	500	
7		31	月末在产品约当产量	160.00	83.50	83.50	
8		31	费用分配率	65.00	34.00	18.00	117.00
9		31	完工产品成本	32,500	17,000	9,000	58,500
10		31	月末在产品成本	10,400	2,839	1,503	14,742

图 4-19　产品成本计算单（约当产量法）

● 原始生产数据录入，月初在产品成本、本月生产费用、完工产品产量根据实际生产情况及相关凭证录入。

● 月末在产品约当产量录入，根据前面步骤计算结果直接填入，或从"月末在产品直接材料项目约当产量计算表""月末在产品加工费用项目约当产量计算表"中对应引入。直接材料项目选中 D7 单元格，输入公式"='月末在产品直接材料项目约当产量计算表'!E6"；直接人工项目选中 E7 单元格，输入公式"='月末在产品加工费用项目约当产量计算表'!E6"；制造费用项目选中 F7 单元格，输入公式"='月末在产品加工费用项目约当产量计算表'!E6"。

● 费用分配率计算。直接材料项目选中 D8 单元格，输入公式"=D5/（D6＋D7）"；直接人工项目选中 E8 单元格，输入公式"=E5/（E6＋E7）"；制造费用项目选中 F8 单元格，输入公式"=F5/（F6＋F7）"。

● 完工产品成本计算。直接材料项目选中 D9 单元格，输入公式"=D6*D8"；直接人工项目选中 E9 单元格，输入公式"=E6*E8"；制造费用项目选中 F9 单元格，输入公式"=F6*F8"。

● 月末在产品成本计算。直接材料项目选中 D10 单元格，输入公式"=D5－D9"；直接人工项目选中 E10 单元格，输入公式"=E5－E9"；制造费用项目选中 F10 单元格，输入公式"=F5－F9"。

（五）在产品按定额成本计算法

在产品成本按定额成本计算法是指在定额资料比较准确的前提下，为简化核算工作，月末在产品按定额成本计算的一种方法。采用该种方法，月末在产品按照定额成本计算，全部生产费用扣除月末在产品定额成本后的余额，即为本月完工产品成本，在产品的实际成本与定额成本的差异全部由完工产品成本负担。该种方法适用于各项消耗定额或成本定额比较准确、稳定，而且各月末在产品数量变化不是很大的产品。

1. 计算月末在产品定额成本

各成本项目月末在产品定额成本的计算公式为：

$$月末在产品直接材料定额成本 = 在产品数量 \times 单位在产品材料消耗定额 \times 材料计划单价$$

$$月末在产品直接人工定额成本 = 在产品数量 \times 单位在产品工时定额 \times 直接人工计划单价$$

$$月末在产品制造费用定额成本 = 在产品数量 \times 单位在产品工时定额 \times 制造费用计划单价$$

2. 计算完工产品成本

某项目完工产品成本的计算公式为：

$$某项目完工产品成本 = 该项目月初在产品成本 + 该项目本月发生的生产费用 - 该项目月末在产品定额成本$$

【案例 4-18】竹朋公司 2023 年 7 月生产某产品，月初在产品成本 110 000 元，其中直接材料 80 000 元，直接人工 20 000 元，制造费用 10 000 元；本月发生生产费用 690 000 元，其中直接材料 390 000 元，直接人工 200 000 元，制造费用 100 000 元。本月完工入库产品 110 件，在产品 10 件，单位在产品工时定额 5 小时，单件产品材料消耗定额 10 千克，材料单价 300 元 / 千克，直接人工计划单价 200 元 / 小时，制造费用计划单价 100 元 / 小时。要求采用在产品按定额成本计算法计算本月完工产品成本和月末在产品成本。

在 Excel 中建立产品成本计算单（在产品按定额成本计算法），完成相关数据录入及完工产品与在产品成本计算工作，如图 4-20 所示。

月	日	摘要	直接材料	直接人工	制造费用	合计
\multicolumn{7}{c}{产品成本计算单（在产品按定额成本计算法）}
7	1	月初在产品定额成本	80,000	20,000	10,000	110,000
	31	本月生产费用	390,000	200,000	100,000	690,000
	31	生产费用合计	470,000	220,000	110,000	800,000
	31	完工产品成本	440,000	210,000	105,000	755,000
	31	月末在产品定额成本	30,000	10,000	5,000	45,000

图 4-20　产品成本计算单（在产品按定额成本计算法）

操作提示

● 原始生产数据录入，月初在产品定额成本、本月生产费用根据实际生产情况及相关凭证录入。

- 生产费用合计计算，由各成本项目月初在产品定额成本与本月生产费用求和得到。

- 月末在产品定额成本计算。直接材料项目选中 D7 单元格，输入公式"＝10*10*300"；直接人工项目选中 E7 单元格，输入公式"＝10*5*200"，制造费用项目选中 F7 单元格，输入公式"＝10*5*100"。

- 完工产品成本计算。直接材料项目选中 D6 单元格，输入公式"＝D5－D7"；直接人工项目选中 E6 单元格，输入公式"＝E5－E7"；制造费用项目选中 F6 单元格，输入公式"＝F5－F7"。

（六）定额比例法

定额比例法是指将生产费用按照完工产品与月末在产品定额消耗量或定额耗费的比例进行分配的方法。直接材料项目可以按原材料定额耗用量或原材料定额成本比例分配；直接人工、制造费用等其他成本项目，可以按定额工时比例分配。定额比例分配法适用于定额管理基础较好，各项消耗定额比较准确、稳定，各月末在产品数量变化较大的生产企业。采用该分配方法，分配结果较合理，便于将实际成本与定额成本进行比较，更好地考核和分析定额执行情况。

1. 按照定额耗用量或定额成本比例分配直接材料费用

按照定额耗用量或定额成本比例分配直接材料费用的计算公式为：

$$\text{直接材料费用分配率} = \frac{\text{月初在产品直接材料} + \text{本期发生的直接材料}}{\text{完工产品材料定额耗用量（或定额成本）} + \text{月末在产品材料定额耗用量（或定额成本）}}$$

$$\text{完工产品承担的直接材料} = \text{完工产品材料定额耗用量（或定额成本）} \times \text{直接材料费用分配率}$$

$$\text{月末在产品承担的直接材料} = \text{月初在产品直接材料} + \text{本月发生直接材料} - \text{完工产品承担的直接材料}$$

2. 按照定额工时比例分配直接人工费用

按照定额工时比例分配直接人工费用的计算公式为：

$$直接人工费用分配率 = \frac{月初在产品直接人工 + 本期发生的直接人工}{完工产品定额工时 + 月末在产品定额工时}$$

$$完工产品承担的直接人工 = 完工产品定额工时 \times 直接人工费用分配率$$

$$\begin{matrix} 月末在产品承担的 \\ 直接材料 \end{matrix} = \begin{matrix} 月初在产品 \\ 直接人工 \end{matrix} + \begin{matrix} 本月发生 \\ 直接人工 \end{matrix} - \begin{matrix} 完工产品承担的 \\ 直接人工 \end{matrix}$$

3. 按照定额工时比例分配制造费用

按照定额工时比例分配制造费用的计算公式为：

$$制造费用分配率 = \frac{月初在产品制造费用 + 本期发生的制造费用}{完工产品定额工时 + 月末在产品定额工时}$$

$$完工产品承担的制造费用 = 完工产品定额工时 \times 制造费用分配率$$

$$\begin{matrix} 月末在产品承担的 \\ 制造费用 \end{matrix} = \begin{matrix} 月初在产品 \\ 制造费用 \end{matrix} + \begin{matrix} 本月发生 \\ 制造费用 \end{matrix} - \begin{matrix} 完工产品承担的 \\ 制造费用 \end{matrix}$$

【案例 4-19】竹朋公司 2023 年 9 月生产某产品，本月完工产品入库 2 000 件，月末在产品数量 200 件。完工产品材料消耗定额 10 千克 / 件，工时定额 5 小时 / 件；材料系开工时一次投入，在产品完工程度为 40%。该产品月初在产品成本 19 560 元，其中直接材料 11 600 元，直接人工 2 480 元，制造费用 5 480 元；本月生产费用 80 000 元，其中直接材料 50 000 元，直接人工 10 000 元，制造费用 20 000 元。要求采用定额比例法分配计算完工产品成本和在产品成本。

在 Excel 中建立产品成本计算单（定额比例法），完成相关数据录入及完工产品与在产品成本计算工作，如图 4-21 所示。

		产品成本计算单（定额比例法）				
完工产量：2 000件				在产品：200件，完工程度40%		
月	日	摘要	直接材料	直接人工	制造费用	合计
9	1	月初在产品成本	11,600	2,480	5,480	19,560
	30	本月生产费用	50,000	10,000	20,000	80,000
	30	生产费用合计	61,600	12,480	25,480	99,560
	30	产品材料消耗定额（或工时定额）	10	5	5	
	30	完工产品定额耗用量（或定额工时）	20,000	10,000	10,000	
	30	月末在产品定额耗用量（或定额工时）	2,000	400	400	
	30	费用分配率	2.80	1.20	2.45	6.45
	30	完工产品成本	56,000	12,000	24,500	92,500
	30	月末在产品成本	5,600	480	980	7,060

图 4-21 产品成本计算单（定额比例法）

● 原始生产数据录入，月初在产品成本、本月生产费用、产品材料消耗定额（或工时定额）根据实际生产情况及相关凭证录入。

● 计算生产费用合计，由各成本项目月初在产品成本与本月生产费用求和得到。

● 计算完工产品定额耗用量（或定额工时），直接材料项目选中 D8 单元格，输入公式"＝2000*D7"；直接人工项目选中 E8 单元格，输入公式"＝2000*E7"；制造费用项目选中 F8 单元格，输入公式"＝2000*F7"。

● 计算月末在产品定额耗用量（或定额工时），直接材料项目选中 D9 单元格，输入公式"＝200*D7"；直接人工项目选中 E9 单元格，输入公式"＝200*E7*40%"；制造费用项目选中 F9 单元格，输入公式"＝200*F7*40%"。

● 计算费用分配率，直接材料项目选中 D10 单元格，输入公式"＝D6/（D8＋D9）"，选中 D10 单元格，拖曳填充柄至 F10 单元格，生成直接人工和制造费用项目的费用分配率。

● 计算完工产品成本，直接材料项目选中 D11 单元格，输入公式"＝D8*D10"，选中 D11 单元格，拖曳填充柄至 F11 单元格，生成直接人工和制造费用项目的完工产品成本。

● 计算月末在产品成本，直接材料项目选中 D12 单元格，输入公式"＝D6-D11"，选中 D12 单元格，拖曳填充柄至 F12 单元格，生成直接人工和制造费用项目的月末在产品成本。

（七）在产品按完工产品成本计算法

在产品按完工产品成本计算法是指将趋于完工的在产品成本按照完工产品成本确定，在产品视同完工产品分配产品成本的一种方法。这是一种特殊的约当产量法，即单位在产品成本相当于 100% 的单位完工产品成本。

当在产品生产加工状态已趋于完工，发生的生产费用已接近完工产品所耗，为简化核算工作，将其视同完工产品来承担本月发生的生产费用，即产品成本计算单中的生产费用合计金额，按照完工产品产量与在产品数量比例进行分配。分配后，计算出完工产品成本和在产品成本。此时应将完工产品成本从"生产成本——基本生产成本"账户转出，对于已办理入库手续的产品应转入"库存商品"账户。编制会计分录如下：

借：库存商品

　　贷：生产成本——基本生产成本

任务 8　应用 Excel 建立品种法成本计算模型——品种法综合案例

一、成本核算资料

【案例 4-20】杰森公司有三个基本生产车间，一车间大量生产甲、乙两种产品，二车间大量生产丙产品，三车间大量生产丁产品；另设有供水、供电两个辅助生产车间，辅助生产提供的产品和劳务采用直接分配法对外分配费用；还设有企业管理部门，以及专设销售机构。

2023 年 8 月该企业生产情况及其成本费用资料如下。

（一）各产品生产情况

各产品生产情况如表 4-5 所示。

表 4-5　各产品生产情况

2023 年 8 月　　　　　　　　　　　　　　　　　　　　单位：台

产品	月初在产品	本月投入	本月完工	月末在产品
甲产品	100	500	400	200
乙产品		350		350
丙产品	50	350	300	100
丁产品	450	500	950	

（二）各产品月初在产品成本

各产品月初在产品成本如表 4-6 所示。

表 4-6　各产品月初在产品成本

2023 年 8 月　　　　　　　　　　　　　　　　　　单位：元

产品	直接材料	直接人工	制造费用	合计
甲产品	40 000	23 000	15 550	78 550
丙产品	24 500	12 000	11 550	48 050
丁产品	20 000	10 000	10 000	40 000

（三）本月发生的材料费用

本月发料凭证汇总表如表 4-7 所示。

表 4-7　发料凭证汇总表

2023 年 8 月　　　　　　　　　　　　　　　　　　单位：元

领用单位及用途	原料及主要材料	辅助材料	燃料动力	合计
一车间——甲产品	31 600		10 000	41 600
——乙产品	2 000		1 200	3 200
甲、乙产品共同耗用	64 000			64 000
二车间——丙产品	50 150		20 000	70 150
三车间——丁产品	40 000		10 000	50 000
一车间一般耗用	9 400			9 400
二车间一般耗用	4 800			4 800
三车间一般耗用	2 000			2 000
供水车间耗用	15 000	1 050		16 050
供电车间耗用	3 630			3 630
企业管理部门耗用		14 940		14 940
合计	222 580	15 990	41 200	279 770

（四）本月发生的职工薪酬

本月职工薪酬汇总表如表 4-8 所示。

表 4-8　职工薪酬汇总表

2023 年 8 月　　　　　　　　　　　　　　　　单位：元

部门		金额
一车间	生产工人	80 000
	车间管理人员	6 200
二车间	生产工人	34 000
	车间管理人员	4 000
三车间	生产工人	20 000
	车间管理人员	2 000
供水车间	生产工人	5 500
	车间管理人员	3 800
供电车间	生产工人	2 300
	车间管理人员	3 200
管理部门		13 500
专设销售机构		2 500
合 计		177 000

（五）本月固定资产折旧费用

本月固定资产折旧费用表如表 4-9 所示。

表 4-9　固定资产折旧费用表

2023 年 8 月　　　　　　　　　　　　　　　　单位：元

部门	金额
一车间	23 750
二车间	12 660
三车间	10 000

部门	金额
供水车间	3 700
供电车间	2 600
管理部门	14 000
专设销售机构	2 000
合计	68 710

（六）辅助生产车间提供的产品数量

辅助生产车间提供的产品数量表如表4-10所示。

表4-10　辅助生产车间提供的产品数量表

2023年8月

受益单位		供水车间／吨	供电车间／千瓦时
一车间	甲产品生产		9 000
	乙产品生产		1 500
	车间一般耗用	2 500	4 000
二车间	丙产品生产		6 500
	车间一般耗用	1 500	3 000
三车间	丁产品生产		3 000
	车间一般耗用	2 000	2 000
供电车间		1 000	
供水车间			2 000
管理部门		750	1 000
专设销售机构		250	
合计		8 000	32 000

（七）两种产品共同耗用费用的分配方法

（1）甲、乙两种产品共同耗用的材料费用，按照定额耗用量比例进行分配，甲产品定额消耗量为 14 900 千克, 乙产品定额消耗量为 1 100 千克。

（2）甲、乙两种产品共同发生的职工薪酬、制造费用, 按照两种产品的生产工时比例进行分配, 甲产品生产工时 10 800 小时, 乙产品生产工时 1 200 小时。

（3）辅助生产费用采用直接分配法, 该企业未设燃料动力成本项目, 基本生产成本承担的电费记入直接材料成本项目。

（4）月末完工产品和在产品成本的分配, 采用约当产量法。甲产品月末完工 400 台, 在产品 200 台, 在产品完工程度为 50%, 材料系生产开始时一次投入; 乙产品月末全部未完工; 丙产品月末完工 300 台, 在产品 100 台, 经两道工序制成, 原材料在各工序开始时一次投入, 其他费用随加工进度陆续投入, 各工序产品工时定额、材料消耗定额以及在产品数量如表 4-11 所示。

表 4-11　丙产品月末在产品成本资料表

工序	工时定额 /（小时 / 件）	材料消耗定额 /（千克 / 件）	在产品数量 / 台
第一工序	20	60	30
第二工序	30	40	70
合计	50	100	100

二、成本核算程序

应用 Excel 建立品种法成本计算模型, 包括材料费用分配表、职工薪酬费用分配表、折旧费用分配表、辅助生产费用分配表、制造费用分配表、制造费用明细账、基本生产成本明细账、辅助生产成本明细账等。

（一）开设相关成本费用明细账

在 Excel 中按照车间开设制造费用明细账（见图 4-28、图 4-29、图 4-30）, 按照车间开设辅助生产成本明细账（见图 4-25、图 4-26）, 按照产品开设基本生产成本明细账（见图 4-33~图 4-37）。

（二）分配材料费用

在 Excel 中建立材料费用分配表，完成本月材料费用数据录入及分配，如图 4-22 所示。

综合案例（要素费用的归集与分配）操作视频

应借科目		成本项目	直接计入	分配计入			材料费用合计
				定额耗用量	分配率	待分配费用	
生产成本——基本生产成本	甲产品	直接材料	41,600	14,900		59,600	101,200
	乙产品	直接材料	3,200	1,100		4,400	7,600
	小计	直接材料	44,800	16,000	4	64,000	108,800
	丙产品	直接材料	70,150				70,150
	丁产品	直接材料	50,000				50,000
	合计		164,950			64,000	228,950
生产成本——辅助生产成本	供水车间	直接材料	16,050				16,050
	供电车间	直接材料	3,630				3,630
	小计		19,680				19,680
制造费用	一车间	机物料	9,400				9,400
	二车间	机物料	4,800				4,800
	三车间	机物料	2,000				2,000
	小计		16,200				16,200
管理费用			14,940				14,940
总计			215,770			64,000	279,770

表标题：材料费用分配表 2023年8月

图 4-22 材料费用分配表

操作提示

• 直接计入各成本费用的材料费用按照发料凭证汇总表（表 4-7）对应项目数据直接录入，本例中一车间甲、乙产品共同耗用材料以定额耗用量为标准进行分配计入，甲、乙产品共同耗用材料费用及定额耗用量根据相关资料录入。

• 甲、乙产品共同耗用材料费用分配率计算，选中 F7 单元格，输入公式"= G7/E7"。

• 甲、乙产品待分配费用计算，甲产品选中 G5 单元格，输入公式"= E5*F7"；乙产品选中 G6 单元格，输入公式"= E6*F7"。

• 完成材料费用分配表相关小计、合计、总计金额的计算。

完成以上操作，即生成材料费用分配表，根据材料费用分配表编制会计分录如下：

借：生产成本——基本生产成本——甲产品　　　　　　101 200

　　　　　　　　　　　　　——乙产品　　　　　　　　7 600

　　　　　　　　　　　　　——丙产品　　　　　　　70 150

　　　　　　　　　　　　　——丁产品　　　　　　　50 000

　　　　　——辅助生产成本——供水车间　　　　　　16 050

　　　　　　　　　　　　　——供电车间　　　　　　　3 630

　　制造费用——一车间　　　　　　　　　　　　　　9 400

　　　　　　——二车间　　　　　　　　　　　　　　4 800

　　　　　　——三车间　　　　　　　　　　　　　　2 000

　　管理费用　　　　　　　　　　　　　　　　　　14 940

　　贷：原材料　　　　　　　　　　　　　　　　　　　　279 770

● 根据材料费用分配表分配结果，登记制造费用明细账、辅助生产成本明细账、基本生产成本明细账。

以一车间制造费用明细账为例，在一车间制造费用明细账中，选中 D5 单元格，输入公式"='材料费用分配表'!H14"，对应行时间填入 8 月 31 日，摘要录入"材料费用分配表"，即可将由一车间负担的原材料由材料费用分配表引入一车间制造费用明细账中。

以供水车间辅助生产成本明细账为例，在供水车间辅助生产成本明细账中，选中 D5 单元格，输入公式"='材料费用分配表'!H11"，对应行时间填入 8 月 31 日，摘要录入"材料费用分配表"，即可将由供水车间负担原材料由材料费用分配表引入供水车间辅助生产成本明细账中。

以甲产品基本生产成本明细账为例，在甲产品基本生产成本明细账中，选中 D7 单元格，输入公式"='材料费用分配表'!H5"，对应行时间填入 8 月 31 日，摘要录入"材料费用分配表"，即可将由甲产品负担的直接材料由材料费用分配表引入甲产品基本生产成本明细账中。

（三）分配职工薪酬

在 Excel 中建立职工薪酬费用分配表，完成本月职工薪酬费用数据录入及分配，如图 4-23 所示。

应借科目		成本项目	直接计入	分配计入			费用合计
				生产工时	分配率	分配费用	
生产成本——基本生产成本	甲产品	直接人工		10,800		72,000	72,000
	乙产品	直接人工		1,200		8,000	8,000
	小计			12,000	6.67	80,000	80,000
	丙产品	直接人工	34,000				34,000
	丁产品	直接人工	20,000				20,000
	合计		54,000			80,000	134,000
生产成本——辅助生产成本	供水车间	直接人工	9,300				9,300
	供电车间	直接人工	5,500				5,500
	小计		14,800				14,800
制造费用	一车间	职工薪酬	6,200				6,200
	二车间	职工薪酬	4,000				4,000
	三车间	职工薪酬	2,000				2,000
	小计		12,200				12,200
管理费用		职工薪酬	13,500				13,500
销售费用		职工薪酬	2,500				2,500
总计			97,000			80,000	177,000

图 4-23　职工薪酬费用分配表

📍 操作提示

● 直接计入各成本费用的职工薪酬按照职工薪酬汇总表（表 4-8）对应项目数据直接录入，本例中一车间甲、乙产品共同耗用生产工人的职工薪酬费用以生产工时为标准进行分配计入，甲乙产品共同耗用直接人工费用及生产工时根据相关资料录入。

● 甲、乙产品共同耗用直接人工费用分配率计算，选中 F7 单元格，输入公式"＝G7/E7"。

● 甲、乙产品应分配直接人工费用计算，甲产品选中 G5 单元格，输入公式"＝E5*F7"；乙产品选中 G6 单元格，输入公式"＝E6*F7"。

● 完成职工薪酬费用分配表相关小计、合计、总计金额的计算。

完成以上操作，即生成职工薪酬费用分配表，根据职工薪酬费用分配表编制会计分录如下：

借：生产成本——基本生产成本——甲产品　　　　　　 72 000

　　　　　　　　　　　　　 ——乙产品　　　　　　　　 8 000

　　　　　　　　　　　　　 ——丙产品　　　　　　　 34 000

　　　　　　　　　　　　　 ——丁产品　　　　　　　 20 000

　　　　　　 ——辅助生产成本——供水车间　　　　　　 9 300

　　　　　　　　　　　　　　　 ——供电车间　　　　　 5 500

　　 制造费用——一车间　　　　　　　　　　　　　　 6 200

　　　　　　 ——二车间　　　　　　　　　　　　　　 4 000

　　　　　　 ——三车间　　　　　　　　　　　　　　 2 000

　　 管理费用　　　　　　　　　　　　　　　　　　 13 500

　　 销售费用　　　　　　　　　　　　　　　　　　　 2 500

　　 贷：应付职工薪酬　　　　　　　　　　　　　　 177 000

根据职工薪酬费用分配表分配结果，登记制造费用明细账、辅助生产成本明细账、基本生产成本明细账。登记方法同材料费用分配。

（四）分配折旧费用

在 Excel 中建立折旧费用分配表，完成本月折旧费用数据录入及分配，如图 4-24 所示。

	应借科目	成本项目	金额
折旧费用分配表			
2023年8月			
生产成本——辅助生产成本	供水车间	折旧费	3,700
	供电车间	折旧费	2,600
	小计		6,300
制造费用	一车间	折旧费	23,750
	二车间	折旧费	12,660
	三车间	折旧费	10,000
	小计		46,410
管理费用		折旧费	14,000
销售费用		折旧费	2,000
合计			68,710

图 4-24　折旧费用分配表

完成以上操作，即生成折旧费用分配表（图4-24），根据折旧费用分配表编制会计分录如下：

借：生产成本——辅助生产成本——供水车间　　　　　　　3 700

　　生产成本——辅助生产成本——供电车间　　　　　　　2 600

　　制造费用—— 一车间　　　　　　　　　　　　　　　23 750

　　　　　　——二车间　　　　　　　　　　　　　　　12 660

　　　　　　——三车间　　　　　　　　　　　　　　　10 000

　　管理费用　　　　　　　　　　　　　　　　　　　　14 000

　　销售费用　　　　　　　　　　　　　　　　　　　　 2 000

　　贷：累计折旧　　　　　　　　　　　　　　　　　　68 710

根据折旧费用分配表分配结果，登记制造费用明细账、辅助生产成本明细账、基本生产成本明细账。登记方法同材料费用分配。

（五）分配辅助生产费用

（1）根据材料费用、职工薪酬费用、折旧费用等分配表分配结果登记辅助生产成本明细账，并计算出本月合计数，如图4-25、图4-26所示。

	A	B	C	D	E	F	G
1			供水车间辅助生产成本明细账				
2			2023年8月				
3	2023年		摘要	原材料	职工薪酬	折旧费	合计
4	月	日					
5	8	31	材料费用分配表	16,050			16,050
6		31	职工薪酬费用分配表		9,300		9,300
7		31	折旧费用分配表			3,700	3,700
8		31	本月合计	16,050	9,300	3,700	29,050
9		31	月末转出	16,050	9,300	3,700	29,050

图4-25　供水车间辅助生产成本明细账

供电车间辅助生产成本明细账						
2023年8月						
2023年		摘要	原材料	职工薪酬	折旧费	合计
月	日					
8	31	材料费用分配表	3,630			3,630
	31	职工薪酬费用分配表		5,500		5,500
	31	折旧费用分配表			2,600	2,600
	31	本月合计	3,630	5,500	2,600	11,730
	31	月末转出	3,630	5,500	2,600	11,730

图 4-26 供电车间辅助生产成本明细账

操作提示

● 以供水车间辅助生产成本明细账为例，供水车间承担的材料费用、职工薪酬费用、折旧费用等数据从相关费用分配表中对应数据引入，承担的材料费用选中 D5 单元格，输入公式"='材料费用分配表'!H11"；承担的职工薪酬费用选中 E6 单元格，输入公式"='职工薪酬费用分配表'!H11"；承担的折旧费用选中 F7 单元格，输入公式"='折旧费用分配表'!D5"。

● 供电车间承担的材料费用、职工薪酬费用、折旧费用等数据从相关费用分配表中对应数据引入，具体操作同供水车间。

（2）在 Excel 中建立辅助生产费用分配表（直接分配法），完成本月辅助生产费用数据录入及分配，如图 4-27 所示。

项目	供水车间			供电车间			金额合计
辅助生产费用分配表（直接分配法）							
2023年8月							
	数量	分配率	分配金额	数量	分配率	分配金额	
待分配辅助生产费用	7,000	4.15	29,050.00	30,000	0.39	11,730.00	40,780.00
生产成本——基本生产成本（甲产品）				9,000		3,519.00	3,519.00
生产成本——基本生产成本（乙产品）				1,500		586.50	586.50
生产成本——基本生产成本（丙产品）				6,500		2,541.50	2,541.50
生产成本——基本生产成本（丁产品）				3,000		1,173.00	1,173.00
制造费用——第一车间	2,500		10,375.00	4,000		1,564.00	11,939.00
制造费用——第二车间	1,500		6,225.00	3,000		1,173.00	7,398.00
制造费用——第三车间	2,000		8,300.00	2,000		782.00	9,082.00
管理费用	750		3,112.50	1,000		391.00	3,503.50
销售费用	250		1,037.50				1,037.50
合计	7,000		29,050.00	30,000		11,730.00	40,780.00

图 4-27 辅助生产费用分配表（直接分配法）

● 待分配辅助生产费用数量的录入。直接分配法下供水车间、供电车间相互提供的产品不参与分配，根据辅助生产车间提供的产品数量表（表4-10），选中B5单元格，输入公式"= 8 000 – 1 000"；选中E5单元格，输入公式"= 32 000 – 2 000"。

● 待分配辅助生产费用分配金额的录入。相关数据从辅助生产成本明细账对应项目引入，供水车间选中D5单元格，输入公式"='供水车间辅助生产成本明细账'!G8"；选中G5单元格，输入公式"='供电车间辅助生产成本明细账'!G8"。

● 待分配辅助生产费用分配率的录入。供水车间选中C5单元格，输入公式"=D5/B5"；选中F5单元格，输入公式"=G5/E5"。

● 各产品、各车间分配金额计算。各产品、各车间耗用的数量根据辅助生产车间提供的产品数量表（表4-10）对应项目数据直接录入，分配金额计算以甲产品承担的电费为例，选中G6单元格，输入公式"=E6*F5"。

完成辅助生产费用分配表（直接分配法）填制后，根据辅助生产费用分配表（直接分配法）编制会计分录如下：

借：生产成本——基本生产成本——甲产品   3 519.00

      ——乙产品   586.50

      ——丙产品   2 541.50

      ——丁产品   1 173.00

  制造费用——一车间   11 939.00

     ——二车间   7 398.00

     ——三车间   9 082.00

  管理费用   3 503.50

  销售费用   1 037.50

 贷：生产成本——辅助生产成本——供水车间   29 050.00

        ——供电车间   11 730.00

根据辅助生产费用分配表（直接分配法）分配结果，登记制造费用明细账、辅助生产成本明细账、基本生产成本明细账。登记方法同材料费用分配。

（六）分配制造费用

（1）根据材料费用、职工薪酬费用、折旧费用、辅助生产费用等分配表分配结果登记制造费用明细账，并计算出本月合计数，如图4-28、图4-29、图4-30所示。

	2023年		摘要	原材料	职工薪酬	折旧费	水费	电费	合计
	月	日							
	8	31	材料费用分配表	9,400					9,400
		31	职工薪酬费用分配表		6,200				6,200
		31	折旧费用分配表			23,750			23,750
		31	辅助生产费用分配表				10,375	1,564	11,939
		31	本月合计	9,400	6,200	23,750	10,375	1,564	51,289
		31	月末转出	9,400	6,200	23,750	10,375	1,564	51,289

一车间制造费用明细账 2023年8月

图4-28　一车间制造费用明细账

	2023年		摘要	原材料	职工薪酬	折旧费	水费	电费	合计
	月	日							
	8	31	材料费用分配表	4,800					4,800
		31	职工薪酬费用分配表		4,000				4,000
		31	折旧费用分配表			12,660			12,660
		31	辅助生产费用分配表				6,225	1,173	7,398
		31	本月合计	4,800	4,000	12,660	6,225	1,173	28,858
		31	月末转出	4,800	4,000	12,660	6,225	1,173	28,858

二车间制造费用明细账 2023年8月

图4-29　二车间制造费用明细账

	2023年		摘要	原材料	职工薪酬	折旧费	水费	电费	合计
	月	日							
	8	31	材料费用分配表	2,000					2,000
		31	职工薪酬费用分配表		2,000				2,000
		31	折旧费用分配表			10,000			10,000
		31	辅助生产费用分配表				8,300	782	9,082
		31	本月合计	2,000	2,000	10,000	8,300	782	23,082
		31	月末转出	2,000	2,000	10,000	8,300	782	23,082

三车间制造费用明细账 2023年8月

图4-30　三车间制造费用明细账

● 以一车间制造费用明细账为例，一车间承担的材料费用、职工薪酬费用、折旧费用、电费、水费等数据从相关费用分配表中对应数据引入，承担的材料费用选中 D5 单元格，输入公式"='材料费用分配表'!H14"；承担的职工薪酬费用选中 E6 单元格，输入公式"='职工薪酬费用分配表'!H14"；承担的折旧费用选中 F7 单元格，输入公式"='折旧费用分配表'!D8"；承担的水费选中 G8 单元格，输入公式"='辅助生产费用分配表（直接分配法）'!D10"；承担的电费选中 H8 单元格，输入公式"='辅助生产费用分配表（直接分配法）'!G10"。

● 二车间、三车间承担的材料费用、职工薪酬费用、折旧费用、电费、水费等数据从相关费用分配表中对应数据引入，具体操作同一车间。

（2）在 Excel 中建立制造费用分配表，完成本月各车间制造费用数据录入及分配，如图 4-31 所示。

		制造费用分配表						
				2023年8月				
应借科目		一车间			二车间	三车间	合计	
		生产工时	分配率	分配金额	分配金额	分配金额		
生产成本——基本生产成本	甲产品	10,800		46,160.10			46,160.10	
	乙产品	1,200		5,128.90			5,128.90	
	小计	12,000	4.27	51,289.00			51,289.00	
	丙产品				28,858.00		28,858.00	
	丁产品					23,082.00	23,082.00	
合计				51,289.00	28,858.00	23,082.00	103,229.00	

图 4-31　制造费用分配表

● 一车间共同生产甲、乙产品，发生的制造费用要在甲产品与乙产品之间按照生产工时进行分配，甲、乙产品的生产工时据实填入；二车间只生产丙产品，制造费用全部计入丙产品生产成本；三车间只生产丁产品，制造费用全部计入丁产品生产成本。

●一车间分配的制造费用从一车间制造费用明细账引入，选中 E9 单元格，输入公式"='一车间制造费用明细账'!I9"；二车间分配的制造费用从二车间制造费用明细账引入，选中 F9 单元格，输入公式"='二车间制造费用明细账'!I9"；三车间分配的制造费用从三车间制造费用明细账引入，选中 G9 单元格，输入公式"='三车间制造费用明细账'!I9"。

完成制造费用分配表填制后，根据制造费用分配表编制会计分录如下：

借：生产成本——基本生产成本——甲产品   46 160.10

        ——乙产品   5 128.90

        ——丙产品   28 858.00

        ——丁产品   23 082.00

  贷：制造费用—— 一车间   51 289.00

        —— 二车间   28 858.00

        —— 三车间   23 082.00

根据制造费用分配表分配结果，登记制造费用明细账、基本生产成本明细账。登记方法同材料费用分配。

综合案例（生产费用在完工产品与在产品之间的分配）操作视频

（七）生产费用在完工产品与月末在产品之间的分配

1. 甲产品成本的计算

（1）归集甲产品生产费用，根据材料费用、职工薪酬费用、辅助生产费用、制造费用等分配表分配结果登记甲产品基本生产成本明细账，并计算生产费用合计，如图 4-32 所示。

📍 操作提示

●月初在产品成本（表 4-6），各成本项目金额根据企业实际生产情况及相关凭证等资料据实填入。

●本月甲产品承担的材料费用、职工薪酬费用、辅助生产费用、制造费用等数据从相关费用分配表中对应数据引入，承担的材料费用选中 D7 单元格，输入公式"='材料费用分配表'!H5"；承担的职工薪酬费用选中 E8 单元格，输入公式

"=' 职工薪酬费用分配表 '!H5"；承担的辅助生产费用选中 D9 单元格，输入公式
"=' 辅助生产费用分配表（直接分配法）'!H6"；承担的制造费用选中 F10 单元格，
输入公式 "=' 制造费用分配表 '!H5"。

	A	B	C	D	E	F	G
1				甲产品基本生产成本明细账			
2				2023年8月			
3	完工产量: 400台				月末在产品产量: 200台，完工程度50%		
4	2023年		摘要	直接材料	直接人工	制造费用	合计
5	月	日					
6	8	1	月初在产品成本	40,000.00	23,000.00	15,550.00	78,550.00
7		31	材料费用分配表	101,200.00			101,200.00
8		31	职工薪酬费用分配表		72,000.00		72,000.00
9		31	辅助生产费用分配表	3,519.00			3,519.00
10		31	制造费用分配表			46,160.10	46,160.10
11		31	生产费用合计	144,719.00	95,000.00	61,710.10	301,429.10
12		31	完工产品产量				
13		31	月末在产品约当产量				
14		31	约当总量				
15		31	费用分配率（单位成本）				
16		31	本月完工产品成本				
17		31	月末在产品成本				

图 4-32　甲产品基本生产成本明细账

（2）计算甲产品完工产品成本和月末在产品成本

利用约当产量法将甲产品基本生产成本明细账归集的全部生产费用在完工产品
和在产品之间进行分配，分配结果如图 4-33 所示。

	A	B	C	D	E	F	G
1				甲产品基本生产成本明细账			
2				2023年8月			
3	完工产量: 400台				月末在产品产量: 200台，完工程度50%		
4	2023年		摘要	直接材料	直接人工	制造费用	合计
5	月	日					
6	8	1	月初在产品成本	40,000.00	23,000.00	15,550.00	78,550.00
7		31	材料费用分配表	101,200.00			101,200.00
8		31	职工薪酬费用分配表		72,000.00		72,000.00
9		31	辅助生产费用分配表	3,519.00			3,519.00
10		31	制造费用分配表			46,160.10	46,160.10
11		31	生产费用合计	144,719.00	95,000.00	61,710.10	301,429.10
12		31	完工产品产量	400.00	400.00	400.00	
13		31	月末在产品约当产量	200.00	100.00	100.00	
14		31	约当总量	600.00	500.00	500.00	
15		31	费用分配率（单位成本）	241.20	190.00	123.42	554.62
16		31	本月完工产品成本	96,479.33	76,000.00	49,368.08	221,847.41
17		31	月末在产品成本	48,239.67	19,000.00	12,342.02	79,581.69

图 4-33　甲产品基本生产成本明细账

操作提示

- 完工产品产量据实填入。

- 月末在产品约当产量计算，直接材料项目选中 D13 单元格，输入公式 "=200*100%"；直接人工项目选中 E13 单元格，输入公式 "=200*50%"；制造费用项目选中 F13 单元格，输入公式 "=200*50%"。

- 约当总量计算，直接材料项目选中 D14 单元格，输入公式 "=SUM（D12:D13）"，直接人工与制造费用项目约当总量计算方法与直接材料项目相同。

- 费用分配率（单位成本）计算，直接材料项目选中 D15 单元格，输入公式 "=D11/D14"，直接人工与制造费用项目费用分配率（单位成本）计算方法与直接材料项目相同。

- 本月完工产品成本计算，直接材料项目选中 D16 单元格，输入公式 "=D12*D15"，直接人工与制造费用项目本月完工产品成本计算方法与直接材料项目相同。

- 月末在产品成本计算，直接材料项目选中 D17 单元格，输入公式 "=D11−D16"，直接人工与制造费用项目月末在产品成本计算方法与直接材料项目相同。

2. 乙产品成本的计算

根据材料费用、职工薪酬费用、辅助生产费用、制造费用等分配表分配结果登记乙产品基本生产成本明细账，并计算生产费用合计，如图 4-34 所示。

			乙产品基本生产成本明细账			
			2023年8月			
完工产量：0台				月末在产品产量：350台，完工程度50%		
2023年		摘要	直接材料	直接人工	制造费用	合计
月	日					
8	31	材料费用分配表	7,600.00			7,600.00
	31	职工薪酬费用分配表		8,000.00		8,000.00
	31	辅助生产费用分配表	586.50			586.50
	31	制造费用分配表			5,128.90	5,128.90
	31	生产费用合计	8,186.50	8,000.00	5,128.90	21,315.40
	31	月末在产品成本	8,186.50	8,000.00	5,128.90	21,315.40

图 4-34 乙产品基本生产成本明细账

●本月乙产品承担的材料费用、职工薪酬费用、辅助生产费用、制造费用等数据从相关费用分配表中对应数据引入，具体操作与甲产品基本生产成本明细账相同项目一致。乙产品本月没有完工产品，归集的生产费用全部是月末在产品成本。

3. 丙产品成本的计算

（1）计算丙产品月末在产品约当产量。因丙产品是多工序生产，需分工序计算各工序在产品投料程度和完工程度，作为月末在产品约当产量计算的依据，在 Excel 中建立丙产品月末在产品约当产量计算表，完成丙产品月末在产品投料程度、完工程度以及月末在产品约当产量的计算，如图 4-35 所示。

工序	材料消耗定额	投料程度	工时定额	完工程度	月末在产品数量	月末在产品约当产量	
						直接材料项目	加工费用项目
第一工序	60	60.00%	20	20.00%	30	18	6
第二工序	40	100.00%	30	70.00%	70	70	49
合计	100		50		100	88	55

丙产品月末在产品约当产量计算表 2023年8月

图 4-35　丙产品月末在产品约当产量计算表

●各工序材料消耗定额、工时定额、月末在产品数量等根据实际生产情况以及相关凭证（表 4-11）据实填入。

●投料程度计算，第一工序选中 C5 单元格，输入公式"＝B5/B7"；第二工序选中 C6 单元格，输入公式"＝（B5＋B6）/B7"。

●完工程度计算，第一工序选中 E5 单元格，输入公式"＝D5*50%/D7"；第二工序选中 E6 单元格，输入公式"＝（D5＋D6*50%）/D7"。

●直接材料项目月末在产品约当产量计算，第一工序选中 G5 单元格，输入公式"＝F5*C5"；第二工序选中 G6 单元格，输入公式"＝F6*C6"。

●加工费用项目月末在产品约当产量计算，第一工序选中 H5 单元格，输入公式"＝F5*E5"；第二工序选中 H6 单元格，输入公式"＝F6*E6"。

（2）归集并分配丙产品生产费用。

根据材料费用、职工薪酬费用、辅助生产费用、制造费用等分配表分配结果登记丙产品基本生产成本明细账，并计算生产费用合计，利用约当产量法将丙产品基本生产成本明细账归集的全部生产费用在完工产品和在产品之间进行分配，如图4-36所示。

		摘要	直接材料	直接人工	制造费用	合计
		丙产品基本生产成本明细账				
		2023年8月				
完工产量：300台					月末在产品产量：100台	
2023年		摘要	直接材料	直接人工	制造费用	合计
月	日					
8	1	月初在产品成本	24,500.00	12,000.00	11,550.00	48,050.00
	31	材料费用分配表	70,150.00			70,150.00
	31	职工薪酬费用分配表		34,000.00		34,000.00
	31	辅助生产费用分配表	2,541.50			2,541.50
	31	制造费用分配表			28,858.00	28,858.00
	31	生产费用合计	97,191.50	46,000.00	40,408.00	183,599.50
	31	完工产品产量	300.00	300.00	300.00	
	31	月末在产品约当产量	88.00	55.00	55.00	
	31	约当总量	388.00	355.00	355.00	
	31	费用分配率（单位成本）	250.49	129.58	113.83	493.90
	31	本月完工产品成本	75,148.07	38,873.24	34,147.61	148,168.92
	31	月末在产品成本	22,043.43	7,126.76	6,260.39	35,430.58

图 4-36　丙产品基本生产成本明细账

📍 操作提示

● 月初在产品成本（表4-6），各成本项目金额根据企业实际生产情况及相关凭证等资料据实填入。

● 本月丙产品承担的材料费用、职工薪酬费用、辅助生产费用、制造费用等数据从相关费用分配表中对应数据引入，具体操作与甲产品基本生产成本明细账相同项目一致。

● 完工产品产量据实填入。

● 月末在产品约当产量，直接从丙产品月末在产品约当产量计算表中引入对应数据，直接材料项目选中D13单元格，输入公式"='丙产品月末在产品约当产量计算表'!G7"；直接人工项目选中E13单元格，输入公式"='丙产品月末在产品约当产量计算表'!H7"；制造费用项目选中F13单元格，输入公式"='丙产品月末在产品约当产量计算表"!H7"。

● 约当总量、费用分配率（单位成本）、本月完工产品成本、月末在产品成本相关项目计算与录入的具体操作与甲产品基本生产成本明细账相同项目一致。

4. 丁产品成本的计算

根据材料费用、职工薪酬费用、辅助生产费用、制造费用等分配表分配结果登记丁产品基本生产成本明细账，并计算生产费用合计，如图 4-37 所示。

	A	B	C	D	E	F	G
1			丁产品基本生产成本明细账				
2			2023年8月				
3	完工产量：950台					月末在产品产量：0台	
4	2023年		摘要	直接材料	直接人工	制造费用	合计
5	月	日					
6	8	1	月初在产品成本	20,000.00	10,000.00	10,000.00	40,000.00
7		31	材料费用分配表	50,000.00			50,000.00
8		31	职工薪酬费用分配表		20,000.00		20,000.00
9		31	辅助生产费用分配表	1,173.00			1,173.00
10		31	制造费用分配表			23,082.00	23,082.00
11		31	生产费用合计	71,173.00	30,000.00	33,082.00	134,255.00
12		31	本月完工产品成本	71,173.00	30,000.00	33,082.00	134,255.00

图 4-37　丁产品基本生产成本明细账

操作提示

本月丁产品承担的材料费用、职工薪酬费用、辅助生产费用、制造费用等数据从相关费用分配表中对应数据引入，具体操作与甲产品基本生产成本明细账相同项目一致。丁产品本月没有月末在产品，归集的生产费用全部是完工产品成本。

（八）编制完工产品成本汇总表

在 Excel 中建立完工产品成本汇总表，将各产品基本生产成本明细账中完工产品成本数据录入完工产品成本汇总表中，如图 4-38 所示。

综合案例(完工产品成本汇总表的编制）操作视频

产品名称	单位	数量	直接材料	直接人工	制造费用	总成本	单位成本
			完工产品成本汇总表				
			2023年8月				
甲产品	台	400	96,479.33	76,000.00	49,368.08	221,847.41	554.62
丙产品	台	300	75,148.07	38,873.24	34,147.61	148,168.92	493.90
丁产品	台	950	71,173.00	30,000.00	33,082.00	134,255.00	141.32
合计			242,800.40	144,873.24	116,597.69	504,271.33	

图 4-38　完工产品成本汇总表

操作提示

- 各种产品完工数量据实录入。

- 以甲产品为例，直接材料项目选中 D4 单元格，输入公式"='甲产品基本生产成本明细账'!D16"；直接人工项目选中 E4 单元格，输入公式"='甲产品基本生产成本明细账'!E16"；制造费用项目选中 F4 单元格，输入公式"='甲产品基本生产成本明细账'!F16"。

- 丙产品与丁产品完工产品成本各项目数据录入同甲产品。

根据完工产品成本汇总表，编制结转完工入库产品成本会计分录如下：

借：库存商品——甲产品　　　　　　　　　221 847.41

　　　　　——丙产品　　　　　　　　　148 168.92

　　　　　——丁产品　　　　　　　　　134 255.00

　贷：生产成本——基本生产成本——甲产品　221 847.41

　　　　　　　　　　　　　　——丙产品　148 168.92

　　　　　　　　　　　　　　——丁产品　134 255.00

降本增效

成本控制　辅助生产也能"抠"出效益

"勤快一点，多检查几遍，日常小心使用，就能省出不少钱……"在中铝河南洛阳铝加工有限公司储运车间，车辆维保小组组长向组员一遍遍叮嘱道。为控制成本，2022 年，该车间专门成立了车辆维保小组，并制定了激励办法，共进行车辆自主大检查4次，节约费用1.2万余元。

储运车间承担着公司产品包装、发货、库管、内部物流运输等工作任务。2022年，该车间坚持把成本控制贯穿到职工教育和生产管理全过程，"抠"出了效益，培养了团队。一年来，该车间和党支部把该项工作作为党建工作的重要内容、提升管理能力的重要举措，制定"三年降本计划2.0"工作清单，厘清方向、目标、责任，建立工作机制，推进了该项工作入脑、入心和顺利开展。

木托是储运车间主要消耗材料。为节约木材，储运车间设置专门负责人，除了严把新木托制作质量验收关，还高度重视周边市场废旧木托寻访和回收利用工作，千方百计开发市场资源。该车间把改制作为日常管理工作内容，专门制定《旧木托改制激励办法》，组织党员和骨干开展"修旧利废"主题日实践活动。据统计，该车间全年督促采用旧木托近2万个，同比增加123%，组织改制木托202次，参与1550人次，改制木托8665个，直接减少成本费用105万元。

同时，该车间还在优化包装工艺上集思广益，对标行业内外，创新实施了"三步包装法"，既保证安全运输和产品包装质量，还降低了费用，提高了工作效率；在钢带、气垫、卷纸、中空板、缠绕膜、直护角等大宗辅材使用上，不断优化工艺，开展产品替代技术攻关活动，全年从中"抠"出28万余元。

此外，职工们还自主完成了厂房东门和南一门墙体漏雨维修、成品库地窗除锈喷漆，加装500多米地窗防雨挡，建设储备工具库和维修塑钢带包机、打印机等，全年节约维修费用4.8万余元。

📺 学思践行

降本增效要向控制源头要效益，开启降耗、降损的第二战场，把成本控制贯穿到职工教育和生产管理全过程。降本增效要内部挖潜，让节能降耗及修旧利废成为常态。

一、单选题

1. 直接用于产品生产的燃料费用，其核算的会计账户是（　　）。

A. "生产成本——基本生产成本"　　B. "销售费用"

C. "管理费用"　　　　　　　　　　D. "制造费用"

2. 分配辅助生产费用的方法中，直接分配法是将（　　）。

A. 辅助生产费用直接分配给受益的各基本生产车间的方法

B. 辅助生产费用直接计入管理费用的方法

C. 辅助生产费用直接分配给辅助车间以外的各受益单位的方法

D. 辅助生产费用直接分配给各受益单位的方法

3. 对于机械化程度较高的生产企业，在月末分配制造费用时宜采用的分配方法是（　　）。

A. 生产工人工资比例分配法　　B. 年度计划分配率分配法

C. 生产工时比例分配法　　　　D. 机器工时比例分配法

4. 车间领用材料，直接材料 10 000 元，其中用于生产产品 9 000 元，修复废品 1 000 元；辅助材料 4 000 元，其中用于生产产品 3 000 元，车间一般消耗 1 000 元，则材料费用中应计入制造费用的金额为（　　）元。

A. 14 000　　　　　　　　　　B. 1 000

C. 2 000　　　　　　　　　　　D. 4 000

5. 在产品有广义和狭义之分，狭义在产品就某一车间或某一生产步骤而言，是指某车间或某一生产步骤正在加工中的（　　）。

A. 完工自制半成品　　　　　　B. 库存商品

C. 等待返修的废品　　　　　　D. 在制品

6. 生产费用在完工产品与在产品之间分配的方法中，如果某种产品的月末在产品数量较大，各月在产品数量变化也较大，且产品成本中原材料费用和加工费用所占比重相差不多，宜采用的方法是（　　）。

A. 在产品按固定成本计价法　　B. 定额比例法

C. 在产品不计算成本法　　　　D. 约当产量法

7. 在产品投料程度的确定中，原材料在生产开始时一次投入，则投料程度为（　　　）。

A. 50%　　　　　　　　　　　　B. 0

C. 100%　　　　　　　　　　　 D. 加工程度

8. 产品成本核算的基本方法中，品种法的成本核算程序第一步骤是（　　　）。

A. 开设生产成本明细账　　　　B. 归集和分配制造费用

C. 归集和分配各种要素费用　　D. 归集和分配辅助生产费用

9. 如果只生产一种产品，采用品种法核算产品成本，发生的生产费用（　　　）直接计入费用。

A. 部分　　　　　　　　　　　　B. 全部都不

C. 全部都　　　　　　　　　　　D. 部分不

10. 在产品成本核算的基本方法中，一般来说，化肥厂应采用的产品成本核算的基本方法是（　　　）。

A. 分批法　　　　　　　　　　　B. 品种法

C. 分类法　　　　　　　　　　　D. 分步法

二、多选题

1. 直接材料费用的分配标准可以采用（　　　　）。

A. 直接材料定额消耗量　　　　B. 产品的体积

C. 直接材料定额费用　　　　　D. 产品的重量

2. 对辅助生产费用进行分配时，在下列方法中，不对辅助生产费用进行两次或两次以上分配的方法有（　　　　）。

A. 代数分配法　　　　　　　　B. 交互分配法

C. 直接分配法　　　　　　　　D. 顺序分配法

3. 下列项目中，（　　　　）属于停工损失。

A. 季节性生产企业停工期内的费用

B. 停工期内耗用的燃料和动力费用

C. 停工期内支付的生产工人工资

D. 停工期内应负担的制造费用

4. 某工厂有基本生产车间和机修辅助生产车间。为生产产品领用直接材料50 000 元，其中用于生产产品45 000 元，设备维修5 000 元；领用辅助材料10 000元，其中用于生产产品8 000 元，车间一般消耗2 000 元，则下列的会计处理正确的是（   ）。

A. 计入基本生产成本53 000 元　　　B. 计入辅助生产成本5 000 元

C. 计入基本生产成本50 000 元　　　D. 计入辅助生产成本10 000 元

5. 计算完工产品成本，采用倒挤法要受到（   ）的影响。

A. 本月生产费用　　　　　　　　　B. 月初在产品成本

C. 等待返修的废品　　　　　　　　D. 月末在产品成本

6. （   ）需将生产成本在完工产品与月末在产品之间分配。

A. 约当产量法　　　　　　　　　　B. 直接分配法

C. 定额比例法　　　　　　　　　　D. 在产品不计算成本法

7. 在下列因素中，计算在产品约当产量时应考虑的有（   ）。

A. 在产品加工程度　　　　　　　　B. 完工产品数量

C. 原材料投料方式　　　　　　　　D. 月末各工序在产品数量

8. 下列关于品种法的说法正确的是（   ）。

A. 品种法是以产品品种作为成本核算对象，归集和分配生产成本，计算产品成本的一种方法

B. 品种法成本计算按月进行，其成本计算期与会计报告期一致，但与生产周期不一致

C. 如果企业生产的产品属于多步骤，则应采用品种法计算产品成本

D. 如果是单步骤大量生产型企业，则应采用品种法计算产品成本

9. 下列项目中，属于品种法的特点是（   ）。

A. 月末如果有在产品的话，一般应在完工产品与月末在产品之间分配费用

B. 品种法是最基本的成本核算方法

C. 以产品品种为成本核算对象

D. 成本计算按月定期进行

10. 下列项目中，属于品种法的适用范围是（   ）。

A. 按产品生产步骤计算产品成本的企业

B. 按产品批次计算产品成本的企业

C. 大量大批单步骤生产的企业

D. 管理上不要求提供各步骤成本资料的大量大批多步骤生产的企业

三、判断题

1. 直接计入费用都是直接生产费用，间接计入费用都是间接生产费用。（　　）

2. 可修复废品是指经济上划算、或技术上可行的可以修复的废品。（　　）

3. 辅助生产费用的分配方法很多，其中，将辅助生产费用直接分配给所有受益单位的方法叫作直接分配法。（　　）

4. 产品成本费用分配表的格式很多，不同企业的产品成本费用分配表的格式可以不同。（　　）

5. 将月末在产品数量按照完工程度折算为相当于完工产品的数量为约当产量。（　　）

6. 对生产费用在完工产品和在产品之间进行分配时，不考虑期末在产品应负担的生产费用，是在当期末在产品数量很少的情况下使用。（　　）

7. 本月生产费用合计是指本月发生的生产费用与月初在产品成本的合计。（　　）

8. 产品成本核算的基本方法中，采用品种法可以计算出每一种产品的成本，所以就不需要计算在产品成本。（　　）

9. 品种法主要适用于大量大批单步骤生产企业和大量大批多步骤生产企业。（　　）

10. 不论当月是否有完工产品，企业在采用品种法计算产品成本时，都必须按月计算成本。（　　）

四、业务题

1. 朋竹公司的供水和供电两个辅助车间为 A、B 两个基本车间、企业行政管理部门提供水电，工厂生产甲、乙两种产品。2023 年 7 月供水车间供水 378.5 吨，水费 2 110 元，其中向供电车间提供 1.5 吨；供电车间供电 980 千瓦时，电费 1 500 元，其中向供水车间提供 15 千瓦时，其他劳务数量如表 4-12 所示。基本车间甲、乙产品的电费按工时定额进行分配，A 车间甲、乙产品工时定额分别为 200 小时、100 小时；B 车间甲、乙产品工时定额分别为 400 小时、100 小时。

表 4-12　辅助生产车间提供的劳务数量表

部门			供水车间 / 吨	供电车间 / 千瓦时
基本生产车间	A 车间	生产		750
		车间	60	6
	B 车间	生产		45
		车间	280	14
辅助生产车间	供水车间	生产		15
	供电车间	生产	1.5	
企业行政管理部门			37	150
合计			378.5	980

要求：采用交互分配法分配其辅助生产费用。

2. 森杰公司基本生产车间生产丙、丁两种产品，成本核算采用品种法，2023 年 8 月成本核算资料如下：

（1）月初在产品、本月完工产品、月末在产品、耗用工时和月末在产品完工程度（原材料陆续投入）如表 4-13 所示。

表 4-13　本月生产情况表

产品名称	月初在产品 / 件	本月完工产品 / 件	月末在产品 / 件	月末在产品完工程度	耗用工时 / 小时
丙产品	30	200	40	50%	600
丁产品	10	80	40	50%	400

（2）月初在产品成本：丙产品为 6 820 元，其中：直接材料 2 460 元，直接人工 3 080 元，制造费用 1 280 元；丁产品为 2 360 元，其中：直接材料 1 200 元，直接人工 500 元，制造费用 660 元。本月发生的生产成本如表 4-14 所示。

表4-14 生产成本表

单位：元

产品名称	直接材料	直接人工	制造费用
丙产品	16 240		
丁产品	7 800		
合计	24 040	11 000	9 600

要求：

（1）按工时比例将本月的直接人工、制造费用在丙、丁产品间分配。

（2）按约当产量法将生产成本在完工产品与月末在产品之间进行分配。

（3）计算丙产品、丁产品本月完工产品的单位成本。

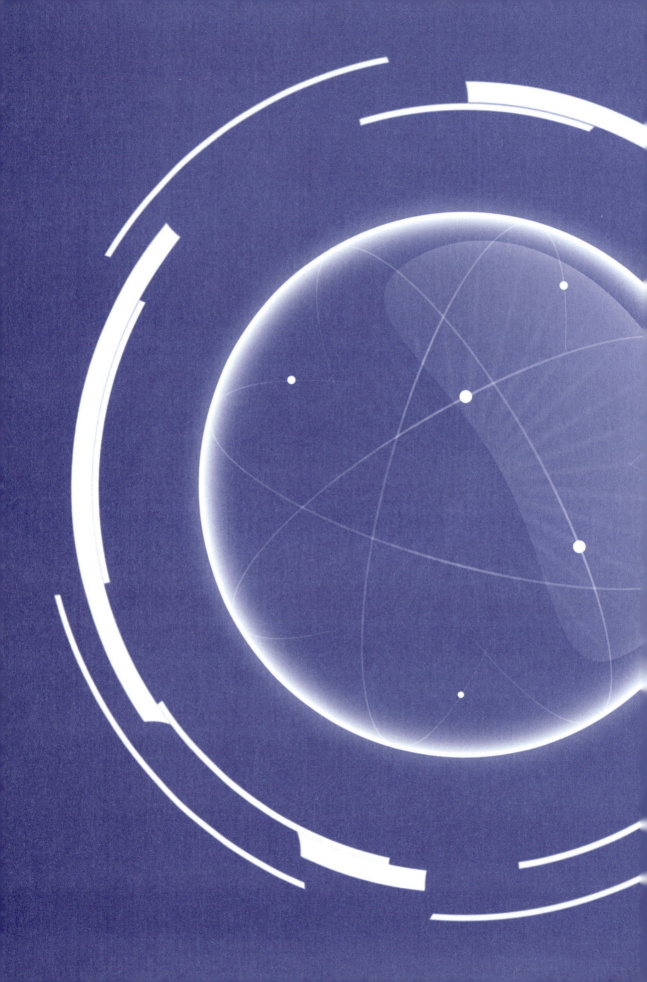

产品成本核算分步法的应用

学习目标

素养目标

◆ 通过分步法的学习，培养认真细致、严谨务实的作风和工作学习习惯。

◆ 通过学习恰当选择分步法种类，培养善于从实际出发，做出正确选择的能力。

知识目标

◆ 理解分步法的概念、种类、适用范围和特点。

◆ 掌握逐步结转分步法的概念、适用范围和半成品的转移方式。

◆ 掌握平行结转分步法的概念、适用范围和半成品的转移方式。

技能目标

◆ 能够运用 Excel 建立逐步结转分步法的成本计算模型，完成产品成本核算并进行成本还原。

◆ 能够应用 Excel 建立平行结转分步法成本计算模型，完成产品成本核算。

【思维导图】

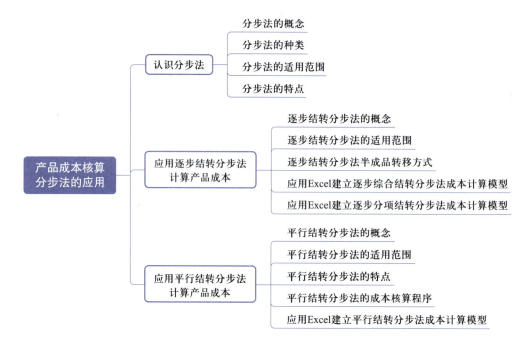

项目5 Excel 原始表格下载

　　分步法能够很好地满足成本管理对各生产步骤成本资料的需求。有些企业的产成品和半成品都可以作为商品对外销售，比如钢铁厂的生铁、纺织厂的棉纱等，相关的企业就需要计算半成品的成本，这就必须按照产品的生产步骤来计算产品成本，分步法的使用就具有了必要性。

任务1　认识分步法

一、分步法的概念

　　分步法是指以产品的品种及所经过的生产步骤作为成本核算对象来归集生产费用、计算产品生产成本的方法。

二、分步法的种类

采用分步法计算产品成本，按照是否计算各步骤半成品成本，将分步法分为逐步结转分步法和平行结转分步法，如图 5-1 所示。

图 5-1 分步法的种类

三、分步法的适用范围

分步法主要适用于生产组织形式为大量大批的多步骤生产企业，包括冶金、纺织、造纸、机械制造等。在这些企业中，产品生产分为若干个生产步骤，通常不仅要求按照产品品种计算成本，而且还要求按照生产步骤计算成本，以便为考核和分析各种产品及各生产步骤成本计划执行情况提供资料。汽车整车多步骤生产流程如图 5-2 所示。

冲压工艺	焊接工艺	涂装工艺	总装工艺	检测
整卷钢板裁剪 切边工艺冲压 机压制成钢板 变成车身零部件	车身焊接 工业机器人 检查焊接情况 进入涂装车间	电泳防锈处理 清理车身表面 机器人喷漆 进入总装车间	将底盘、车身、 内饰组装成 完整的车	质量检测 发动机检测 四轮定位 尾气排放检测

图 5-2 汽车整车多步骤生产流程

采用分步法计算产品成本的企业，如果其各步骤半成品有独立的经济意义，则适用于采取逐步结转分步法进行产品成本核算；如果其各步骤半成品没有独立的经济意义，适用于采取平行结转分步法进行产品成本核算。

四、分步法的特点

分步法的特点包括三个方面：

（1）分步法以产品的品种及各生产步骤作为成本核算对象；

（2）成本计算定期按月进行，一般与产品生产周期不一致；

（3）通常需要将记入产品生产成本明细账的生产费用合计数在本月完工产品和在产品之间进行分配，即需要正确计算各生产步骤的月末在产品成本。

📶 实践技能训练

请判断以下两家企业应采用哪种分步法进行产品成本计算。

1. 昆湖纺织厂主要生产棉纱和各种棉布产品。生产工艺包括纺纱和织布两大步骤，首先是纺纱，原料（原棉）投入生产之后，经过清花、梳棉、并条、粗纺、细纱等工艺，纺成各种棉纱；接下来是织布，棉纱经过络经、整经、浆纱、穿筘、织造等工艺，织成各种棉布，最后经过整理、打包，即可入库等待销售。企业生产的棉纱，既可以作为加工棉布的材料，也可以作为商品，直接对外出售。

2. 春城机械制造厂主要生产各种机械产品。企业设有铸工、锻工、加工、装配等车间。铸工车间将生铁等原料熔铸成各种铸件；锻工车间利用各种外购钢材锻造各种锻件；加工车间对各种铸件、锻件、外购半成品加工成产品的零件和部件；装配车间将零件、部件组装成为各种机械产品。该企业各步骤生产的半成品一般不对外出售。

请回答以下问题：

昆湖纺织厂产品成本计算应采用＿＿＿＿＿＿＿＿＿＿（方法）。

春城机械制造厂产品成本计算应采用＿＿＿＿＿＿＿＿＿＿（方法）。

任务 2 　应用逐步结转分步法计算产品成本

一、逐步结转分步法的概念

逐步结转分步法是按照产品加工步骤的先后顺序，各步骤逐步计算并结转半成品成本，直至最后步骤累计计算出产品成本的一种成本计算方法。

逐步结转分步法又叫作计算半成品成本的分步法，其成本核算对象是产成品及各步骤的半成品。各生产步骤需要计算半成品成本，并随着半成品实物的转移进行半成品成本的结转，直到最后步骤计算出最终产品成本，如图5-3所示。

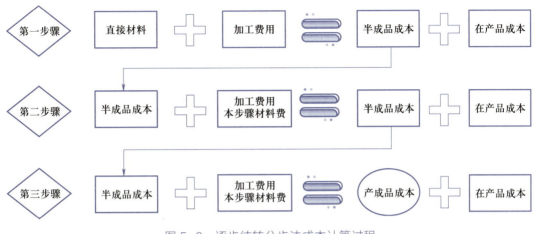

图5-3　逐步结转分步法成本计算过程

二、逐步结转分步法的适用范围

逐步结转分步法主要适用于半成品可以加工为不同的产品，或者半成品可以作为商品对外出售的企业，以及需要考核半成品成本的企业，特别是大量大批连续式多步骤生产企业。

三、逐步结转分步法半成品转移方式

（一）半成品实物转移

逐步结转分步法下，半成品实物的转移，包括直接转移和入库后转移两种方式。上一步骤生产的半成品完工后可以直接转入下一步骤继续生产；也可以转入半成品仓库，下一步骤按照生产需要从半成品仓库领用后继续生产。

（二）半成品成本转移

逐步结转分步法下，半成品实物和成本的转移是同时、同向进行的。当上一步骤完工半成品实物转入第二步骤或验收进入半成品仓库时，其成本也应转入下一步骤生产成本计算单或库存自制半成品成本。

结转半成品成本时，按照半成品成本反映方式不同，分为半成品成本的综合结转和半成品成本的分项结转。

1. 半成品成本的综合结转

半成品成本的综合结转，是指将上一步骤半成品成本转入下一生产步骤时，不区分成本项目，全部记入下一生产步骤产品成本明细账中的"直接材料"成本项目或专设的"半成品"成本项目。结转情况举例如图5-4所示。

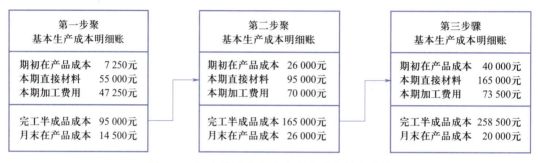

图5-4 逐步结转分步法半成品成本综合结转

在逐步结转分步法下，上一生产步骤完工的半成品用综合结转法转入下一生产步骤，上一生产步骤耗费的直接材料和加工费用在转入下一生产步骤时，集中反映在下一步骤的"半成品"或"直接材料"成本项目中。这样除第一生产步骤外，其他生产步骤的"半成品"或"直接材料"成本项目中反映的半成品或直接材料并不是产品生产中真正耗费的直接材料，而是包含了前面生产步骤所耗费的直接人工、制造费用等加工费用，最后生产步骤产成品成本项目中直接材料、制造费用等加工费用项目所反映的也不是该产品所耗费的全部加工费用，而仅仅是最后生产步骤所发生的直接人工、制造费用等加工费用。这势必不能真实地反映各生产步骤半成品成本和最后生产步骤产成品成本的原始成本项目，不能据此从整个企业角度分析考核产品成本的构成及水平，因此需要进行成本还原，如图5-5所示。

成本还原是指将产成品中所耗费半成品的综合成本逐步分解，还原成直接材料、直接人工和制造费用等原始成本项目，从而以原始成本项目反映产成品成本的构成。

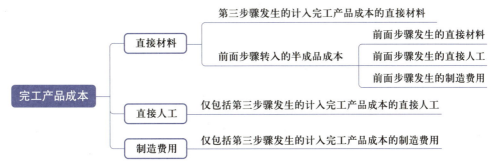

图 5-5　综合结转成本还原前完工产品成本构成

2. 半成品成本的分项结转

半成品成本的分项结转是指将上步骤半成品成本转入下一生产步骤时，按其原始成本项目，分别记入下一生产步骤生产成本明细账中对应成本项目，反映各步骤所耗上步骤半成品成本，如图 5-6 所示。

第一生产步骤 基本生产成本明细账		第二生产步骤 基本生产成本明细账		第三生产步骤 基本生产成本明细账	
期初 在产品成本	直接材料　5 000元	期初 在产品成本	直接材料 10 000元	期初 在产品成本	直接材料　10 000元
	直接人工　1 250元		直接人工　9 000元		直接人工　17 000元
	制造费用　1 000元		制造费用　7 000元		制造费用　13 000元
本期 发生生产费用	直接材料 55 000元	本期 发生生产费用	直接材料 50 000元	本期 发生生产费用	直接材料　50 000元
	直接人工 26 250元		直接人工 65 000元		直接人工 107 000元
	制造费用 21 000元		制造费用 50 000元		制造费用　81 500元
期末 完工产品成本	直接材料 50 000元	期末 完工产品成本	直接材料 50 000元	期末 完工产品成本	直接材料　55 000元
	直接人工 25 000元		直接人工 65 000元		直接人工 115 500元
	制造费用 20 000元		制造费用 50 000元		制造费用　88 000元
期末 在产品成本	直接材料 10 000元	期末 在产品成本	直接材料 10 000元	期末 在产品成本	直接材料　5 000元
	直接人工　2 500元		直接人工　9 000元		直接人工　8 500元
	制造费用　2 000元		制造费用　7 000元		制造费用　6 500元

图 5-6　逐步结转分步法半成品成本分项结转

在逐步结转分步法下，半成品成本采用分项结转法进行结转，上一生产步骤半成品成本是分成本项目转入下一生产步骤成本计算表的，这样可以直接、真实地反映产成品成本的原始构成，不需要进行成本还原。

四、应用Excel建立逐步综合结转分步法成本计算模型

在大量大批多步骤生产企业，如果企业成本管理上要求按生产步骤归集生产费

用、计算产品成本，就应当以产成品及其所经过的生产步骤作为成本核算对象来归集和分配生产费用，将产成品所耗用的各种半成品成本，按照上一步骤成本计算表计算的成本，综合或分项结转到下一步骤，直至结转至最后一个步骤计算出本月完工产品成本。由此可见，企业生产的产成品步骤越多，财务人员每月计算产成品成本的工作量就越大。通过建立 Excel 成本计算逐步结转分步法模型，可以实现成本计算的智能化，简化计算方式，把财务人员从繁杂的计算工作中解放出来，从而提高工作效率。

【案例 5-1】某企业大量大批生产甲产品，经过三个生产步骤连续加工，第一步骤生产 A 半成品，第二步骤生产 B 半成品，A、B 半成品完工后直接转入下一生产步骤继续加工直至生产成甲产品。原材料在生产开始时一次性投入，月末生产费用按照约当产量法进行分配，各步骤在产品的完工程度均为 50%。2024 年 3 月相关资料如表 5-1、表 5-2 所示。

表 5-1　各步骤生产数量表

时间：2024 年 3 月　　　　　　　　　　　　　　　　　　　　单位：件

项目	第一步骤	第二步骤	第三步骤
月初在产品数量	20	40	40
本月投入或上步骤转入半成品数量	220	200	200
本月完工半成品或产成品数量	200	200	220
月末在产品数量	40	40	20

表 5-2　各步骤生产费用表

时间：2024 年 3 月　　　　　　　　　　　　　　　　　　　　单位：元

项目	第一步骤		第二步骤		第三步骤	
	月初在产品成本	本月生产费用	月初在产品成本	本月生产费用	月初在产品成本	本月生产费用
直接材料	5 000	55 000	20 200		5 200	
直接人工	1 250	26 250	6 200	40 000	1 400	41 150
制造费用	1 000	21 000	5 200	30 000	1 050	31 150
合计	7 250	102 250	31 600	70 000	7 650	72 300

（一）第一步骤产品成本计算

利用 Excel 建立第一步骤成本核算表，包括第一步骤生产数量表、第一步骤生产费用表以及第一步骤基本生产成本明细账（即第一步骤半成品成本计算单）。

逐步结转分步法综合结转操作视频

（1）设置第一步骤生产数量表，具体数据根据企业实际数据（见表5-1）直接录入。录入后如图5-7所示。

第一步骤生产数量表	
项目	数量
月初在产品数量	20
本月投入或上步骤转入半成品	220
本月完工半成品	200
月末在产品	40
在产品投料程度	100%
在产品完工程度	50%

图 5-7　第一步骤生产数量表

（2）设置第一步骤生产费用表。具体数据根据企业实际数据（见表5-2）直接录入。录入后如图5-8所示。

第一步骤生产费用表				
摘要	直接材料	直接人工	制造费用	合计
月初在产品成本	5,000	1,250	1,000	7,250
本月生产费用	55,000	26,250	21,000	102,250

图 5-8　第一步骤生产费用表

（3）设置第一步骤基本生产成本明细账（见图5-9），完成第一步骤完工半成品及月末在产品成本的计算。具体操作如下：

① 登记月初在产品成本。第一步骤月初在产品成本各项目数据从第一步骤生产费用表中对应项目引入，如"直接材料"数据引自第一步骤生产费用表中月初在产品成本"直接材料""直接人工"和"制造费用"数据复制"直接材料"项目公式即可。

> **操作提示**
> - 选中 D4 单元格，输入公式"='第一步骤生产费用表'!B3"；
> - 选中 D4 单元格，拖曳填充柄至 G4 单元格，输出结果如图5-9所示。

	A	B	C	D	E	F	G
1	第一步骤基本生产成本明细账						
2	半成品：A半成品						
3	月	日	摘要	直接材料	直接人工	制造费用	合计
4	3	1	月初在产品成本	5,000	1,250	1,000	7,250
5		31	本月生产费用				
6		31	生产费用合计				
7		31	完工半成品数量				
8		31	月末在产品约当产量				
9		31	约当总量				
10		31	费用分配率				
11		31	完工半成品成本				
12		31	月末在产品成本				

图 5-9　第一步骤基本生产成本明细账

② 登记本月生产费用。第一步骤本月生产费用各项目数据从第一步骤生产费用表中对应项目引入。如"直接材料"数据引自第一步骤生产费用表中本月生产费用"直接材料"，"直接人工"和"制造费用"数据复制"直接材料"项目公式即可。

操作提示

- 选中 D5 单元格，输入公式"='第一步骤生产费用表'!B4"；
- 选中 D5 单元格，拖曳填充柄至 G5 单元格。

③ 计算生产费用合计。将各成本项目月初在产品成本与本月生产费用求和。

操作提示

- 选中 D4 至 D6 单元格，求和；
- 选中 D6 单元格，拖曳填充柄至 G6 单元格。

④ 登记完工半成品数量。第一步骤完工半成品数量各成本项目数据直接从第一步骤生产数量表中引入。

操作提示

- 选中 D7 单元格，输入公式"='第一步骤生产数量表'!B5"；
- 选中 E7 单元格，输入公式"='第一步骤生产数量表'!B5"；

需要注意的是，为确保以后步骤成本核算数据自动生成，完工半成品数量请从第一步骤生产数量表中引入，不要手动填入。

⑤ 登记月末在产品约当产量。第一步骤月末在产品约当产量各成本项目数据从第一步骤生产数量表中引入月末在产品数量及在产品投料程度（或在产品完工程度）计算填列。

直接材料项目月末在产品约当产量 = 月末在产品数量 × 在产品投料程度

直接人工项目月末在产品约当产量 = 月末在产品数量 × 在产品完工程度

制造费用项目月末在产品约当产量 = 月末在产品数量 × 在产品完工程度

⑥ 计算约当总量。将各成本项目完工半成品数量及月末在产品约当产量求和。

⑦ 计算费用分配率。将各成本项目本月生产费用合计金额，按照第一步骤本月完工半成品数量及月末在产品约当产量进行分配，计算分配率。

$$各成本项目费用分配率 = \frac{该成本项目本月生产费用合计}{该成本项目约当总量}$$

⑧ 计算完工半成品成本。第一步骤完工半成品成本各成本项目数据可以用各成本项目费用分配率乘以本月完工半成品数量计算得到。

$$各成本项目完工半成品成本 = 该成本项目费用分配率 \times 完工半成品数量$$

⑨ 计算月末在产品成本。第一步骤月末在产品成本各成本项目数据可以用各成本项目生产费用合计扣除各成本项目完工半成品成本后计算得到。

$$\begin{array}{c}各成本项目\\月末在产品成本\end{array} = \begin{array}{c}该成本项目\\生产费用合计\end{array} - \begin{array}{c}该成本项目\\完工半成品成本\end{array}$$

完成以上步骤，生成第一步骤基本生产成本明细账，如图 5-10 所示。

（二）第二步骤产品成本计算

以第一步骤成本核算表为模板，复制生成第二步骤成本核算表，包括第二步骤

	A	B	C	D	E	F	G
1			第一步骤基本生产成本明细账				
2	半成品：A半成品						
3	月	日	摘要	直接材料	直接人工	制造费用	合计
4	3	1	月初在产品成本	5,000	1,250	1,000	7,250
5		31	本月生产费用	55,000	26,250	21,000	102,250
6		31	生产费用合计	60,000	27,500	22,000	109,500
7		31	完工半成品数量	200	200	200	200
8		31	月末在产品约当产量	40	20	20	
9		31	约当总量	240	220	220	
10		31	费用分配率	250	125	100	475
11		31	完工半成品成本	50,000	25,000	20,000	95,000
12		31	月末在产品成本	10,000	2,500	2,000	14,500

图 5-10　第一步骤基本生产成本明细账

生产数量表、第二步骤生产费用表以及第二步骤基本生产成本明细账（即第二步骤半成品成本计算单）。保持第一步骤成本核算表打开状态。

（1）设置第二步骤生产数量表。具体数据根据企业第二步骤实际数据（见表5-1）直接录入。录入后如图5-11所示。

（2）设置第二步骤生产费用表。各成本项目数据录入操作如下：

① 月初在产品成本各成本项目数据根据企业第二步骤实际数据（见表5-2）直接录入。

	A	B
1	第二步骤生产数量表	
2	项目	数量
3	月初在产品数量	40
4	本月投入或上步骤转入半成品	200
5	本月完工半成品	200
6	月末在产品	40
7	在产品投料程度	100%
8	在产品完工程度	50%

图 5-11　第二步骤生产数量表

② 本月生产费用中的"直接人工""制造费用"项目数据根据企业第二步骤实际数据（见表5-2）直接录入。

③ 本月生产费用中的"直接材料"项目数据从第一步骤基本生产成本明细账中完工半成品成本"合计"栏（图5-10）引入。

操作提示

● 选中 B4 单元格，输入公式"='［第一步骤成本核算表.xlsx］第一步骤基本生产成本明细账'!$G$11"；

● 选中 B4 至 E4，求和。

完成以上操作步骤后，生成第二步骤生产费用表，如图5-12所示。

	A	B	C	D	E
1	第二步骤生产费用表				
2	摘要	直接材料	直接人工	制造费用	合计
3	月初在产品成本	20,200	6,200	5,200	31,600
4	本月生产费用	95,000	40,000	30,000	165,000

图 5-12　第二步骤生产费用表

（3）设置第二步骤基本生产成本明细账。完成第二步骤生产数量表、第二步骤生产费用表数据录入后，第二步骤基本生产成本明细账各成本项目数据在 Excel 表格中自动生成。具体情况如图 5-13 所示。

	A	B	C	D	E	F	G
1			第二步骤基本生产成本明细账				
2	半成品：B半成品						
3	月	日	摘要	直接材料	直接人工	制造费用	合计
4	3	1	月初在产品成本	20,200	6,200	5,200	31,600
5		31	本月生产费用	95,000	40,000	30,000	165,000
6		31	生产费用合计	115,200	46,200	35,200	196,600
7		31	完工半成品数量	200	200	200	200
8		31	月末在产品约当产量	40	20	20	
9		31	约当总量	240	220	220	
10		31	费用分配率	480	210	160	850
11		31	完工半成品成本	96,000	42,000	32,000	170,000
12		31	月末在产品成本	19,200	4,200	3,200	26,600

图 5-13　第二步骤基本生产成本明细账

（三）第三步骤产品成本计算

仍以第一步骤成本核算表为模板，复制生成第三步骤成本核算表，并更名，将半成品改为产成品。包括第三步骤生产数量表、第三步骤生产费用表以及第三步骤基本生产成本明细账（即第三步骤产成品成本计算单）。保持第一步骤成本核算表、第二步骤成本核算表打开状态。

	A	B
1	第三步骤生产数量表	
2	项目	数量
3	月初在产品数量	40
4	本月投入或上步骤转入半成品	200
5	本月完工产成品	220
6	月末在产品	20
7	在产品投料程度	100%
8	在产品完工程度	50%

图 5-14　第三步骤生产数量表

（1）设置第三步骤生产数量表。具体数据根据企业第三步骤实际数据（见表 5-1）直接录入。录入后如图 5-14 所示。

（2）设置第三步骤生产费用表，本项目数据录入操作如下。

① 月初在产品成本各成本项目数据根据企业第三步骤实际数据（见表 5-2）直接录入。

② 本月生产费用中的"直接人工""制造费用"项目数据根据企业第三步骤实际数据（见表5-2）直接录入。

③ 本月生产费用中的"直接材料"项目数据从第二步骤基本生产成本明细账中完工半成品成本"合计"栏（图5-13）引入。

📍 操作提示

● 选中 B4 单元格，输入公式"='［第二步骤成本核算表.xlsx］第二步骤基本生产成本明细账'!\$G\$11"。

完成以上操作步骤后，生成第三步骤生产费用表，如图5-15所示。

	A	B	C	D	E
1	第三步骤生产费用表				
2	摘要	直接材料	直接人工	制造费用	合计
3	月初在产品成本	5,200	1,400	1,050	7,650
4	本月生产费用	170,000	41,150	31,150	242,300

图 5-15　第三步骤生产费用表

（3）设置第三步骤基本生产成本明细账。完成第三步骤生产数量表、第三步骤生产费用表数据录入后，第三步骤基本生产成本明细账各成本项目数据在 Excel 表格中自动生成。具体情况如图5-16所示。

A	B	C	D	E	F	G
1		第三步骤基本生产成本明细账				
2	产成品：甲产品					
月	日	摘要	直接材料	直接人工	制造费用	合计
3	1	月初在产品成本	5,200	1,400	1,050	7,650
	31	本月生产费用	170,000	41,150	31,150	242,300
	31	生产费用合计	175,200	42,550	32,200	249,950
	31	完工产成品数量	220	220	220	220
	31	月末在产品约当产量	20	10	10	
	31	约当总量	240	230	230	
	31	费用分配率	730	185	140	1,055
	31	完工产成品成本	160,600	40,700	30,800	232,100
	31	月末在产品成本	14,600	1,850	1,400	17,850

图 5-16　第三步骤基本生产成本明细账

（四）成本还原

目前在第三步骤基本生产成本明细账中列示的总成本为 232 100 元，其中包括直接材料 160 600 元，直接人工 40 700 元，制造费用 30 800 元，因为材料仅在第一步骤一次性投入，所以在完工产产品成本中以直接材料列示的金额，其实是最终完工的产成品所耗用的第二步骤半成品成本（包含直接材料、直接人工和制造费用），第二步骤完工半成品成本又包括了所耗用的第一步骤半成品成本（包含直接材料、直接人工和制造费用），要真实反映完工产品原始成本项目，需要进行成本还原，并且要还原两次。

成本还原有两种方法，分别是计算半成品成本项目比重还原法和计算半成品成本还原分配率还原法。

1. 计算半成品成本项目比重还原法

该种方法是从最后一个步骤起，把各步骤所耗上一步骤半成品的综合成本，按照上一步骤完工半成品各成本项目比重，逐步分解，还原成按原始成本项目反映的产成品成本。

（1）利用 Excel 建立产成品成本还原表（按照半成品成本项目比重还原法），见图 5-17。

（2）成本数据引用。

① "还原前产成品总成本"列相关数据从第三步骤基本生产成本明细账引入。

> **📍 操作提示**
>
> ● 选中 B6 单元格，输入公式 "='［第三步骤成本核算表.xlsx］第三步骤基本生产成本明细账'!$D$7"。
>
> ● 选中 B7 单元格，输入公式 "='［第三步骤成本核算表.xlsx］第三步骤基本生产成本明细账'!$D$11"。
>
> ● 选中 B9 单元格，输入公式 "='［第三步骤成本核算表.xlsx］第三步骤基本生产成本明细账'!$E$11"。

● 选中 B10 单元格，输入公式"='［第三步骤成本核算表.xlsx］第三步骤基本生产成本明细账'!$F$11"。

● 选中 B7 至 B11，求和。

②"本月完工 B 半成品成本"列相关数据从第二步骤基本生产成本明细账引入。

操作提示

● 选中 C7 单元格，输入公式"='［第二步骤成本核算表.xlsx］第二步骤基本生产成本明细账'!$D$11"。

● 选中 C9 单元格，输入公式"='［第二步骤成本核算表.xlsx］第二步骤基本生产成本明细账'!$E$11"。

● 选中 C10 单元格，输入公式"='［第二步骤成本核算表.xlsx］第二步骤基本生产成本明细账'!$F$11"。

● 选中 C7 至 C11，求和。

③"本月完工 A 半成品成本"列相关数据从第一步骤基本生产成本明细账引入。

操作提示

● 选中 F8 单元格，输入公式"='［第一步骤成本核算表.xlsx］第一步骤基本生产成本明细账'!$D$11"。

● 选中 F9 单元格，输入公式"='［第一步骤成本核算表.xlsx］第一步骤基本生产成本明细账'!$E$11"。

● 选中 F10 单元格，输入公式"='［第一步骤成本核算表.xlsx］第一步骤基本生产成本明细账'!$F$11"。

● 选中 F8 至 F11，求和。

④ 完成以上操作后，产成品成本还原表（按照半成品成本项目比重还原法）相关数据输出情况如图 5-17 所示。

	A	B	C	D	E	F	G	H	I	J
	产成品成本还原表（按照半成品成本项目比重还原法）									
	项目	还原前产成品总成本	第一次还原			第二次还原			还原后产成品各项目成本	还原后产成品单位成本
			本月完工B半成品成本	本月完工B半成品各项目比重	产成品耗用B半成品成本	本月完工A半成品成本	本月完工A半成品各项目比重	产成品耗用A半成品成本		
6	完工产成品产量	220								
7	耗用上步骤半成品成本	160,600	96,000							
8	直接材料					50,000				
9	直接人工	40,700	42,000			25,000				
10	制造费用	30,800	32,000			20,000				
11	合计	232,100	170,000			95,000				

图 5-17　产成品成本还原表（按照半成品成本项目比重还原法）

（3）第一次成本还原。

① 确定成本还原对象。第一次成本还原的对象是完工产成品耗用的第二步骤 B 半成品成本，即完工产成品成本中以"直接材料"项目列示的 160 600 元，实质是耗用的第二步骤 B 半成品成本。

② 计算第二步骤完工半成品各项目成本比重。其计算公式为：

$$第二步骤完工半成品各项目成本比重 = \frac{第二步骤完工半成品各项目成本}{第二步骤完工半成品成本}$$

③ 计算完工产成品耗用的第二步骤半成品各项目成本。其计算公式为：

$$\begin{matrix}完工产成品耗用的第二步骤\\半成品各项目成本\end{matrix} = \begin{matrix}完工产成品耗用的\\第二步骤半成品成本\end{matrix} \times \begin{matrix}第二步骤完工半成品\\各项目成本比重\end{matrix}$$

> **操作提示**
>
> ● 选中 D7 单元格，输入公式"= C7/C11"；选中 D9 单元格，输入公式"= C9/C11"；选中 D10 单元格，输入公式"= C10/C11"，D11 单元格为 100%。
>
> ● 选中 E7 单元格，输入公式"=B7*D7"，选中 E9 单元格，输入公式"=B7*D9"；选中 E10 单元格，输入公式"=B7*D10"。
>
> ● 选中 E7 至 E11 求和，E11 单元格的数值应与 B7 单元格的数值相等。

（4）第二次成本还原。

第二次成本还原与第一次成本还原操作基本相同。

① 确定成本还原对象。还原对象是完工产成品耗用的第一步骤 A 半成品成本，

即第一次还原确定的完工产成品成本中所包含的第二步骤 B 半成品所耗用的上步骤半成品成本 90 692 元，实质是第一步骤 A 半成品成本。

② 计算第一步骤完工半成品各项目成本比重。其计算公式为：

$$第一步骤完工半成品各项目成本比重 = \frac{第一步骤完工半成品各项目成本}{第一步骤完工半成品成本}$$

③ 计算完工产成品耗用的第一步骤半成品各项目成本。其计算公式为：

$$完工产成品耗用的第一步骤半成品各项目成本 = 完工产成品耗用的第一步骤半成品成本 \times 第一步骤完工半成品各项目成本比重$$

> **📍 操作提示**
>
> ● 选中 G8 单元格，输入公式"＝F8/F11"；选中 G9 单元格，输入公式"＝F9/F11"；选中 G10 单元格，输入公式"＝F10/F11"，G11 单元格为 100%。
>
> ● 选中 H8 单元格，输入公式"＝E7*G8"，选中 H9 单元格，输入公式"＝E7*G9"；选中 H10 单元格，输入公式"＝E7*G10"。
>
> ● 选中 H8 至 H11 求和，H11 单元格的数值应与 E7 单元格的数值相等。

（5）还原后产成品各项目成本。还原后产成品各项目成本计算公式为：

$$完工产成品各项目成本 = 完工产成品耗用的第三步骤该项目成本 + 完工产成品耗用的第二步骤该项目成本 + 完工产成品耗用的第一步骤该项目成本$$

> **📍 操作提示**
>
> ● 选中 I8 单元格，输入公式"＝B8＋E8＋H8"；选中 I8 单元格，拖曳填充柄至 I10 单元格。
>
> ● 选中 I8 到 I11，求和，I11 单元格的数值应与 B11 单元格的数值相等。

（6）还原后产成品单位成本

$$还原后完工产成品各项目单位成本 = 还原后完工产成品各项目成本 \div 完工产成品产量$$

操作提示

- 选中 J8 单元格，输入公式"=I8/B6"；

- 选中 J9 单元格，输入公式"=I9/B6"。

- 选中 J10 单元格，输入公式"=I10/B6"。

- 选中 J8 到 J11，求和。

完成以上操作后，输出结果如图 5-18 所示。

	A	B	C	D	E	F	G	H	I	J
1	产成品成本还原表（按照半成品成本项目比重还原法）									
2 3 4 5	项目	还原前产成品总成本	第一次还原			第二次还原			还原后产成品各项目成本	还原后产成品单位成本
			本月完工B半成品成本	本月完工B半成品各项目比重	产成品耗用B半成品成本	本月完工A半成品成本	本月完工A半成品各项目比重	产成品耗用A半成品成本		
6	完工产成品产量	220								
7	耗用上步骤半成品成本	160,600	96,000	56.47%	90,692					
8	直接材料					50,000	52.63%	47,733	47,733	217
9	直接人工	40,700	42,000	24.71%	39,678	25,000	26.32%	23,866	104,244	474
10	制造费用	30,800	32,000	18.82%	30,231	20,000	21.05%	19,093	80,124	364
11	合计	232,100	170,000	100.00%	160,600	95,000	100.00%	90,692	232,100	1,055

图 5-18　产成品成本还原表（按照半成品成本项目比重还原法）

2. 计算半成品成本还原分配率还原法

该种方法是从最后一个步骤起，把各步骤所耗上一步骤半成品的综合成本，按照半成品成本还原分配率进行逐步分解，还原成按原始成本项目反映的产成品成本。

（1）利用 Excel 建立产成品成本还原表（按照半成品成本还原分配率还原）。

（2）成本数据引用。还原前产成品总成本、本月完工 B 半成品成本、本月完工 A 半成品成本相关数据从第三步骤基本生产成本明细账、第二步骤基本生产成本明细账、第一步骤基本生产成本明细账中引入，操作步骤同计算半成品成本项目比重还原法。完成数据引入后，产成品成本还原表（按照半成品成本项目比重还原法）相关数据输出情况如图 5-19 所示。

	A	B	C	D	E	F	G	H	I	J
1	产成品成本还原表（按照半成品成本还原分配率还原法）									
2	项目	还原前产成品总成本	第一次还原			第二次还原			还原后产成品各项目成本	还原后产成品单位成本
3,4,5			本月完工B半成品成本	成本还原分配率	产成品耗用B半成品成本	本月完工A半成品成本	成本还原分配率	产成品耗用A半成品成本		
6	完工产成品产量	220								
7	耗用上步骤半成品成本	160,600	96,000							
8	直接材料					50,000				
9	直接人工	40,700	42,000			25,000				
10	制造费用	30,800	32,000			20,000				
11	合计	232,100	170,000			95,000				

图 5-19　产成品成本还原表（按照半成品成本还原分配率还原法）

（3）第一次成本还原。

① 计算第二步骤半成品成本还原分配率，其计算公式为：

$$\frac{第二步骤半成品}{成本还原分配率} = \frac{完工产成品耗用的}{第二步骤半成品成本} \div \frac{第二步骤完工}{半成品成本}$$

📍 操作提示

- 选中 D11 单元格，输入公式"＝B7/C11"。

② 计算产成品耗用 B 半成品各项目成本。

📍 操作提示

- 选中 E7，输入公式"＝C7*D11"。
- 选中 E9，输入公式"＝C9*D11"。
- 选中 E10，输入公式"＝C10*D11"。
- 选中 E7 到 E11，求和。

（4）第二次成本还原。

① 计算第一步骤半成品成本还原分配率，其计算公式为：

$$\frac{第一步骤半成品}{成本还原分配率} = \frac{完工产成品耗用的}{第一步骤半成品成本} \div \frac{第一步骤完工}{半成品成本}$$

② 计算产成品耗用 A 半成品各项目成本。

（5）还原后产成品各项目成本及还原后产成品单位成本，操作步骤同计算半成品成本项目比重还原法。

完成以上各步骤操作后，输出结果如图 5-20 所示。

	A	B	C	D	E	F	G	H	I	J
1	产成品成本还原表（按照半成品成本还原分配率还原法）									
2/3/4/5	项目	还原前产成品总成本	第一次还原			第二次还原			还原后产成品各项目成本	还原后产成品单位成本
			本月完工B半成品成本	成本还原分配率	产成品耗用B半成品成本	本月完工A半成品成本	成本还原分配率	产成品耗用A半成品成本		
6	完工产成品产量	220								
7	耗用上步骤半成品成本	160,600	96,000		90,692					
8	直接材料					50,000		47,733	47,733	217
9	直接人工	40,700	42,000		39,678	25,000		23,866	104,244	474
10	制造费用	30,800	32,000		30,231	20,000		19,093	80,124	364
11	合计	232,100	170,000	94.47%	160,600	95,000	95.47%	90,692	232,100	1,055

图 5-20　产成品成本还原表（按照半成品成本还原分配率还原法）

五、应用Excel建立逐步分项结转分步法成本计算模型

【案例 5-2】仍用前述案例，说明采用逐步分项结转分步法的成本计算程序。

（一）第一步骤产品成本计算

利用 Excel 建立第一步骤成本核算表，包括第一步骤生产数量表、第一步骤生产费用表以及第一步骤基本生产成本明细账。

逐步结转分步法分项结转操作视频

（1）设置第一步骤生产数量表。具体数据根据企业实际数据（见表 5-1）直接录入，如图 5-21 所示。

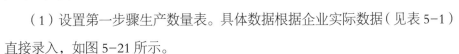

第一步骤生产数量表	
项目	数量
月初在产品数量	20
本月投入或上步骤转入半成品	220
本月完工半成品	200
月末在产品	40
在产品投料程度	100%
在产品完工程度	50%

图 5-21　第一步骤生产数量表

（2）设置第一步骤生产费用表。具体数据根据企业实际数据（见表 5-2）直接录入，如图 5-22 所示。

第一步骤生产费用表					
	摘要	直接材料	直接人工	制造费用	合计
	月初在产品成本	5,000	1,250	1,000	7,250
本月生产费用	耗用半成品成本				
	本步骤费用	55,000	26,250	21,000	102,250
	合计	55,000	26,250	21,000	102,250

图 5-22　第一步骤生产费用表

（3）设置第一步骤基本生产成本明细账（即产品成本计算表），并完成第一步骤完工半成品和月末在产品成本计算。

① 月初在产品成本各成本项目相关数据引自第一步骤生产费用表对应项目；

② 本月生产费用各成本项目相关数据引自第一步骤生产费用表本月生产费用合计行对应项目；

其余相关数据引入、计算方法及过程同逐步综合结转分步法，计算结果如图 5-23 所示。

	A	B	C	D	E	F	G
1			第一步骤基本生产成本明细账				
2	半成品：A半成品						单位：元
3	月	日	摘要	直接材料	直接人工	制造费用	合计
4	3	1	月初在产品成本	5,000	1,250	1,000	7,250
5		31	本月生产费用	55,000	26,250	21,000	102,250
6		31	生产费用合计	60,000	27,500	22,000	109,500
7		31	完工半成品数量	200	200	200	200
8		31	月末在产品约当产量	40	20	20	
9		31	约当总量	240	220	220	
10		31	费用分配率	250	125	100	475
11		31	完工半成品成本	50,000	25,000	20,000	95,000
12		31	月末在产品成本	10,000	2,500	2,000	14,500

图 5-23　第一步骤产品成本计算表

（二）第二步骤产品成本计算

以第一步骤成本核算表为模板，生成第二步骤成本核算表，包括第二步骤生产数量表、生产费用表以及第二步骤基本生产成本明细账，并同时打开第一步骤基本生产成本明细账。

	A	B
1	第二步骤生产数量表	
2	项目	数量
3	月初在产品数量	40
4	本月投入或上步骤转入半成品	200
5	本月完工半成品	200
6	月末在产品	40
7	在产品投料程度	100%
8	在产品完工程度	50%

图 5-24　第二步骤生产数量表

（1）设置第二步骤生产数量表。具体数据根据企业第二步骤实际数据直接录入（见表5-1），如图5-24所示。

（2）设置第二步骤生产费用表。各成本项目数据录入操作如下。

① 月初在产品成本各成本项目数据根据企业第二步骤实际数据（见表5-2）直接录入。

② 本月生产费用中的耗用半成品成本各成本项目数据从第一步骤基本生产成本明细账完工半成品成本对应项目栏引用。

📍 操作提示

● 选中 C4，输入公式"='［第一步骤成本核算表.xlsx］第一步骤基本生产成本明细账'!$D$11"。

● 选中 D4，输入公式"='［第一步骤成本核算表.xlsx］第一步骤基本生产成本明细账'!$E$11"。

● 选中 E4，输入公式 "='［第一步骤成本核算表.xlsx］第一步骤基本生产成本明细账 '!$F$11"。

● 选中 C4 到 F4，求和。

（3）本月生产费用中的本步骤费用，没有发生材料费，"直接人工""制造费用"项目数据根据企业第二步骤实际数据（见表 5-2）直接录入。

完成以上各步骤操作后，输出结果如图 5-25 所示。

	摘要	直接材料	直接人工	制造费用	合计
	第二步骤生产费用表				
月初在产品成本		20,200	6,200	5,200	31,600
本月生产费用	耗用半成品成本	50,000	25,000	20,000	95,000
	本步骤费用		40,000	30,000	70,000
	合计	50,000	65,000	50,000	165,000

图 5-25　第二步骤生产费用表

（4）设置第二步骤基本生产成本明细账。完成第二步骤生产数量表、生产费用表数据录入后，第二步骤基本生产成本明细账各成本项目数据在 Excel 表格中自动生成。具体情况如图 5-26 所示。

月	日	摘要	直接材料	直接人工	制造费用	合计
		第二步骤基本生产成本明细账				
半成品：B半成品						单位：元
3	1	月初在产品成本	20,200	6,200	5,200	31,600
	31	本月生产费用	50,000	65,000	50,000	165,000
	31	生产费用合计	70,200	71,200	55,200	196,600
	31	完工半成品数量	200	200	200	200
	31	月末在产品约当产量	40	20	20	
	31	约当总量	240	220	220	
	31	费用分配率	293	324	251	867
	31	完工半成品成本	58,500	64,727	50,182	173,409
	31	月末在产品成本	11,700	6,473	5,018	23,191

图 5-26　第二步骤基本生产成本明细账

（三）第三步骤产品成本计算

以第一步骤成本核算表为模板，生成第三步骤成本核算表，并更名，将半成品改为产成品。包括第三步骤生产数量表、第三步骤生产费用表以及第三步骤基本生产

	A	B
1	第三步骤生产数量表	
2	项目	数量
3	月初在产品数量	40
4	本月投入或上步骤转入半成品	200
5	本月完工产成品	220
6	月末在产品	20
7	在产品投料程度	100%
8	在产品完工程度	50%

图 5-27　第三步骤生产数量表

成本明细账，并同时打开第二步骤生产成本明细账。

（1）设置第三步骤生产数量表。具体数据根据企业第三步骤实际数据（见表 5-1 所示）直接录入，如图 5-27 所示。

（2）设置第三步骤生产费用表。月初在产品成本各项目根据企业第三步骤实际数据（见表 5-2 所示）直接录入；本月耗用半成品成本各项目从第二步骤基本生产成本明细账完工半成品成本对应项目数据引用，本月本步骤发生费用根据企业第三步骤实际数据直接录入。具体情况如图 5-28 所示。

（3）设置第三步骤基本生产成本明细账。完成第三步骤生产数量表、生产费用表数据录入后，第三步骤基本生产成本明细账各成本项目数据在 Excel 表格中自动生成。具体情况如图 5-29 所示。

	A	B	C	D	E	F
1	第三步骤生产费用表					
2	摘要		直接材料	直接人工	制造费用	合计
3	月初在产品成本		5,200	1,400	1,050	7,650
4	本月生产费用	耗用半成品成本	58,500	64,727	50,182	173,409
5		本步骤费用		41,150	31,150	72,300
6		合计	58,500	105,877	81,332	245,709

图 5-28　第三步骤生产费用表

	A	B	C	D	E	F	G
1	第三步骤基本生产成本明细账						
2	产成品：甲产品						单位：元
3	月	日	摘要	直接材料	直接人工	制造费用	合计
4	3	1	月初在产品成本	5,200	1,400	1,050	7,650
5		31	本月生产费用	58,500	105,877	81,332	245,709
6		31	生产费用合计	63,700	107,277	82,382	253,359
7		31	完工产成品数量	220	220	220	220
8		31	月末在产品约当产量	20	10	10	
9		31	约当总量	240	230	230	
10		31	费用分配率	265	466	358	1,090
11		31	完工产成品成本	58,392	102,613	78,800	239,805
12		31	月末在产品成本	5,308	4,664	3,582	13,554

图 5-29　第三步骤基本生产成本明细账

任务 3 应用平行结转分步法计算产品成本

一、平行结转分步法的概念

平行结转分步法，也称不计算半成品成本分步法，在这一方法下，不计算各步骤所生产的半成品成本，也不计算本步骤所耗上一步骤的半成品成本，只计算本步骤所发生的各项生产费用和这些费用应计入完工产品成本的份额，最终将某一产品的各生产步骤应计入产成品的份额进行平行结转、汇总，即可计算出该产品的产成品成本。

二、平行结转分步法的适用范围

平行结转分步法主要适用于半成品种类繁多，成本管理上要求分步骤归集费用，但又不要求提供各步骤半成品成本资料或较少对外销售半成品的企业中使用。如不对外销售半成品的大量大批装配式多步骤企业等。

三、平行结转分步法的特点

平行结转分步法同样是按生产步骤进行生产费用的归集，因此各步骤归集的费用也需在完工产品和在产品间进行分配。所以平行结转分步法除具备分步法的一般特点外，还具有以下特点：

第一，各生产步骤不计算半成品成本，只计算本步骤所发生的生产费用。在平行结转分步法下，除第一步骤生产费用中包括生产所耗的直接材料及其他费用外，其他后续生产步骤不计算所耗上一生产步骤的半成品成本，只计算本步骤的其他各项生产费用。

第二，各生产步骤不结转半成品成本。在平行结转分步法下，无论半成品实物是在各生产步骤间直接转移，还是通过半成品仓库进行收发，半成品的成本都不随实物转移而结转，都不通过"自制半成品"账户核算。

第三，各生产步骤的生产费用在完工产品及广义在产品间分配。在平行结转分步法下，广义在产品不仅包括本步骤正在加工的在产品，还应该包括本步骤完工后转入后续其他步骤，但尚未最终完工的半成品。而完工产品就是生产到最终步骤的产成品，完工产品成本即是各生产步骤生产费用应计入产成品成本的份额。

第四，各生产步骤应计入产成品成本的份额平行结转、汇总后即可计算出完工产品的成本。

四、平行结转分步法的成本核算程序

（1）按各产品的品种及其生产步骤设置产品成本计算单，归集各产品在本步骤发生的各项生产费用，但不包括本步骤耗用上步骤的半成品成本。

（2）月末将各生产步骤归集的生产费用，采用一定的方法，在完工产品与广义在产品间进行分配，确定各生产步骤应计入产成品成本的份额。

（3）将各生产步骤中应计入产成品成本的份额按各成本项目平行结转、汇总，计算出完工产品的总成本及单位成本。

平行结转分步法成本核算程序表如表5-3所示。

表5-3 平行结转分步法成本核算程序表

单位：元

第一步骤生产成本明细账		第二步骤生产成本明细账		第三步骤生产成本明细账	
月初在产品成本	500	月初在产品成本	400	月初在产品成本	300
直接材料	3 200	直接材料		直接材料	
直接人工	2 000	直接人工	3 300	直接人工	2 800
制造费用	1 000	制造费用	1 800	制造费用	1 700
合计	6 700	合计	5 500	合计	4 800
月末在产品成本	900	月末在产品成本	600	月末在产品成本	1 000
应计入产成品份额	5 800	应计入产成品份额	4 900	应计入产成品份额	3 800
产品成本汇总表					
第一步骤份额	5 800	第二步骤份额	4 900	第三步骤份额	3 800
总成本合计：14 500					

五、应用Excel建立平行结转分步法成本计算模型

【**案例5-3**】昆明昭源企业生产甲产品，需经过三个生产步骤进行加工，原材料在生产开始时一次性投入，每个步骤的半成品不出售，也不通过半成品仓库收发，直接转入下一步骤进行生产加工，月末生产费用按约当产量法进行分配，本月各步骤生产数量表、各步骤生产费用表如表5-4、表5-5所示。

表5-4 各步骤生产数量表

时间：2024年3月 单位：件

项目	第一步骤	第二步骤	第三步骤
月初在产品数量	100	110	80
本月投入或上步骤转入半成品数量	300	180	200
本月完工半成品或产成品数量	280	190	200
月末在产品数量	120	100	80
月末在产品完工程度	50%	40%	60%

表5-5 各步骤生产费用表

时间：2024年3月 单位：元

项目	第一步骤		第二步骤		第三步骤	
	月初在产品成本	本月生产费用	月初在产品成本	本月生产费用	月初在产品成本	本月生产费用
直接材料	580	2 850	—	—	—	—
直接人工	438	1 850	378	2 310	676	1 680
制造费用	808	1 260	802	1 150	440	1 420
合计	1 826	5 960	1 180	3 460	1 116	3 100

根据以上资料，通过平行结转分步法结合Excel的运用，计算2024年3月甲产品成本，计算过程如下：

（一）第一步骤应计入产成品成本份额计算

利用Excel建立第一步骤成本核算表，包括第一步骤生产数量表、第一步骤生产

费用表以及第一步骤基本生产成本明细账（即成本计算单）。

（1）设置第一步骤生产数量表，具体数据根据企业实际数据（见表5-4）直接录入。录入后如图5-30所示。

	A	B	C
1	第一步骤生产数量表		
2	项目		数量
3	月初在产品		100
4	本月投入或上步骤转入半成品		300
5	本月完工半成品或产成品		280
6	最终完工产成品		200
7	月末广义在产品	本步骤	120
8		后面步骤	180
9	在产品投料程度		100%
10	在产品完工程度		50%

图 5-30　第一步骤生产数量表

（2）设置第一步骤生产费用表。具体数据根据企业实际数据（见表5-5）直接录入，录入后如图5-31所示。

	A	B	C	D	E
1	第一步骤生产费用表				
2	摘要	直接材料	直接人工	制造费用	合计
3	月初在产品成本	580	438	808	1,826
4	本月生产费用	2,850	1,850	1,260	5,960

图 5-31　第一步骤生产费用表

（3）设置第一步骤基本生产成本明细账（如图5-32所示）。完成第一步骤应计入完工产成品成本份额以及月末在产品成本的计算。具体操作如下。

① 月初在产品成本、本月生产费用各成本项目数据从第一步骤生产费用表中对应项目引入。

📍 操作提示

● 以月初在产品成本直接材料项目为例，选中D4单元格，输入公式"＝第一步骤生产费用表!B3"。

● 以本月生产费用直接材料项目为例，选中D5单元格，输入公式"＝第一步骤生产费用表!B4"。

② 最终完工产成品产量，从第一步骤生产数量表中本月完工产成品对应数据引入。

操作提示

●选中 D7 单元格，输入公式"＝第一步骤生产数量表 !C6"；E7、F7 及 G7 单元格输入的公式与 D7 单元格相同。

③ 月末在产品约当产量，从第一步骤生产数量表引入相关数据计算第一步骤月末广义在产品约当产量，并进行填列，其计算公式为：

第一步骤成本核算表操作视频

$$\begin{array}{c}\text{本步骤月末广义}\\\text{在产品约当产量}\end{array} = \begin{array}{c}\text{本步骤之后各步骤}\\\text{月末在产品数量之和}\end{array} + \begin{array}{c}\text{本步骤月末}\\\text{在产品数量}\end{array} \times \begin{array}{c}\text{本步骤月末在产品}\\\text{完工程度（或投料程度）}\end{array}$$

操作提示

●选中 D8 单元格，输入公式"＝'第一步骤生产数量表 '!C8＋'第一步骤生产数量表 '!C7*'第一步骤生产数量表 '!C9"；

●选中 E8 单元格，输入公式"＝'第一步骤生产数量表 '!C8＋'第一步骤生产数量表 '!C7*'第一步骤生产数量表 '!C10"；

●选中 F8 单元格，输入与 E8 单元格相同的公式。

④ 约当总量。约当总量的计算公式为：

约当总量＝最终完工产成品产量＋月末广义在产品约当产量

操作提示

●以直接材料项目约当总量为例，选定 D9 单元格；输入公式"＝SUM（D7:D8）"。

⑤ 费用分配率。费用分配率的计算公式为：

$$费用分配率＝生产费用合计 ÷ 约当总量$$

📍 **操作提示**

• 以直接材料项目费用分配率为例，选定 D10 单元格，输入公式"＝D6/D9"。

⑥ 计入完工产成品成本份额。计入完工产成品成本份额的计算公式为：

$$计入完工产成品成本份额＝最终完工产成品产量 × 费用分配率$$

📍 **操作提示**

• 以直接材料项目计入完工产成品成本份额为例，选定 D11 单元格，输入公式"＝D7*D10"。

⑦ 月末在产品成本，由各成本项目生产费用合计扣除计入完工产成品成本份额后计算得到。

📍 **操作提示**

• 以直接材料项目月末在产品成本为例，选定 D12 单元格，输入公式"＝D6-D11"。

完成以上步骤后，生成第一步骤基本生产成本明细账，如图 5-32 所示。

	A	B	C	D	E	F	G
1			第一步骤基本生产成本明细账				
2	半成品：A半成品						
3	月	日	摘要	直接材料	直接人工	制造费用	合计
4	3	1	月初在产品成本	580	438	808	1,826
5		31	本月生产费用	2,850	1,850	1,260	5,960
6		31	生产费用合计	3,430	2,288	2,068	7,786
7		31	最终完工产成品产量	200	200	200	200
8		31	月末广义在产品约当产量	300	240	240	
9		31	约当总量	500	440	440	
10		31	费用分配率	6.86	5.20	4.70	16.76
11		31	计入完工产成品成本份额	1,372	1,040	940	3,352
12		31	月末在产品成本	2,058	1,248	1,128	4,434

图 5-32　第一步骤基本生产成本明细账

（二）第二步骤应计入产成品成本份额计算

以第一步骤成本核算表为模板，复制生成第二步骤成本核算表，包括第
二步骤生产数量表、第二步骤生产费用表以及第二步骤基本生产成本明细账。

第二步骤成本核算表操作视频

（1）第二步骤生产数量表，具体数据根据企业实际数据（见表5-4）直
接录入。录入后如图5-33所示。

	项目		数量
1	第二步骤生产数量表		
2	项目		数量
3	月初在产品		110
4	本月投入或上步骤转入半成品		180
5	本月完工半成品或产成品		190
6	最终完工产成品		200
7	月末广义在产品	本步骤	100
8		后面步骤	80
9	在产品投料程度		100%
10	在产品完工程度		40%

图5-33 第二步骤生产数量表

（2）第二步骤生产费用表，具体数据根据企业第二步骤实际数据（见表5-5）直
接录入，录入后如图5-34所示。

	摘要	直接材料	直接人工	制造费用	合计
1	第二步骤生产费用表				
2	摘要	直接材料	直接人工	制造费用	合计
3	月初在产品成本		378	802	1,180
4	本月生产费用		2,310	1,150	3,460

图5-34 第二步骤生产费用表

（3）第二步骤基本生产成本明细账。完成第二步骤生产数量表、第二步骤生产
费用表录入后，第二步骤基本生产成本明细账各成本项目数据在Excel表格中自动生
成。具体情况如图5-35所示。

	月	日	摘要	直接材料	直接人工	制造费用	合计
1	第二步骤基本生产成本明细账						
2	半成品：B半成品						
3	月	日	摘要	直接材料	直接人工	制造费用	合计
4	3	1	月初在产品成本		378	802	1,180
5		31	本月生产费用		2,310	1,150	3,460
6		31	生产费用合计		2,688	1,952	4,640
7		31	最终完工产成品产量		200	200	200
8		31	月末广义在产品约当产量		120	120	
9		31	约当总量		320	320	
10		31	费用分配率		8.40	6.10	14.50
11		31	计入完工产成品成本份额		1,680	1,220	2,900
12		31	月末在产品成本		1,008	732	1,740

图5-35 第二步骤基本生产成本明细账

（三）第三步骤应计入入产成品成本份额计算

以第一步骤成本核算表为模板，复制生成第三步骤成本核算表，包括第三步骤
生产数量表、第三步骤生产费用表以及第三步骤基本生产成本明细账。

	A	B	C
1	第三步骤生产数量表		
2	项目		数量
3	月初在产品		80
4	本月投入或上步骤转入半成品		200
5	本月完工半成品或产成品		200
6	最终完工产品		200
7	月末广义在产品	本步骤	80
8		后面步骤	
9	在产品投料程度		100%
10	在产品完工程度		60%

图 5-36　第三步骤生产数量表

（1）第三步骤生产数量表，具体数据根据企业实际数据（见表5-4）直接录入。录入后如图5-36所示。

（2）第三步骤生产费用表，具体数据根据企业第三步骤实际数据（见表5-5）直接录入，录入后如图5-37所示。

	A	B	C	D	E
1	第三步骤生产费用表				
2	摘要	直接材料	直接人工	制造费用	合计
3	月初在产品成本		676	440	1,116
4	本月生产费用		1,680	1,420	3,100

图 5-37　第三步骤生产费用表

（3）第三步骤基本生产成本明细账。完成第三步骤生产数量表、第三步骤生产费用表录入后，第三步骤基本生产成本明细账各成本项目数据在 Excel 表格中自动生成。具体情况如图5-38所示。

	A	B	C	D	E	F	G
1	第三步骤基本生产成本明细账						
2	产成品：甲产品						
3	月	日	摘要	直接材料	直接人工	制造费用	合计
4	3	1	月初在产品成本		676	440	1,116
5		31	本月生产费用		1,680	1,420	3,100
6		31	生产费用合计		2,356	1,860	4,216
7		31	最终完工产品产量		200	200	200
8		31	月末广义在产品约当产量		48	48	
9		31	约当总量		248	248	
10		31	费用分配率		9.50	7.50	17.00
11		31	计入完工产品成本份额		1,900	1,500	3,400
12		31	月末在产品成本		456	360	816

图 5-38　第三步骤基本生产成本明细账

（四）产成品成本汇总

设置完工产成品成本汇总表。将第一、第二、第三步骤基本生产成本明细账中计入完工产成品成本份额直接引入完工产成品成本汇总表，并计算完工产成品总成本和单位成本。

计算结果如图5-39所示。

完工产成品成本汇总表操作视频

	A	B	C	D	E
1	完工产成品成本汇总表				
2	产成品：甲产品	产量	200件		
3	摘要	直接材料	直接人工	制造费用	合计
4	第一步骤转入份额	1,372	1,040	940	3,352
5	第二步骤转入份额		1,680	1,220	2,900
6	第三步骤转入份额		1,900	1,500	3,400
7	总成本	1,372	4,620	3,660	9,652
8	单位成本	6.86	23.10	18.30	48.26

图 5-39　甲产品成本汇总表

操作提示

● 以第一步骤转入份额为例，直接材料项目选中B4单元格，输入公式"='［第一步骤成本核算表.xlsx］第一步骤基本生产成本明细账'!$D$11"；直接人工项目选中C4单元格，输入公式"='［第一步骤成本核算表.xlsx］第一步骤基本生产成本明细账'!$E$11"；制造费用项目选中D4单元格，输入公式"='［第一步骤成本核算表.xlsx］第一步骤基本生产成本明细账'!$F$11"。

降本增效

5G成降本提质增效"利器"

走进江西南昌青山湖区的华兴针织实业有限公司（简称：华兴针织）的5G智慧工厂的5G生产调度监控中心，实时收集、精准分析后的工厂数据在屏幕上清晰呈现，5G为复杂的设备装上了"眼睛"和"大脑"，让车间工作环境和作业方式焕然一新。

于变局中育新局。"三件出口文化衫，一件来自青山湖。"南昌市青山湖区是全国第四大针织服装类产业基地，有着"中国针织服装名城"的美称，全区2 000余家针织服装企业年产约450亿元。华兴针织作为其中的龙头代表，是一家集研发、设计、织造、成衣生产等于一体的多元化外贸出口型服装企业。2020年，全区海外订单遭遇腰斩式暴跌，企业招工困难，人工成本不断上涨，材料成本也居高不下。中国联通南昌市分公司准确捕捉客户需求，引导华兴针织创新求变。借助中国联通技术支撑，华兴针织建成5G智慧工厂，产线改造后，年销售额预计将在原基础上翻一番，达到10亿元。

传统纺织"鸟枪换炮"。走进华兴针织5G整烫包装生产车间，放眼看去，各类机器马力全开，自动吊挂、自动分拣、自动熨烫、自动包装、自动装箱、自动码垛打标等各条生产线紧张有序地运行。整个生产车间部署了中国联通5G专网，分拣储存、分拣装箱等数据交互，5G工业网关、相关数据采集模组、5G MEC边缘云、AI机器视觉扫码标识解析系统，通过和生产大数据看板工业大脑连接，发挥5G大带宽、低时延的特性，让车间由传统的人工向智能化、数字化转型。

在智能熨烫整形区，通过联通5G对全自动熨烫整形机设备状态、温度、熨烫数量等数据进行传输，根据衣物类别，分类送入温度不同的熨烫设备，有效减少了人力投入、减少了生产安全事故的发生。在二次分拣区，衣物熨烫后顺着自动吊挂，运输至等待包装区二次分配，依据编码有效规整。在自动包装折叠区，采用自动包装机融入5G技术，可以实时了解包装速度、成品包装量。在自动验针与分拣装箱区，通过标识体系进行识别，对衣物是否有针头残留进行记录并告警，将正确的衣物根据相应编码依次装入正确的包装箱内，大大节省了人工，提升了效率。

降本增效焕新生。华兴针织5G智慧工厂以中国联通5G专网为基础，将工厂基础资料集中管理，客户与员工信息、设备与产品、原料信息、供应商信息等企业管理数据和生产数据、设备重要参数等实时展现于工业智脑看板，便于管理者进行实时的数据监看与分析，随时掌握产线重要数据，进行决策与诊断。

华兴针织5G智慧工厂运行以来，企业整烫包装车间所需人员由300人减少至100人，节约了成本，提高了生产效率，产线日整烫包装由原来5万件提升至10万件，效率提升100%。

中国是世界第一纺织大国，相关产业链吸纳就业人数超过1 900万人，规模大、痛点多、链条长，发展工业互联网、以智能制造赋能产业升级显得尤为急迫。搭建5G专网与工业互联网标识体系，将5G技术及相关应用融入工业产线，发挥5G专网低时延、安全稳定等特性，使得产线数据及时与数据机房边缘云进行交互运算，决策更加高效，成功为企业提质增效赋能。

岗课赛证融通同步训练

一、单选题

1. 分步法是指以（　　　）作为成本核算的对象，来归集生产成本，计算产品生产成本的方法。

 A. 生产步骤   B. 产品品种及所经过的生产步骤

 C. 车间种类   D. 订单、订单批次

2. 可采用分步法核算产品成本的典型企业是（　　　）。

 A. 服装厂   B. 纺织厂

 C. 精密仪器厂   D. 造船厂

3. 在逐步结转分步法下，完工产品和月末在产品之间的费用分配是指在（　　　）之间进行费用分配。

 A. 产成品与广义在产品

 B. 产成品与月末在产品

 C. 完工半成品与广义在产品

 D. 上一步骤完工半成品与加工中的在产品，以及最后步骤的产成品与加工中的在产品

4. 逐步结转分步法适用于（　　　）生产的企业。

A. 大量大批单步骤

B. 大量大批装配式多步骤

C. 大量大批，管理上需要计算半成品成本的多步骤

D. 大量大批，管理上不需要计算半成品成本的多步骤

5. 需要进行成本还原的成本核算方法是（　　　）。

A. 品种法

B. 平行结转分步法

C. 逐步综合结转分步法

D. 逐步分项结转分步法

6. 采用综合结转分步法计算产品成本时，若该企业有三个生产步骤，则需进行成本还原的次数为（　　　）。

A. 一次

B. 二次

C. 三次

D. 四次

7. 成本还原的对象是（　　　）。

A. 完工产品成本

B. 完工产品成本中的直接人工

C. 完工产品成本中所耗上一步骤半成品的成本

D. 各步骤所耗上一步骤半成品的综合成本

8. 在平行结转分步法下，完工产品与月末在产品之间的费用分配是指（　　　）之间的费用分配。

A. 完工产品与广义在产品

B. 完工产品与狭义在产品

C. 各步骤完工半成品与广义在产品

D. 各步骤完工产成品与狭义在产品

9. 在大量大批多步骤生产的企业中，采用平行结转分步法计算产品成本的关键条件是（　　　）。

A. 不需要计算半成品成本

B. 必须是连续式多步骤企业

C. 必须是装配式多步骤企业

D. 必须提供原始成本项目反映的产成品成本资料

10. 平行结转分步法中的在产品是指（　　　）。

A. 本步骤的在产品   B. 最终步骤的在产品

C. 狭义在产品   D. 广义在产品

二、多选题

1. 下列成本计算方法中，成本计算期与会计报告期一致的是（　　　）。

A. 分批法

B. 品种法

C. 逐步结转分步法

D. 平行结转分步法

2. 分步法的特点是（　　　）。

A. 按照产品的种类计算产品成本

B. 按照产品的批次计算产品成本

C. 按照产品的生产步骤计算产品成本

D. 按照产品的订单计算产品成本

3. 下列企业中，一般可以采用分步法进行产品成本核算的是（　　　）。

A. 化工企业   B. 纺织企业

C. 冶金企业   D. 造纸企业

4. 按照结转半成品成本在下一步骤产品成本中反映方法的不同，可将逐步结转分步法分为（　　　）。

A. 逐步综合结转分步法   B. 逐步分项结转分步法

C. 按实际成本结转   D. 按计划成本结转

5. 逐步分项结转分步法的缺点是（　　　）。

A. 成本核算、结转和登记的工作量很大

B. 无法显示各步骤完工产品所耗上一步骤半成品的成本

C. 不便于计算各步骤完工产品成本

D. 需要进行成本还原

6. 某一生产步骤的广义在产品包括（　　　）。

A. 还在本步骤中加工的在产品

B. 全部加工中的在产品和半成品

C. 转入后续步骤半成品库中的半成品

D. 已从半成品库中转入后续步骤进行加工、尚未最终完工的在产品

7. 采用逐步结转分步法需要提供各个步骤半成品成本资料的原因是(　　　　　)。

A. 半成品需要进行同行业的评比

B. 半成品可以为集中产品所耗用

C. 适应实行企业内经济核算或责任会计的企业需要

D. 各生产步骤的半成品可以自用，也可以对外销售

8. 采用平行结转分步法计算产品成本的原因是 (　　　　　)。

A. 管理上不需要计算半成品成本

B. 为了加速和简化成本计算工作

C. 为了加强成本管理上的经济责任制

D. 为了全面分析各步骤生产耗费水平

9. 计算成本还原分配率时所用的是 (　　　　　)。

A. 本月产成品所耗上一步骤半成品成本合计

B. 本月产成品所耗本步骤半成品成本合计

C. 本月生产该种半成品成本合计

D. 上月生产该种半成品成本合计

10. 与逐步结转分步法相比较，平行结转分步法的缺点有 (　　　　　)。

A. 不能同时计算各步骤产品成本

B. 不能使各步骤的生产耗费情况得到全面反映

C. 不能为各步骤在产品的实物管理和资金管理提供核算资料

D. 不能直接提供按原始成本反映的产成品成本资料

三、判断题

1. 产品成本核算分步法中的"分步"应与实际生产步骤完全一致。(　　　)

2. 平行结转分步法下，不需要通过"自制半成品"账户进行总分类核算。(　　　)

3. 逐步结转分步法只适用于大量大批连续式生产的企业。(　　　)

4. 平行结转分步法是为了计算半成品成本而采用的一种分步法。(　　　)

5. 凡是尚未最后完工的产品都是广义在产品。(　　　)

6. 采用分项结转分步法结转半成品成本，可在各步骤的完工产品成本中反映出

所耗上一步骤半成品成本和本步骤的加工费用的水平。（　　）

7. 在平行结转分步法下，按照成本项目平行结转，汇总各步骤成本中应计入产成品成本的份额，因此不用进行成本还原。（　　）

8. 采用综合结转分步法计算出的各步骤半成品成本，可以为半成品的对外销售提供成本资料。（　　）

9. 采用逐步综合结转分步法有利于从企业角度考核和分析产品成本的结构。（　　）

10. 平行结转分步法只适用于大量大批装配式生产的企业。（　　）

四、业务题

资料：锡林公司大量生产甲产品，该产品生产需要两个生产步骤，分别由第一生产车间和第二生产车间完成生产。其中第一生产车间生产的半成品全部由第二车间耗用，要求采用分步法计算完工产品成本，其他相关资料如下：

（1）甲产品产量及完工程度资料见表5-6。

表5-6　甲产品产量及完工程度表

单位：件

项目	第一生产车间	第二生产车间
月初在产品	250	190
本月投入或转入	1 600	1 800
本月完工转出	1 750	2 000
月末在产品	100	90
完工程度	50%	40%

（2）第一步骤所需的原材料及第二步骤所需的原材料和半成品均在生产开始时一次性投入，两个步骤的直接人工和制造费用均随完工程度发生。

（3）第一步骤和第二步骤的月初在产品成本和本月发生的生产费用，见表5-7、表5-8。

表5-7 第一步骤生产成本明细账

金额单位：元

项目	直接材料	直接人工	制造费用	合计
月初在产品成本	25 800	15 000	12 200	53 000
本月本步骤生产费用	123 120	84 957	46 573	254 650
生产费用合计				
最终完工产品产量				
本步骤广义在产品约当产量				
费用分配率				
应计入产成品的份额				
月末在产品成本				

表5-8 第二步骤生产成本明细账

金额单位：元

项目	直接材料	直接人工	制造费用	合计
月初在产品成本		12 300	7 150	19 450
本月本步骤生产费用		57 120	35 570	92 690
生产费用合计				
最终完工产品产量				
本步骤广义在产品约当产量				
费用分配率				
应计入产成品的份额				
月末在产品成本				

要求：（1）采用平行结转分步法，完成第一步骤、第二步骤生产成本明细账（见表5-7、表5-8）的填制，并最终结转汇总完工产品成本，填制完工产成品成本汇总表（见表5-9）。

表5-9 完工产成品成本汇总表

产成品：甲产品 单位：元

项目	直接材料	直接人工	制造费用	合计
第一步骤转入份额				
第二步骤转入份额				
总成本				
单位成本				

（2）采用逐步结转分步法（综合结转），完成第一步骤、第二步骤生产成本明细账（见表5-10、表5-11）的填制，并通过半成品成本还原分配率还原法进行成本还原，最终完成还原后产成品成本总成本和单位成本的计算（见表5-12）。

表5-10 第一步骤生产成本明细账

金额单位：元

项目	直接材料	直接人工	制造费用	合计
月初在产品成本	25 800	15 000	12 200	53 000
本月生产费用	123 120	84 957	46 573	254 650
生产费用合计				
完工半成品数量				
月末在产品约当产量				
约当总量				
费用分配率				
完工半成品成本				
月末在产品成本				

表5-11 第二步骤生产成本明细账

金额单位：元

项目	直接材料	直接人工	制造费用	合计
月初在产品成本	8 000	12 300	7 150	
本月生产费用		57 120	35 570	

项目	直接材料	直接人工	制造费用	合计
生产费用合计				
完工半成品数量				
月末在产品约当产量				
约当总量				
费用分配率				
完工半成品成本				
月末在产品成本				

表5-12 完工产成品成本还原表

产成品：甲产品　　　　　　　　　　　　　　　　　　　　　　　　金额单位：元

项目	还原前产成品总成本	第一次还原			还原后产成品各项目成本	还原后产成品单位成本
		本月完工半成品成本	成本还原分配率	产成品耗用半成品成本		
完工产品产量						
耗用上步骤半成品成本						
直接材料						
直接人工						
制造费用						
合计						

产品成本核算分批法的应用

学习目标

素养目标

◆ 培养采用分批法进行成本计算的能力和对成本数据进行分析的能力，为企业产品成本决策提供支持。

◆ 培养良好的责任心，确保成本数据准确无误。

◆ 培养良好的学习能力和适应能力，不断提升知识水平，为企业成本管理服务。

知识目标

◆ 了解分批法的概念、种类、特点和适用范围。

◆ 掌握分批法的成本计算程序和方法。

◆ 了解简化分批法的概念和适用范围。

◆ 掌握简化分批法的成本计算程序和方法。

技能目标

◆ 能够运用分批法计算产品成本。

◆ 能够应用 Excel 建立分批法成本计算模型，并计算产品成本。

◆ 能够运用简化分批法计算产品成本。

◆ 能够应用 Excel 建立简化分批法成本计算模型，并计算产品成本。

【思维导图】

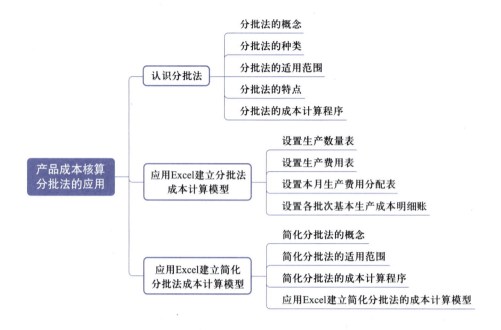

项目6 Excel
原始表格下
载

　　产品成本核算的分批法是成本核算的基本方法之一。在分批法下，所有的生产费用要根据产品的订单和批次来归集，成本计算期与产品生产周期基本一致，一般不存在完工产品与在产品之间分配费用的问题。

任务1　认识分批法

一、分批法的概念

　　分批法是指以产品的批次作为产品成本的核算对象，归集和分配生产费用，计算产品成本的一种方法，也称为订单法。

二、分批法的种类

　　根据采用的间接计入费用分配方法的不同，分批法可分成一般分批法和简化分批法。

（一）一般分批法

一般分批法采用当月分配率来分配间接计入费用，是分批计算月末在产品成本的分批法。

（二）简化分批法

简化分批法采用累计分配率来分配间接计入费用，是不分批计算月末在产品成本的分批法，是一般分批法的简化形式。

分批法的种类如图6-1所示。

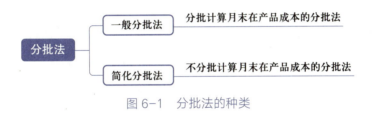

图 6-1　分批法的种类

三、分批法的适用范围

分批法主要适用于单件、小批生产的企业，如造船、重型机器制造、精密仪器制造等企业，也可用于企业新产品的试制、在建工程、机器设备修理作业以及辅助生产的工具、器具、模具的制造等。

单件小批生产的企业，生产往往是按照客户的订单组织生产。客户订单订购的产品常常种类不同、规格不一，采用的原料及制造方法、定做的数量各异，具体要求也有所不同，必须区别不同的订单来归集费用、核算成本。有些小批单件生产企业不是按照客户订单而是根据自己的生产计划，即根据企业事先确定的产品种类、规格，单件或小批组织生产，由于每件或各批产品的种类、规格各不相同，也要求分批计算各批产品成本。

四、分批法的特点

分批法的特点包括三个方面：

一是成本核算对象是产品的批次。产品批次大多是根据销货订单确定的，因此，又称订单法。成本核算对象是客户订单或企业规定的产品批次。

二是成本计算期即产品的生产周期。产品成本的计算是与生产任务通知单的签发和结束紧密结合的，因此产品成本计算周期与生产周期基本一致，与会计报告期不一致。

三是生产费用一般不需要在完工产品和在产品之间分配。由于成本计算期与产品的生产周期基本一致，因此在计算月末产品成本时，一般不存在在完工产品和在产品之间分配成本的问题。

具体情况是：如果是单件生产，产品完工以前，产品成本明细账所计的生产费用都是在产品成本，产品完工时，产品成本明细账所计的生产费用，就是完工产品成本，因而在月末计算成本时，不存在完工产品与在产品之间分配生产费用的问题；如果是小批生产，一般也不存在在完工产品与在产品之间分配生产费用的问题；如果批内产品跨月陆续完工，月末就要在完工产品与在产品之间分配生产费用。

五、分批法的成本计算程序

（1）按产品批次设置产品基本生产成本明细账、辅助生产成本明细账。

（2）根据生产费用原始凭证等资料编制要素费用分配表，分配和归集各批次产品生产成本。

（3）月末根据完工批次产品的完工通知单，将计入已完工的该批产品的成本明细账所归集的生产费用，按成本项目汇总，计算出该批完工产品的总成本和单位成本。

📱 实践技能训练

请判断以下企业采用哪种成本计算方法进行产品成本计算。

甲公司是一家重型机械企业，因需要根据客户需求进行定制化生产，每批生产的数量较少，甚至会出现单件生产的订单。整个生产过程复杂且周期较长，通常需要半年以上的时间生产一批产品。

解答：甲公司成本计算应采用＿＿＿＿＿＿＿＿＿（方法）。

任务 2　应用 Excel 建立分批法成本计算模型

采用分批法核算产品成本的企业，产品成本明细账按照产品批次（或订单）设置，要素费用分配、辅助生产费用分配以及制造费用分配等同品种法。月末如果存在批内产品跨月陆续完工情况，月末就要在完工产品与在产品之间分配生产费用，分配方法也同品种法。分批法成本核算同样涉及大量表格，应用 Excel 建立分批法成本计算模型能够大大提高成本计算的工作效率。

【案例 6-1】某仪器制造企业生产甲、乙两种产品，采用小批生产形式，采用分批法计算产品成本。501 批次甲产品 8 月投产，没有完工产品，20 台产品 9 月全部完工；601 批次乙产品 9 月投产，原材料采用一次投入方式，完工 8 台，2 台尚未完工，在产品完工程度为 50%，生产费用在完工产品与在产品之间采用约当产量法进行分配。产品生产资料、501 批次甲产品月初在产品成本资料和 9 月生产费用如表 6-1 至表 6-3 所示。

表6-1　产品生产资料

时间：2023 年 9 月　　　　　　　　　　　　　　单位：台

产品批次	产品名称	开工日期	批量	完工数量	
				8 月	9 月
501	甲产品	8 月	20		20
601	乙产品	9 月	10		8

表6-2　501批次甲产品月初在产品成本资料

时间：2023年9月　　　　单位：元

产品批次	产品名称	直接材料	直接人工	燃料动力	制造费用	合计
501	甲产品	20 000	4 500	3 000	1 500	29 000

表6-3　本月生产费用

时间：2023年9月　　　　单位：元

产品批次	产品名称	直接材料	生产工时 / 小时	直接人工	燃料动力	制造费用
501	甲产品	140 000	8 000	60 000	25 000	16 000
601	乙产品	150 000	9 000			
合计		290 000	17 000	60 000	25 000	16 000

要求：采用分批法计算501、601两个批次产品的生产成本，本月生产费用分配率、单位成本保留小数点后2位，其余费用数据保留整数。

利用Excel建立分批法成本核算表，包括生产数量表、生产费用表、本月生产费用分配表和各批次基本生产成本明细账。

一、设置生产数量表

生产数量表具体数据根据企业产品生产资料（见表6-1）录入。录入后如图6-2所示。

	A	B	C
1	生产数量表		
2	2023年9月		
3	项目	数量	
4		501批次	601批次
5	月初在产品	20	
6	本月投产		10
7	本月完工	20	8
8	月末在产品		2
9	月末在产品投料程度		100%
10	月末在产品完工程度		50%

图6-2　生产数量表

二、设置生产费用表

生产费用表具体数据根据501批次甲产品月初在产品成本资料及本月生产费用（见表6-2、表6-3）录入。录入后如图6-3所示。

		C	D	E	F	G
1	生产费用表					
2	2023年9月					
3	摘要		直接材料	生产工时	直接人工	燃料动力	制造费用
4	月初在产品成本	501批次	20,000		4,500	3,000	1,500
5	本月生产费用	501批次	140,000	8,000			
6		601批次	150,000	9,000	60,000	25,000	16,000
7		合计	290,000	17,000			

图6-3　生产费用表

三、设置本月生产费用分配表

归集的生产费用如果是单一批次产品发生的，属于直接计入费用，直接计入该批次基本生产成本明细账；归集的生产费用如果是各批次产品共同发生的，属于间接计入费用，需按照一定的方法在各批次产品之间进行分配。生产费用分配表如图6-4所示，具体操作如下。

设置本月生产费用分配表操作视频

	A	B	C	D	E	F	G
1	本月生产费用分配表						
2	时间：2023年9月						
3	摘要		直接材料	直接人工	燃料动力	制造费用	合计
4	本月生产费用	501批次	140,000	60,000	25,000	16,000	391,000
5		601批次	150,000				
6	本月生产工时	501批次					8,000
7		601批次					9,000
8		合计					17,000
9	本月生产费用分配率			3.53	1.47	0.94	
10	计入各批次产品成本金额	501批次	140,000	28,235	11,765	7,529	187,529
11		601批次	150,000	31,765	13,235	8,471	203,471

图6-4　本月生产费用分配表

（1）本月生产费用，各项目数据从生产费用表中对应项目引入。

（2）本月生产工时，仅在合计列中填列，相关数据从生产费用表中对应项目引入。

（3）本月生产费用分配率，除直接材料项目以外，其他成本项目本月生产费用按照工时在各批次产品之间进行分配，计算公式如下：

$$\text{各成本项目本月生产费用分配率} = \text{该成本项目本月生产费用合计} \div \text{本月生产工时合计}$$

（4）计入各批次产品成本金额，直接材料属于直接计入费用，其他成本项目按照各批次生产工时与该项目本月生产费用分配率乘积计算填入。

> **操作提示**
>
> ● 501 批次直接材料项目选中 C10 单元格，输入公式"＝C4"；601 批次直接材料项目选中 C11 单元格，输入公式"＝C5"。
>
> ● 501 批次直接人工项目选中 D10 单元格，输入公式"＝G6*D9"；燃料动力项目选中 E10 单元格，输入公式"＝G6*E9"；制造费用项目选中 F10 单元格，输入公式"＝G6*F9"；选中 C10 至 G10 单元格，求和。
>
> ● 601 批次直接人工项目选中 D11 单元格，输入公式"＝G7*D9"；批次燃料动力项目选中 E11 单元格，输入公式"＝G7*E9"；制造费用项目选中 F11 单元格，输入公式"＝G7*F9"；选中 C11 至 G11 单元格，求和。
>
> ● 如果本月生产费用分配率是四舍五入的结果，601 批次各成本项目金额用倒挤的方式计算。

完成以上步骤后，生成本月生产费用分配表。

四、设置各批次基本生产成本明细账

设置 501 批次基本生产成本明细账和 601 批次基本生产成本明细账，各明细账下设置直接材料、直接人工、燃料动力、制造费用成本项目。

（一）501 批次基本生产成本明细账

501 批次产品，8 月投产，9 月全部完工，归集和分配转入的全部生产费用即为完工产品成本，月末不存在完工产品和在产品成本划分；相关数据根据生产费用表和本月生产费用分配表引入，501 批次基本生产成本明细账如图 6-5 所示。具体操作如下：

设置 501 批次基本生产成本明细账操作视频

	A	B	C	D	E	F	G	H
1			基本生产成本明细账					
2	产品批次：501			产品批量：20台		投产时间：2023年8月		
3	产品名称：甲产品			完工数量：20台		完工时间：2023年9月		单位：元
4	月	日	摘要	直接材料	直接人工	燃料动力	制造费用	合计
5	9	1	月初在产品成本	20,000	4,500	3,000	1,500	29,000
6		30	本月生产费用	140,000	28,235	11,765	7,529	187,529
7		30	生产费用合计	160,000	32,735	14,765	9,029	216,529
8		30	单位成本	8,000.00	1,636.76	738.24	451.47	10,826.47
9		30	完工产品成本	160,000	32,735	14,765	9,029	216,529

图 6-5　501 批次基本生产成本明细账

（1）月初在产品成本，各成本项目数据从生产费用表对应项目引入。

> **操作提示**
>
> - 直接材料项目，选中 D5 单元格，输入公式 "=' 生产费用表 '!C4"。
> - 直接人工项目，选中 E5 单元格，输入公式 "=' 生产费用表 '!E4"。
> - 燃料动力项目，选中 F5 单元格，输入公式 "=' 生产费用表 '!F4"。
> - 制造费用项目，选中 G5 单元格，输入公式 "=' 生产费用表 '!G4"。

（2）本月生产费用，各成本项目数据从本月生产费用分配表对应项目引入。

> **操作提示**
>
> - 直接材料项目，选中 D6 单元格，输入公式 "=' 本月生产费用分配表 '!C10"。
> - 直接人工项目，选中 E6 单元格，输入公式 "=' 本月生产费用分配表 '!D10"。
> - 燃料动力项目，选中 F6 单元格，输入公式 "=' 本月生产费用分配表 '!E10"。
> - 制造费用项目，选中 G6 单元格，输入公式 "=' 本月生产费用分配表 '!F10"。

（3）生产费用合计，由各成本项目月初在产品成本与本月生产费用合计计算得到。

（4）单位成本，由各成本项目生产费用合计除以该批次产品数量计算得到。

（5）完工产品成本，由完工产品数量与各成本项目单位成本相乘计算得到。

完成以上步骤后，生成 501 批次基本生产成本明细账。

（二）601 批次基本生产成本明细账

601 批次产品，9 月投产，9 月末部分产品完工，月初没有在产品，月末有未完工的在产品，需要将归集和分配转入的全部生产费用在完工产品和在产品之间进行分配（本任务采用约当产量法）；相关数据根据生产费用表和本月生产费用分配表引入，具体操作同前例，生成的 601 批次基本生产成本明细账如图 6-6 所示。

		基本生产成本明细账					
产品批次：601			产品批量：10台		投产时间：2023年9月		
产品名称：乙产品			完工数量：8台		完工时间：		单位：元
月	日	摘要	直接材料	直接人工	燃料动力	制造费用	合计
9	30	本月生产费用	150,000	31,765	13,235	8,471	203,471
	30	生产费用合计	150,000	31,765	13,235	8,471	203,471
	30	完工产品数量	8	8	8	8	
	30	月末在产品约当产量	2	1	1	1	
	30	约当总量	10	9	9	9	
	30	单位成本	15,000.00	3,529.41	1,470.59	941.18	20,941.18
	30	完工产品成本	120,000	28,235	11,765	7,529	167,529
	30	月末在产品成本	30,000	3,529	1,471	941	35,941

图 6-6　601 批次基本生产成本明细账

任务 3　应用 Excel 建立简化分批法成本计算模型

一、简化分批法的概念

简化分批法也称不分批计算在产品成本的分批法，是指在计算各批次产品的成本时，只对完工的各批次产品分配结转燃料动力、直接人工及制造费用等加工成本；对未完工的各批次产品，不分配加工成本，也不计算在产品成本，而是将其累计起来，在基本生产成本二级账中以总额反映。

简化分批法的成本核算对象为产品的批次，在进行成本计算时，可直接归属于产品成本的生产费用不需要在不同批次产品之间进行分配，成本计算的重点在于间接计入费用的归集和分配。

产品完工前，只按月登记直接计入费用和生产工时，发生的间接计入费用，在基本生产成本二级账中按成本项目分别累计起来；产品完工时，在有完工产品的月份，对完工产品按照其累计工时的比例分配间接计入费用，计算完工产品成本。

二、简化分批法的适用范围

在单件小批生产的企业或车间，同一月份投产的产品批次往往很多，有的多至几十批甚者上百批，且月末未完工的批数也较多。在这种情况下，如果采用一般分批法计算各批产品成本，将当月发生的加工成本全部分配给各批产品，而不管各批产品是否完工，各种加工成本在各批产品的分配和登记工作就极为繁重。由此，为了简化核算，在这类企业或车间就可以采用简化分批法。

简化分批法适用于产品订单多、生产周期长、小批单件生产的企业或车间，且实际每月完工的订单不多的情况。

三、简化分批法的成本计算程序

（一）按产品批次设置基本生产成本明细账

按产品批次设置基本生产成本明细账，并分别按成本项目设置专栏，平时账内只登记直接计入费用（单一批次耗用的生产费用）和生产工时。

（二）设置基本生产成本二级账

按照全部产品设置一个基本生产成本二级账，归集反映企业投产的所有批次产品在生产过程中所发生的各项费用和累计生产工时。开设基本生产成本二级账是简化分批法的一个显著特点。

（三）生产费用和生产工时的归集和分配

（1）根据本月原材料费用分配表及生产工时记录，将各批次产品耗用的直接材料费用和耗用的生产工时分别记入各批次产品基本生产成本明细账和基本生产成本二级账。

（2）根据职工薪酬及其他费用的分配表或汇总表将本月发生的直接人工、燃料动力、制造费用等间接计入费用，不分批次地记入基本生产成本二级账。

（3）通过基本生产成本二级账，将各项累计间接计入费用采用适当的分配方法在完工产品和全部在产品之间进行分配；计算完工产品应负担的间接计入费用和直接计入费用。

（4）将各批次完工产品承担的直接计入费用和间接计入费用从基本生产成本二级账转入各批次产品基本生产成本明细账，结转后，基本生产成本二级账余额为全部各批次在产品各成本项目费用及累计生产工时。

四、应用Excel建立简化分批法的成本计算模型

【案例6-2】某企业生产甲、乙、丙三种产品，属于小批生产，产品批次多、生产周期长，月末经常有大量未完工产品批次。为简化成本核算工作，企业采用简化分批法计算产品成本。月末完工产品与在产品成本分配采用约当产量法，直接材料系开工时一次投入，在产品完工程度为50%，5月、6月相关生产资料如表6-4至表6-8所示。

表6-4 产品生产资料

时间：2023年6月　　　　　　　　　　　　　　　　　　　单位：件

产品批次	产品名称	开工日期	批量	完工数量	
				5月	6月
201	甲产品	5月	700		700
301	乙产品	5月	600		500
401	丙产品	6月	500		

表6-5 基本生产成本二级账

金额单位：元

2023年		摘要	直接材料	生产工时/小时	直接人工	燃料动力	制造费用	合计
月	日							
6	1	月初余额	50 000	1 000	7 500	9 000	3 500	70 000

表6-6　基本生产成本明细账

产品批次：201　　　　　　　　产品批量：700件　　　　　　　投产日期：2023年5月

产品名称：甲产品　　　　　　　完工数量：　　　　　　　　　　完工日期：2023年6月

金额单位：元

2023年		摘要	直接材料	生产工时/小时	直接人工	燃料动力	制造费用	合计
月	日							
6	1	月初余额	20 000	600				20 000

表6-7　基本生产成本明细账

产品批次：301　　　　　　　　产品批量：600件　　　　　　　投产日期：2023年5月

产品名称：乙产品　　　　　　　完工数量：　　　　　　　　　　完工日期：

金额单位：元

2023年		摘要	直接材料	生产工时/小时	直接人工	燃料动力	制造费用	合计
月	日							
6	1	月初余额	30 000	400				30 000

表6-8　6月发生生产费用资料

金额单位：元

产品	直接材料	生产工时/小时		直接人工	燃料动力	制造费用
		本月发生	完工产品工时			
201批次甲产品	120 000	8 000	8 600			
301批次乙产品	150 000	6 000	5 500	60 000	20 000	18 000
401批次丙产品	300 000	4 000				
合计	570 000	18 000	14 100	60 000	20 000	18 000

要求：采用简化分批法计算201、301、401三个批次产品的生产成本，费用分配率、单位成本保留小数点后2位，其余费用数据保留整数。

利用Excel建立简化分批法成本核算单，包括生产数量表、生产费用表、基本生产成本二级账、各批次产品基本生产成本明细账。

（一）设置生产数量表

生产数量表具体数据根据企业产品生产资料（见表6-4）直接录入，录入后如图6-7所示。

	项目	数量		
		201批次	301批次	401批次
生产数量表				
2023年6月				
月初在产品		700	600	
本月投产				500
本月完工		700	500	
月末在产品			100	500
月末在产品投料程度			100%	100%
月末在产品完工程度			50%	50%

图6-7　生产数量表

（二）设置生产费用表

生产费用表具体数据根据企业实际数据（见表6-5至表6-8）直接录入，录入后如图6-8所示。

摘要		直接材料	生产工时		直接人工	燃料动力	制造费用
			本月发生	完工产品耗用			
月初在产品成本	201批次	20,000	600		7,500	9,000	3,500
	301批次	30,000	400				
本月生产费用	201批次	120,000	8,000	8,600	60,000	20,000	18,000
	301批次	150,000	6,000	5,500			
	401批次	300,000	4,000				
	合计	570,000	18,000	14,100			

图6-8　生产费用表

（三）设置基本生产成本二级账

基本生产成本二级账如图6-9所示，各项目填列具体操作如下：

设置基本生产成本二级账操作视频

	A	B	C	D	E	F	G	H	I	J
1			基本生产成本二级账							
2	月	日	摘要		直接材料	生产工时	直接人工	燃料动力	制造费用	合计
3	6	1	月初在产品成本	201批次	20,000	600				
4		1	月初在产品成本	301批次	30,000	400	7,500	9,000	3,500	70,000
5		1	月初在产品成本	合计	50,000	1,000				
6		30	本月生产费用	201批次	120,000	8,000				
7		30	本月生产费用	301批次	150,000	6,000	60,000	20,000	18,000	668,000
8		30	本月生产费用	401批次	300,000	4,000				
9		30	本月生产费用	合计	570,000	18,000				
10		30	生产费用合计		620,000	19,000	67,500	29,000	21,500	738,000
11		30	累计间接计入费用分配率				3.55	1.53	1.13	
12		30	本月完工产品转出	201批次	140,000	8,600	30,553	13,126	9,732	193,411
13		30	本月完工产品转出	301批次	150,000	5,500	19,539	8,395	6,224	184,158
14		30	本月完工产品转出	合计	290,000	14,100	50,092	21,521	15,955	377,568
15		30	月末在产品成本		330,000	4,900	17,408	7,479	5,545	360,432

图 6-9 基本生产成本二级账

（1）月初在产品成本，各批次产品各成本项目数据由上月结转，本任务相关数据从生产费用表对应项目引入。

操作提示

● 201 批次直接材料项目选中 E3 单元格，输入公式 "=' 生产费用表 '!C5"；生产工时选中 F3 单元格，输入公式 "=' 生产费用表 '!D5"。

● 301 批次直接材料项目选中 E4 单元格，输入公式 "=' 生产费用表 '!C6"；生产工时选中 F4 单元格，输入公式 "=' 生产费用表 '!D6"。

● 选中 E3 至 E5 单元格，求和；选中 F3 至 F5 单元格，求和。

● 月初在产品直接人工项目选中 G3 单元格，输入公式 "=' 生产费用表 '!F5"；燃料动力项目选中 H3 单元格，输入公式 "=' 生产费用表 '!G5"；制造费用项目选中 I3 单元格，输入公式 "=' 生产费用表 '!H5"。

● 选中 J3 单元格，输入公式 "= E5 + G3 + H3 + I3"。

（2）本月生产费用，各批次产品各成本项目数据根据企业实际发生额和相关凭证录入，本案例相关数据从生产费用表对应项目引入。

（3）生产费用合计，计算公式如下：

$$\text{各成本项目生产费用合计} = \text{该成本项目月初在产品成本} + \text{该成本项目本月生产费用}$$

（4）累计间接计入费用分配率，将基本生产成本二级账归集的全部产品累计间接计入费用按照累计生产工时进行分配，计算公式如下：

$$\text{各成本项目累计间接计入费用分配率} = \frac{\text{该成本项目归集的全部产品累计间接计入费用}}{\text{累计生产工时}}$$

（5）本月完工产品成本转出，本任务直接材料项目属于直接计入费用，直接在各批次完工产品和在产品之间进行分配；直接人工、燃料动力及制造费用项目属于间接计入费用，用完工产品生产工时与各项目累计间接计入费用分配率相乘计算得到。

公式“＝E12＋G12＋H12＋I12”。

●301批次产品上月投产600件，本月完工500件，月末在产品100件，原材料系开工时一次投入，301批次产品归集的直接材料费用采用约当产量法在完工产品和在产品之间进行分配，计算完工产品负担的直接材料费用。选中E13单元格，输入公式“＝（E4＋E7）/600*500”。

●301批次完工产品工时，选中F13单元格，输入公式“＝'生产费用表'!E8”；完工产品直接人工项目选中G13单元格，输入公式“＝F13*G11”；燃料动力项目选中H13单元格，输入公式“＝F13*H11”；制造费用项目选中I13单元格，输入公式“＝F13*I11”；选中J13单元格，输入公式“＝E13＋G13＋H13＋I13”。

（6）月末在产品成本，基本生产成本二级账归集的生产费用合计数和生产工时合计数扣除本月完工产品转出的各成本项目和生产工时，即可得到月末在产品成本和生产工时，反映的是全部不分批次在产品成本和生产工时。

完成以上步骤后，生成基本生产成本二级账。

（四）设置各批次产品基本生产成本明细账

（1）201批次基本生产成本明细账，相关数据从基本生产成本二级账对应项目引入，如图6-10所示。

	A	B	C	D	E	F	G	H	I
1			基本生产成本明细账						
2	产品批次：201			产品批量：700件			投产时间：2023年5月		
3	产品名称：甲产品			完工数量：700件			完工时间：2023年6月		
4	月	日	摘要	直接材料	生产工时	直接人工	燃料动力	制造费用	合计
5	6	1	月初在产品成本	20,000	600				
6		30	本月生产费用	120,000	8,000				
7		30	生产费用合计	140,000	8,600				
8		30	累计间接费用分配率			3.55	1.53	1.13	
9		30	单位成本	200.00		43.65	18.75	13.90	276.30
10		30	完工产品成本	140,000	8,600	30,553	13,126	9,732	193,411

图6-10 201批次基本生产成本明细账

（2）301批次基本生产成本明细账，相关数据从基本生产成本二级账对应项目引入，如图6-11所示。

▲	A	B	C	D	E	F	G	H	I
1	基本生产成本明细账								
2	产品批次：301			产品批量：600件			投产时间：2023年5月		
3	产品名称：乙产品			完工数量：500件			完工时间：2023年6月		
4	月	日	摘要	直接材料	生产工时	直接人工	燃料动力	制造费用	合计
5	6	1	月初在产品成本	30,000	400				
6		30	本月生产费用	150,000	6,000				
7		30	生产费用合计	180,000	6,400				
8		30	累计间接费用分配率			3.55	1.53	1.13	
9		30	单位成本	300.00		39.08	16.79	12.45	368.32
10		30	完工产品成本	150,000	5,500	19,539	8,395	6,224	184,158
11		30	月末在产品成本	30,000	900				

图 6-11　301 批次基本生产成本明细账

（3）401 批次基本生产成本明细账，相关数据从基本生产成本二级账对应项目引入，如图 6-12 所示。

	A	B	C	D	E	F	G	H	I
1	基本生产成本明细账								
2	产品批次：401			产品批量：500件			投产时间：2023年6月		
3	产品名称：丙产品			完工数量：			完工时间：		
4	月	日	摘要	直接材料	生产工时	直接人工	燃料动力	制造费用	合计
5	6	30	本月生产费用	300,000	4,000				
6		30	生产费用合计	300,000	4,000				
7		30	月末在产品成本	300,000	4,000				

图 6-12　401 批次基本生产成本明细账

降本增效

5G 赋能让工业企业降本增效

批量生产灵活性提高 30%、每 18 分钟生产 1 台塔机、生产效率平均提升 34.8%……在 2023 年 11 月 20 日召开的 5G ＋工业互联网助推新型工业化平行会议上，众多企业分享 5G 新型工业化发展趋势。随着工业互联网平台产业加快成熟，更多工业企业通过 5G 赋能，实现降本增效。

"当前，世界主要经济体加快工业制造业布局，相继启动'再工业化'，竞争日趋激烈。"中国信息通信研究院总工程师介绍，我国虽然已成为世界第一制造大国，产业创新步伐不断加快，但也存在基础不牢、结构不优、效益不高等问题，必须通过发展工业互联网，继续推进新型工业化。

在 5G 赋能下，可重构的柔性产线各环节紧密联动，并快速响应市场需求。中联重科塔机智能工厂实现重型装备原材料分拣、加工、焊接、涂装全流程柔性化，每 18 分钟生产 1 台塔机，每 72 分钟生产 1 台施工升降机。此外，数据深度分析也从生产管理向生产制造各环节拓展，鞍钢股份有限公司构建冷轧产线工艺预测模型，有效提升产线运行效率和稳定性，每年降低人工成本约 4 000 万元。

在工业数智化转型全面提速的浪潮下，中国移动积极做广工业数智底座，做深工业数智科技创新，持续打造多样算力、泛在连接、一体服务、智能调度、质量可靠的新型工业互联网基础设施，全力推进"5G＋""AI＋"，加速行业适配，渗透生产现场，推进工业应用效能聚变。

据介绍，目前中国移动在全国拥有 5G 合作伙伴超过 3 万个，运营 5G 智慧工厂 4 000 余家、5G＋智慧矿山 550 个。通过 5G 赋能宝钢数字工厂协同智造项目，上海宝钢集团公司（简称：宝钢）对产线设备与系统逐渐老化、故障率高、系统负荷饱和等问题进行改造。目前，宝钢产线自动化率达到 98%，轧制间隙由 53 秒缩短至 48 秒，单产线每年节约 6 600 吨标煤，降低 20% 的人力成本，人均轧钢效率提高 15%。

湖北制造企业也积极投身智能制造。作为中国最大的制冷压缩机及商用制冷器具制造商，湖北东贝机电集团股份有限公司正加快自动化、信息化、数字化进程，创建智能工厂。目前，湖北东贝机电集团股份有限公司已投入 7 000 万元用于设备智能化升级改造、2 000 万元用于软件及专业服务，为该集团在全球的四大生产基地安装 580 多个机器人，累计实施 110 个技改子项目，自动化率提升至 90%。

💻 学思践行

基于大带宽、低时延、高速率的传输特性，5G 融合应用已在工业、医疗、教育、交通等多个行业领域发挥赋能效应，覆盖国民经济 40 个大类，应用案例数超过 2 万个。5G 不仅带来更高速、优质的网络体验，也为数字经济发展"修好桥、铺好路"。

伴随着 5G、大数据、云计算、人工智能与工业领域的融合创新、交叉创新不断深化，传统产业智能化升级步伐加快，柔性制造、智能制造不断推广，助推企业降本、提质、降耗、增效。

一、单选题

1. 采用简化的分批法，在产品完工之前，产品成本明细账（　　　）。

A. 不登记任何费用

B. 只登记直接计入费用（如原材料费用）和生产工时

C. 只登记原材料费用

D. 登记间接计入费用，不登记直接计入费用

2. 在各种产品成本计算方法中，必须设置基本生产成本二级账的方法是（　　　）。

A. 分类法　　　　　　　　　　B. 定额法

C. 简化分批法　　　　　　　　D. 平行结转分步法

3. 下列关于产品成本计算的分批法的说法中，不正确的是（　　　）。

A. 分批法主要适用于小批单件类型的生产，也可用于一般企业中新产品试制或试验的生产、在建工程以及设备修理作业等

B. 分批法又称为订单法

C. 分批法下，成本计算期与会计报告期一致

D. 分批法下，需要定期计算产品成本

4. 分批法的主要特点是（　　　）。

A. 批内产品都同时完工，不存在在完工产品与在产品之间分配费用的问题

B. 以产品批次作为成本计算对象

C. 费用归集和分配比较简便

D. 定期计算成本

5. 采用简化的分批法计算产品成本，基本生产成本二级账与产品成本计算单无法核对的项目是（　　　）。

A. 月末在产品生产工时项目余额

B. 月末在产品直接材料项目余额

C. 完工产品成本合计数

D. 月末在产品间接计入费用项目余额

6. 采用简化的分批法，在产品完工之前，产品成本计算单（　　）。

A. 只登记直接材料费用　　　　　B. 不登记任何费用

C. 只登记直接材料和生产工时　　D. 登记间接费用，不登记直接费用

7. 简化的分批法与一般分批法的主要区别是（　　）。

A. 不分配间接费用　　　　　　　B. 分批计算直接材料成本

C. 不分批计算在产品成本　　　　D. 不分批计算完工产品成本

8. 分批法的成本计算对象是（　　）。

A. 产品品种　　　　　　　　　　B. 产品类别

C. 产品批次　　　　　　　　　　D. 产品生产步骤

9. 在简化的分批法下，累计间接费用分配率（　　）。

A. 只是在各批产品之间分配间接费用的依据

B. 只是在各批在产品之间分配间接费用的依据

C. 既是在各批产品之间，也是完工产品与在产品之间分配间接费用的依据

D. 只是完工产品与在产品之间分配间接费用的依据

二、多选题

1. 采用简化的分批法，（　　　　　）。

A. 不计算在产品成本　　　　　　B. 不分批计算在产品成本

C. 不计算全部在产品成本　　　　D. 计算全部在产品成本

2. 在简化的分批法下，（　　　　　）。

A. 在产品完工之前，产品成本计算单只登记直接材料费用和生产工时

B. 在产品完工之前，产品成本计算单既要登记直接计入费用，又要登记间接计入费用

C. 在基本生产成本二级账中，既要登记直接计入费用，又要登记间接计入费用

D. 只在有完工产品的那个月份，才计算完工产品成本

3. 采用简化的分批法，在各批次产品基本成本明细账中，对于没有完工产品的月份，只登记（　　　　　）。

A. 生产工时　　　　　　　　　　B. 直接材料

C. 直接人工　　　　　　　　　　D. 制造费用

4. （　　　　　）适用分批法。

A. 新产品的试制   B. 单件小批生产

C. 重型机器制造   D. 辅助生产的工具、模具制造

5. 在简化的分批法下，累计间接计入费用分配率是（   ）。

A. 在各批次产品之间分配间接费用的依据

B. 在各批次完工产品之间分配间接费用的依据

C. 完工产品与在产品之间分配间接费用的依据

D. 在各批次在产品之间分配间接费用的依据

6. 分批法成本计算的特点有（   ）。

A. 以产品批次作为成本核算对象

B. 按月计算产品成本

C. 产品成本计算周期与生产周期基本一致

D. 生产费用一般不需要在完工产品和在产品之间分配

7. 关于成本计算的分批法，下列说法正确的是（   ）。

A. 产品成本计算周期往往与会计报告期不一致

B. 分批法适用于单件小批，管理上不要求分步骤计算成本的企业

C. 月末需要在完工产品和在产品之间分配成本

D. 以上说法均正确

8. 采用分批法计算产品成本时，如果批内产品跨月陆续完工，（   ）。

A. 月末需要计算完工产品成本和在产品成本

B. 月末不需要计算产品成本，等到全部产品完工时再计算

C. 月末要将生产费用在完工产品和在产品之间进行分配

D. 月末不需要将生产费用在完工产品和在产品之间进行分配

9. 采用分批法计算产品成本时，可以作为成本计算对象的某一批次的有（   ）。

A. 同一订单中的同种产品

B. 同一订单中的不同产品

C. 不同订单中的同种产品

D. 同一订单中某种产品的组成部分

三、判断题

1. 采用分批法计算产品成本时，按产品的类别计算成本。（   ）

2. 采用简化的分批法计算产品成本，必须设立基本生产成本二级账；而采用其他的方法计算产品成本，可以不设立基本生产成本二级账。（　　　）

3. 在简化的分批法下，在各批产品成本计算单中，对于没有完工产品的月份，只登记直接材料费用和生产工时。（　　　）

4. 采用简化的分批法计算产品成本，各批完工产品的间接计入费用是根据完工产品生产工时和累计间接计入费用分配率计算的。（　　　）

5. 简化的分批法就是不分批计算在产品成本的分批法。（　　　）

6. 分批法是指以产品的批次作为产品成本的核算对象，归集和分配生产费用，计算产品成本的一种方法，也称为订单法。（　　　）

7. 如果一个订单的批量较大，可以把它分为几批组织生产。（　　　）

8. 如果在同一时期，不同订单有相同的产品，仍然应该按订单分批组织生产、计算成本。（　　　）

9. 采用分批法计算产品成本时，月末通常不需要在完工产品和在产品之间分配生产费用。（　　　）

10. 分批法是以产品的生产周期作为成本的计算期。（　　　）

四、业务题

某企业生产甲、乙两种产品，生产组织方式为小批生产，采用分批法计算产品成本，各批产品原材料均为一次投料。10 月份有 101 批次甲产品、201 批次乙产品在生产，101 批次甲产品月末在产品完工程度为 50%，月末在产品成本按约当产量法进行分配。有关产品成本资料如表 6-9 至表 6-11 所示。

表6-9　月初在产品成本资料

单位：元

产品批次	产品名称	直接材料	直接人工	制造费用	合计
101	甲产品	60 000	20 000	10 000	90 000
201	乙产品	50 000	6 000	3 000	59 000
合计		110 000	26 000	13 000	149 000

表6-10　产品投产及完工情况

单位：件

产品批次	产品名称	投产日期	投产数量	本月完工数量	月末在产品数量
101	甲产品	9月10日	50	40	10
201	乙产品	9月15日	30	30	0

表6-11　10月生产成本资料

金额单位：元

产品批次	产品名称	生产工时/小时	直接人工	制造费用
101	甲产品	2 000	16 000	40 000
201	乙产品	3 500		
合计		5 500	16 000	40 000

要求：采用分批法计算101批次甲产品、201批次乙产品的生产成本，本月生产费用分配率、单位成本保留小数点后2位，其余费用数据保留整数。

成本管理

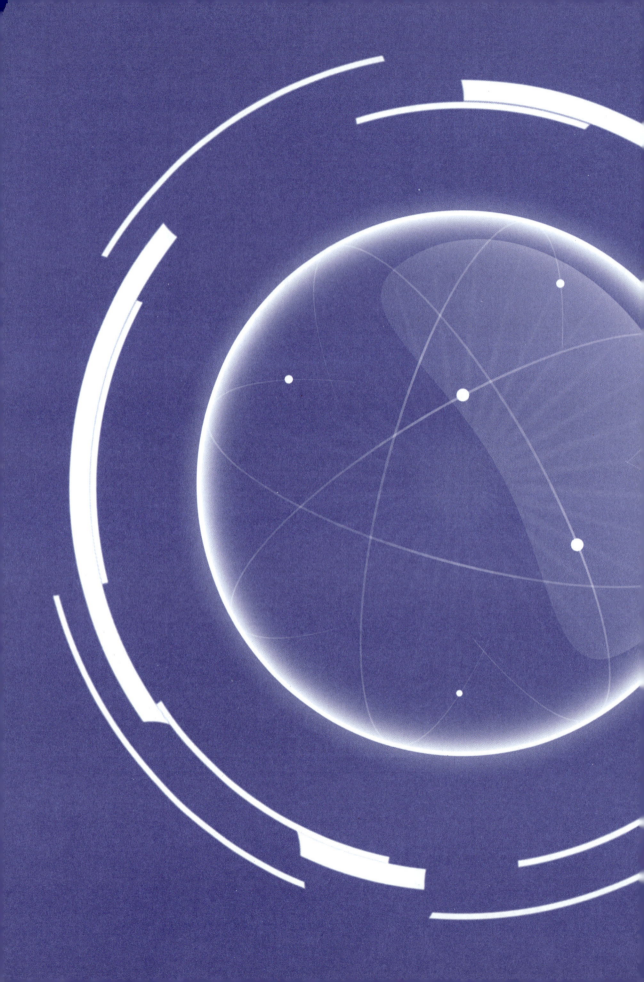

认识成本报表的编制与分析

学习目标

素养目标

◆ 企业成本分析工作往往贯穿成本管理的始终，树立脚踏实地、善始善终、善作善成的意识，发奋学习、终身学习。

知识目标

◆ 了解成本报表的概念和分类。

◆ 了解成本报表分析的概念和作用。

◆ 掌握成本报表分析的基本方法。

技能目标

◆ 能够运用成本报表分析的基本方法进行成本分析。

◆ 能够应用 Excel 建立成本分析模型。

【思维导图】

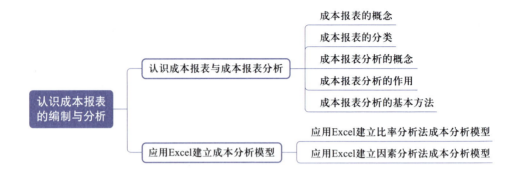

项目7 Excel
原始表格下
载

成本报表通常是为企业内部成本管理需要而编制的报表，成本报表分析对加强成本管理、提高经济效益有着重要的作用。目前企业常用的成本报表分析方法主要有比较分析法、比率分析法、因素分析法和差额分析法。

任务1　认识成本报表与成本报表分析

一、成本报表的概念

成本报表是按照企业成本管理的需要，根据产品成本和期间费用的核算资料以及其他有关资料定期或不定期编制的，用以反映企业一定时期产品成本、期间费用、其他专项成本水平及其构成情况，考核和分析企业在一定时期内成本计划执行情况及其结果的书面报告。

二、成本报表的分类

（一）按成本报表报送的对象分类

按成本报表报送的对象分类，可分为对内成本报表和对外成本报表。

1. 对内成本报表

对内成本报表是指企业向内部信息使用者（如管理层等）提供的成本报表，主要是为满足企业内部经营管理需要而编制的，不对外公开。这类报表的种类、格式、项目、指标的设计、编制方法、编报日期、具体报送对象等，没有统一的标准，由企业根据实际生产经营和管理的需要来决定。

2. 对外成本报表

对外成本报表是指企业向外部单位（如上级主管部门和联营主管单位等）报送的成本报表。通常情况下，成本报表被认为是企业内部管理用的报表，按惯例不对外公布。但对于受主管部门监管的企业，为了管理的需要，企业应将其成本报表作为会计报表的附表上报。企业对外成本报表的种类、格式、项目和编制方法，一般由主管企业的上级机构同企业共同商定。

（二）按成本报表反映的内容分类

按成本报表反映的内容分类，可分为反映产品成本情况的报表、反映各种费用支出情况的报表和反映专项成本的报表。

1. 反映产品成本情况的报表

这类报表主要反映报告期内企业各种产品的实际成本水平及其构成情况，通过本期实际成本与前期平均成本、本期计划成本、历史最好水平等比较，反映产品成本的变动情况和变动趋势。例如：全部产品生产成本表、主要产品单位成本表等。

2. 反映各种费用支出情况的报表

这类报表主要反映报告期内企业各种费用支出总额及其构成情况，通过与计划（预算）水平、上年实际水平等比较，反映费用支出的合理性及其变动趋势。例如：制造费用明细表、销售费用明细表、管理费用明细表和财务费用明细表等。

3. 反映专项成本的报表

这类报表主要是出于特殊目的而编制的专项成本报表。例如：质量成本表、环境成本表等。

（三）按成本报表编制的时间分类

成本报表按企业管理的需要一般可按月、季、年编报，同时针对企业内部管理的特殊需要，也可以按旬、周、日甚至按工作班次来编报，以满足日常临时或特殊任务管理的需要，使成本报表及时服务于生产经营的全过程。

三、成本报表分析的概念

成本报表分析是指根据成本报表所提供的反映企业一定时期产品成本水平和构成情况的资料及有关的计划、核算资料等，运用科学的分析方法，全面分析各项指标的变动以及指标之间的相互关系，挖掘成本升降、结构变化影响因素及其变动的原因，从而比较全面地认识企业一定时期的成本管理工作情况。

四、成本报表分析的作用

（一）综合反映成本信息

产品成本是反映企业生产经营各方面工作质量的一项综合性指标，企业的产、供、销各个环节的经营管理水平，最终都直接或间接地反映到产品成本中。通过报告期内产品生产耗费和成本水平资料，能够及时发现企业在生产、技术、质量、管理等方面取得的成绩和存在的问题。

（二）提高企业经济效益

成本报表是成本分析的重要依据，通过分析成本报表，可以揭示影响产品成本指标和费用项目变动的因素及其原因，从生产技术、生产组织和经营管理等各方面挖掘节约费用支出和降低产品成本的潜力，提高企业的经济效益。

（三）支撑企业经营决策

成本报表提供的实际产品成本和费用支出的资料，结合报告年度成本计划执行情况、计划年度中可能发生的有利变化和不利变化，为制订和及时修订成本计划、确定产品价格等提供重要的支撑，为企业进行经营决策、投资决策和加强成本控制与管理提供必要的依据。

（四）监督企业成本管理

通过阅读和分析成本报表，母公司或相关主管机构可以了解企业的成本管理绩效情况，从而对企业管理层的成本管理工作进行绩效评价，评估企业产品成本核算的合理性、可靠性等，进而有针对性地指导和监督成本管理工作。

📱 实践技能训练

昆湖纺织厂为了控制及降低成本而编制与本企业情况相关的成本报表。为了解企业今年生产各类产品所支出的生产费用水平及其构成，应编制_____（成本报表）；为了解今年制造费用总额及其构成情况，应编制_____（成本报表）。

五、成本报表分析的基本方法

成本报表分析的基本方法包括比较分析法、比率分析法、因素分析法和差额分析法。

（一）比较分析法

比较分析法又称为指标对比法或对比分析法，是通过将两个及以上的同类经济指标进行数量对比，揭示指标之间的差距及其程度的一种方法。它是成本分析中最简便、运用范围最广泛的一种方法。

采用比较分析法时，由于分析的目的不同，对比的指标也有所不同。常用的对比指标主要有以下几种：

1. 本期实际指标与计划或定额指标对比

以计划或定额指标作为基本指标，将实际指标与其相比，确定企业成本计划指标或定额指标的完成情况。

2. 本期实际成本与前期实际成本对比

将本期实际成本指标与前期（上期、上年同期或历史先进水平）的实际成本指标对比，揭示企业成本指标的变动情况和变动趋势。

3. 实际指标与国内外同行业先进指标对比

将本企业实际成本指标（或某项技术经济指标）与国内外同行业先进指标对比，反映企业的先进（或落后）程度及其差距，判断本企业的成本管理水平，推动企业改进经营管理。

（二）比率分析法

比率分析法是指通过计算和对比经济指标的比率，进行数量分析的一种方法。采用这一方法，先要将对比的数值变成相对数，求出比率，然后再进行对比分析。

比率分析法包括相关指标比率分析法、构成比率分析法和动态比率分析法。

1. 相关指标比率分析法

相关指标比率分析法是指将两个性质不同但又相关的指标进行对比求出比率，将实际数比率与计划（或前期实际）数比率进行对比分析的一种方法。

2. 构成比率分析法

构成比率分析法又称结构比率分析法，是指将某项指标的各个组成部分分别求出占总体的比重，即通过计算部分与全部的比率进行数量分析的一种方法。

3. 动态比率分析法

动态比率分析法又称趋势分析法，是指对连续若干期相同指标数值进行动态比较的一种分析方法。

（三）因素分析法

因素分析法也称连环替代法，是指把某一综合指标分解为若干个相互联系的因素，分别计算、分析各因素影响程度的一种分析方法。

采用因素分析法，必须确定某项分析指标的构成因素与各因素的排列顺序，明确各因素与分析指标的关系。根据分析的目的，将各因素进行分解，以测定某一因素对指标变动的影响方向和影响程度，为进一步深入分析提供方向。因素分析法应用程序见表7-1。

表7-1 因素分析法应用程序

步骤一：确定各项因素及排列顺序		步骤二：确定综合指标的基期数值		步骤三：替换基期数，计算每个因素的影响程度		
序号	因素分析	目标值	实际值	第一因素替代	第二因素替代	第三因素替代
1	分析对象	B11	A11	① = A21 × B22 × B23	② = A21 × A22 × B23	③ = A21 × A22 × A23
2	第一因素	B21	A21	A21	A21	A21
3	第二因素	B22	A22	B22	A22	A22
4	第三因素	B23	A23	B23	B23	A23
各因素对总成本变化产生的影响				C11 = ① − B11	C22 = ② − ①	C33 = ③ − ②

（四）差额分析法

差额分析法是利用各因素实际数和基期数之间的差额，直接计算确定各因素变动对综合指标差异的影响程度的一种分析方法。这种方法的应用原理与因素分析法相同，只是计算形式上不同，是因素分析法的简化形式。

成本报表分析可应用多种技术方法，如会计方法、统计方法和数学方法等。分析方法的选择，应以分析要求和所掌握的分析资料为依据。通过建立 Excel 成本分析模型，可以简化计算，提高工作效率。

任务 2　应用 Excel 建立成本分析模型

一、应用 Excel 建立比率分析法成本分析模型

【案例 7-1】某企业甲产品某年四个季度单位成本分别为 60 元/件、62 元/件、65 元/件、63 元/件。以第一季度为基期，即以该季度单位成本 60 元/件为基数，分析其他各季度产品单位成本与之相比的定基比率；同时，分析各季度环比比率。

	A	B	C	D
1	甲产品动态比率分析表			
2	时间	单位成本	定基比率	环比比率
3	第一季度	60		
4	第二季度	62		
5	第三季度	65		
6	第四季度	63		

图 7-1　甲产品动态比率分析表

在甲产品各季度单位成本的基础上，利用 Excel 建立甲产品动态比率分析表，如图 7-1 所示。

（一）设置定基比率

定基比率是以某一时期的数额为固定基期数额而计算出来的动态比率，计算公式如下：

$$定基比率 = \frac{分析期指标数额}{固定期指标数额} \times 100\%$$

 操作提示

- 选中 C4 单元格，输入公式"=B4/$B$3"，向下拖曳填充柄至 C6 单元格。

（二）设置环比比率

环比比率一般是指和上期相比较的动态比率，计算公式如下：

$$环比比率 = \frac{分析期指标数额}{前一期指标数额} \times 100\%$$

 操作提示

- 选中 D4 单元格，输入公式"=B4/B3"，向下拖曳填充柄至 D6 单元格。

完成以上步骤，完成甲产品动态比率分析，如图 7-2 所示。

	A	B	C	D
1	甲产品动态比率分析表			
2	时间	单位成本	定基比率	环比比率
3	第一季度	60	—	—
4	第二季度	62	103.33%	103.33%
5	第三季度	65	108.33%	104.84%
6	第四季度	63	105.00%	96.92%

图 7-2　甲产品动态比率分析表输出结果示意图

二、应用Excel建立因素分析法成本分析模型

【**案例 7-2**】某企业甲产品原材料总成本计划数为 5 000 元，其中：产品产量为 50 件、材料消耗为 20 千克 / 件、材料单价为 5 元 / 千克；总成本实际数为 5 616 元，其中：产品产量为 52 件、材料消耗为 18 千克 / 件、材料单价为 6 元 / 千克。请运用因素分析法，分析各因素变动对材料费用实际脱离计划的影响。

（一）确定各项影响因素及其顺序

利用 Excel 建立甲产品原材料因素分析法分析模型，确定各项影响因素及其顺序，如图 7-3 所示。

甲产品原材料因素分析法操作视频

	A	B	C	D	E	F	G	H	I	J
1				甲产品原材料成本分析表						
2	序号	因素分析	指标名称	计划数	实际数	差异	第一因素替代	第二因素替代	第三因素替代	各因素影响合计
3	1	分析对象	材料总成本	5,000	5,616					
4	2	第一因素	产品产量	50	52					
5	3	第二因素	材料消耗	20	18					
6	4	第三因素	材料单价	5	6					
7	因素对材料总成本变化产生的影响									

图 7-3　甲产品原材料因素分析法分析模型

（二）确定综合指标基期数值并计算差异额

各指标基期数值根据甲产品原材料成本资料对应数据直接填列，同时计算差异额，计算公式如下：

$$差异额 = 实际数 - 计划数$$

> **操作提示**
>
> ● 选中 F3 单元格，输入公式 "= E3-D3"，向下拖曳填充柄至 F6 单元格。

（三）计算每个因素的影响程度

对影响产品成本变动的各项因素，以排列顺序进行替换计算，并求出各因素影

响合计。

操作提示

- 选中 G3 单元格，输入公式"= G4*G5*G6"，向右拖曳填充柄至 I3 单元格。
- 参见表 7-1，逐一进行各因素替代。
- 选中 G7 单元格，输入公式"= G3-D3"。
- 选中 H7 单元格，输入公式"= H3-G3"，向右拖曳填充柄至 I7 单元格。
- 选中 J7 单元格，输入公式"= G7 + H7 + I7"。

完成以上步骤，完成甲产品原材料成本分析，计算结果见图 7-4。

	A	B	C	D	E	F	G	H	I	J
1	甲产品原材料成本分析表									
2	序号	因素分析	指标名称	计划数	实际数	差异	第一因素替代	第二因素替代	第三因素替代	各因素影响合计
3	1	分析对象	材料总成本	5,000	5,616	616	5,200	4,680	5,616	
4	2	第一因素	产品产量	50	52	2	52	52	52	
5	3	第二因素	材料消耗	20	18	-2	20	18	18	
6	4	第三因素	材料单价	5	6	1	5	5	6	
7	因素对材料总成本变化产生的影响						200	-520	936	616

图 7-4　甲产品原材料因素分析法分析表

降本增效

全面打好成本管控"组合拳"　奏响降本增效"奋进曲"

大屯锡矿作为云南锡业股份有限公司"价值创造中心"有色金属原材料战略单元的重要下属单位，坚持问题导向、目标导向，立足打响打赢改革发展和降本增效主动战，转变原有财务核算模式，从强化全流程成本管控意识入手，将精细化管理理念延伸至企业管理的每一角落。千方百计降成本、增效益、控风险、强管理，以预算化、精细化管理引领质量效益双提升。

打好三年降本提升管理"主动仗"。大屯锡矿认真贯彻落实云南锡业股份有限公司工作部署，增强责任意识和大局观念，树立"一切成本皆可控，一切成本皆可降"的理念，进一步强化成本管控，深度挖潜创效，改变粗放模式，做精做实生产全过程的成本管控，结合近几年的实际情况，提出降本增效目标，力争2023年至2025年原矿及选矿成本逐年下降。

下好深化全成本管控"先手棋"。全员树立成本意识，深刻领会降本增效的内涵。着力在强化源头管理、过程管理和机制创新上下功夫，科学构建"成本考核、单项考核、专项考核"等体系。精准设定年度考核指标，将生产、人力、财务、供销、设备等各专业模块年度管控指标统一化，纳入全成本预算化考核管理，形成财务考核"一盘棋"的工作格局，使各工序生产作业成本得以有效管控，辅材动力单耗平稳控制，考核指标设定和成本变动源头判定愈发精准，增加财务报表中辅助费用、车间制造费用、厂部制造费用项目展示明细，用清晰精细的数据指标分析评价管理每个环节的成本费用，并结合实际融入生产一线每一个环节，算总账、算细账、算精账，全力控成本、降成本。

抓实建立"C体系"成本分析"关键招"。"C体系"成本主要是把成本拆分成付现成本和非付现成本，折旧摊销是既成事实，不应该用来影响未来决策。大屯锡矿注重加强精细化管理，细化成本分析管控，建立"C体系"成本明细构架：C1为净直接现金成本，C2为可持续全成本，C3为发展全成本，优化重构标准化的成本核算管控体系，扣除折旧、期间费用、税金及附加对直接生产成本的影响，强化对各项成本费用、人工、物资的精打细算，明晰主要单耗、单价，提升采选生产成本的精准管控水平，实现成本全要素管控、全环节优化，不断提升成本竞争力。今年上半年，C1净直接现金成本比进度预算节约2 213万元，为云南锡业股份有限公司矿山管理提升专项工作提供可行性分析数据。

📺 学思践行

降本增效需要转变原有财务核算模式，从强化全流程成本管控意识入手，将精细化管理理念延伸至企业管理的每一角落。降本增效需要树立"一切成本皆可控，一切成本皆可降"的理念，进一步强化成本管控，深度挖潜创效，改变粗放模式，做精做实生产全过程的成本管控。

一、单选题

1. 下列报表中不属于成本报表的是（   ）。

A. 主要产品单位成本表
B. 全部产品生产成本表
C. 质量成本表
D. 主营业务收支明细表

2. 通过对比不同时期的成本指标，从数量上确定差异的分析方法是（   ）。

A. 比较分析法
B. 构成比率分析法
C. 连环替代法
D. 差额分析法

3. 将当期实际指标与上期指标进行对比，计算动态比率的分析方法是（   ）。

A. 相关指标比率分析法
B. 构成比率分析法
C. 定基比率法
D. 环比比率法

4. 甲企业 A 产品连续三年的总成本如下：2021 年总成本为 20 000 元，2022 年总成本为 18 000 元，2023 年总成本为 15 000 元。A 产品总成本 2022 年的环比比率为（   ）。

A. 120%
B. 90%
C. 111.11%
D. 83.33%

5. 甲企业 B 产品连续三年的单位成本如下：2021 年单位成本为 500 元 / 件、2022 年单位成本为 560 元 / 件、2023 年单位成本为 580 元 / 件。以 2021 年单位成本为基期指标，B 产品单位成本 2023 的定基比率为（   ）。

A. 116%
B. 112%
C. 100%
D. 103.57%

6. 运用因素分析法时，要正确确定各因素的（   ）。

A. 占比大小
B. 重要程度
C. 影响程度
D. 替换顺序

7. 通过计算和对比经济指标的比率，进行数量分析的方法，被称为（   ）。

A. 比较分析法
B. 比率分析法
C. 连环替代法
D. 差额计算法

8. 成本报表一般属于（　　　　）。

A. 对外报表

B. 既是对内报表，又是对外报表

C. 对内报表

D. 由企业自行决定是对内报表还是对外报表

9. 因素分析法又被称为（　　　　）。

A. 比较分析法　　　　　　　　　B. 比率分析法

C. 连环替代法　　　　　　　　　D. 差额计算法

二、多选题

1. 成本报表常用的分析方法有（　　　　　　）。

A. 比较分析法　　　　　　　　　B. 比率分析法

C. 连环替代法　　　　　　　　　D. 差额计算法

2. 下列各项中，属于成本报表的有（　　　　　　）。

A. 损益表　　　　　　　　　　　B. 产品成本表

C. 期间费用明细表　　　　　　　D. 利润表

3. 采用因素分析法时，需要注意的问题有（　　　　　　）。

A. 因素分解的关联性　　　　　　B. 因素替代的顺序性

C. 顺序替代的连环性　　　　　　D. 计算结果的绝对准确

4. 反映产品成本情况的报表主要有（　　　　　　）。

A. 全部产品生产成本表　　　　　B. 销售费用明细表

C. 主要产品单位成本表　　　　　D. 环境成本表

5. 比较分析法常用的比较形式有（　　　　　　）。

A. 实际数与计划数比较

B. 实际数与定额数比较

C. 本期实际数与历史先进水平比较

D. 本期实际数与国内外同行业的先进水平比较

6. 成本报表按其编制时间可以分为（　　　　　　）。

A. 年报　　　　　　　　　　　　B. 季报

C. 月报　　　　　　　　　　　　D. 日报

7. 下列属于对内报表的是（　　　　）。

A. 产品生产成本表　　　　　　　B. 制造费用明细表

C. 现金流量表　　　　　　　　　D. 财务费用明细表

三、判断题

1. 企业成本报表的种类、项目由国际统一制定。（　　　）

2. 销售费用明细报表属于反映费用支出情况的成本报表。（　　　）

3. 制造费用分配表属于反映费用支出情况的成本报表。（　　　）

4. 成本报表的数据是企业过去经营活动的结果和总结，只有参考价值，并非绝对合理。（　　　）

5. 成本报表和对外报送的财务报表一样，必须定期编制。（　　　）

6. 成本报表和对外报送的财务报表一样，应定期对外公布。（　　　）

7. 对同一对象进行成本分析时，评价标准不同将得出不同的分析结论。（　　　）

8. 比较分析法可以发现企业在生产经营方面取得的成绩或存在的不足，也可以通过分析发展变化趋势并进行成本预测。（　　　）

9. 成本报表只反映会计信息。（　　　）

10. 编制成本报表时，为保持一致性，企业应始终编制相同的成本报表。（　　　）

四、业务题

某企业有关乙产品原材料成本资料如表 7-2 所示，请运用因素分析法分析各因素变动对材料费用实际脱离计划的影响。

表 7-2　乙产品原材料成本资料

指标名称	计划数	实际数
材料总成本／元	100 000	92 736
产品产量／件	100	92
材料消耗／（千克／件）	40	42
材料单价／（元／千克）	25	24

产品生产成本表的编制与分析

学习目标

素养目标

◆ 紧跟时代步伐，勇担时代使命，联系成本会计岗位实际，树立主动学习意识，不断追求进步。

◆ 把握现代成本会计新发展格局，掌握新技术、新方法，培养会计信息处理综合能力。

知识目标

◆ 了解产品生产成本表的概念、内容、编制方法和分类。

◆ 掌握产品生产成本表（按产品品种编制）的概念、结构和分析。

◆ 掌握产品生产成本表（按成本项目编制）的概念、结构和分析。

技能目标

◆ 能够正确编制产品生产成本表（按产品品种编制）。

◆ 能够应用 Excel 建立产品生产成本表（按产品品种编制）的分析模型。

◆ 能够正确编制产品生产成本表（按成本项目编制）。

◆ 能够应用 Excel 建立产品生产成本表（按成本项目编制）的分析模型。

【思维导图】

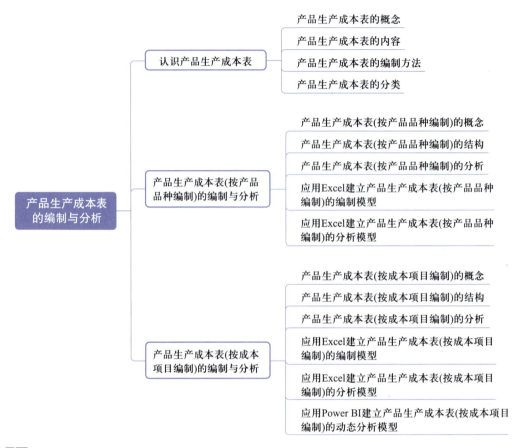

项目8 Excel
原始表格下
载

产品生产成本表是成本报表中最主要的报表，它可以从产品品种、成本项目两个不同角度进行编制和分析。通过产品生产成本表，可以了解企业实际生产成本结果是否符合预期要求、考核企业全部产品成本计划及成本降低计划的执行情况，分析成本变动的原因，挖掘成本降低的途径。

任务1　认识产品生产成本表

一、产品生产成本表的概念

产品生产成本表是反映企业在报告期内生产的全部产品总成本和各种主要产品

单位成本及总成本的报表。

二、产品生产成本表的内容

在产品生产成本表中，产品分为可比产品和不可比产品两大类。可比产品是指上年或者以前年度正式生产过的，成本资料保存比较完备并且可以进行比较的产品。不可比产品是指企业以前年度没有生产过而本年度初次生产的，或虽非初次生产但以前仅属试制而未正式投产的，没有成本资料可以参考的产品，即除可比产品以外的其他产品。

产品生产成本表列示了本月产量、本年累计产量、上年实际平均单位成本、本年计划单位成本、本月实际单位成本、本月总成本和本年累计总成本等信息。

三、产品生产成本表的编制方法

（一）实际成本及费用

产品生产成本表中的实际成本及费用应根据有关的产品成本或费用明细账的实际发生额填列。

（二）累计实际成本及费用

产品生产成本表中的累计实际成本及费用应根据本期报表的本期实际成本及费用，加上上期报表的累计实际成本及费用计算填列。

（三）计划数

产品生产成本表中的计划数，应根据有关计划填列。

（四）补充资料

产品生产成本表中补充资料和其他资料应按报表编制规定填列。

四、产品生产成本表的分类

产品生产成本表一般可分为两类，一是按照产品品种编制，二是按照成本项目编制。

📶 **实践技能训练**

昆湖纺织厂为了解生产产品所支出的成本及费用是否符合预期要求，需要编制全部产品成本报表并进行相应分析。

请思考并回答：若昆湖纺织厂想了解本年全部生产费用与产品成本水平，以及成本计划执行情况，其产品生产成本表应包含哪些项目？

任务 2 产品生产成本表（按产品品种编制）的编制与分析

一、产品生产成本表（按产品品种编制）的概念

产品生产成本表（按产品品种编制）是指按产品种类编制的全部产品生产成本表，反映企业在报告期内所生产的全部产品的总成本和各种主要产品（含可比产品和不可比产品）的单位成本及总成本。

二、产品生产成本表（按产品品种编制）的结构

产品生产成本表（按产品品种编制）分为正表和补充资料两部分。正表项目栏的纵栏分为可比产品与不可比产品两部分，横栏中分别反映各种产品的实际产量、单位成本、本月总成本和本年累计总成本，分别以上年实际平均单位成本、本年计划单位

成本和本月实际单位成本为标准与实际产量计算的总成本。补充资料则是按年填报可比产品成本降低额、降低率、产值成本率的累计实际数与计划数，以及按现行价格计算的产品产值等。

产品生产成本表（按产品品种编制）的样表参见图 8-3。

三、产品生产成本表（按产品品种编制）的分析

（一）分析全部产品成本计划完成情况

按产品品种分析全部产品成本计划的完成情况时，主要分析本期全部产品的实际总成本较计划总成本的升降情况，分析和研究其升降的原因，为进一步寻求降低成本的途径和措施提供线索。

（二）分析可比产品成本降低任务完成情况

可比产品成本降低任务，是指本年度可比产品计划总成本与按上年实际单位成本计算的产品总成本进行对比所要求达到的降低额和降低率。

可比产品成本降低任务完成情况分析，就是将可比产品的实际总成本比上年实际总成本的降低额和降低率，与成本计划中确定的降低额和降低率进行对比，以检查可比产品成本降低任务的完成情况，分析各项因素（见图 8-1）的影响程度，提出改进措施。

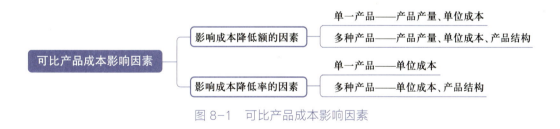

图 8-1　可比产品成本影响因素

通过 Excel 建立产品生产成本表（按产品品种编制）的模型，可以实现报表编制与分析的智能化，更加高效、准确地完成报表的编制工作。

四、应用Excel建立产品生产成本表（按产品品种编制）的编制模型

【案例8-1】某企业生产甲、乙、丙三种产品，其中甲产品、乙产品为可比产品，丙产品为当年投产新产品，有关产品产量、成本资料如图8-2所示。

产品名称	产量				单位成本			本月实际总成本
	本月实际	本年累计实际	本月计划	本年计划	上年实际平均	本年计划	本年累计实际平均	
可比产品								
甲产品	16	1,800	18	2,000	150	145	152	2,368
乙产品	25	3,000	23	2,800	85	83	80	2,050
不可比产品								
丙产品	20	2,000	18			110	108	2,240

产品产量成本表
2022年 12月

图8-2　2022年产品产量成本表

利用Excel建立产品生产成本表（按产品品种编制）的编制模型，如图8-3所示。

产品名称	实际产量		单位成本				本月总成本			本年累计总成本		
	本月	本年累计	上年实际	本年计划	本月实际	本年累计实际平均	按上年实际单位成本计算	按本年计划单位成本计算	本月实际	按上年实际单位成本计算	按本年计划单位成本计算	本年实际
可比产品合计												
甲产品												
乙产品												
不可比产品合计												
丙产品												
全部产品成本												

产品生产成本表（按产品品种编制）
2022年 12月

图8-3　产品生产成本表（按产品品种编制）的编制模型

（一）填列基本信息

根据产品产量、成本资料，以单元格引用的方式，填列实际产量栏、单位成本栏（上年实际平均、本年计划、本年累计实际平均）和本月总成本栏本月实际。

● 选中 B6 单元格，输入公式"='2022 年产品产量成本表'!B6"，向右拖曳填充柄至 C6 单元格，并向下拖曳填充柄至 C7 单元格。

● 复制 B6、C6 单元格内容，选中 B9 单元格，"Ctrl＋V"进行粘贴。

● 选中 D6 单元格，输入公式"='2022 年产品产量成本表'!F6"，向右拖曳填充柄至 E6 单元格，并向下拖曳填充柄至 E7 单元格。

● 复制 E6 单元格内容，选中 E9 单元格，"Ctrl＋V"进行粘贴。

● 选中 G6 单元格，输入公式"='2022 年产品产量成本表'!H6"，向下拖曳填充柄至 G7 单元格。

● 复制 G6 单元格内容，选中 G9 单元格，"Ctrl＋V"进行粘贴。

（二）设置本月实际单位成本栏

本月实际单位成本的计算公式如下：

本月实际单位成本 = 本月实际总成本 ÷ 本月实际产量

● 选中 F6 单元格，输入公式"='2022 年产品产量成本表'!I6/'2022 年产品产量成本表'!B6"，向下拖曳填充柄至 F7 单元格。

● 复制 F6 单元格内容，选中 F9 单元格，"Ctrl＋V"进行粘贴。

（三）设置本月总成本栏

本月总成本栏包括三项内容，分别根据相应单位成本乘以本月实际产量所得积数填列，计算公式如下：

按上年实际平均单位成本计算：

本月总成本 = 本月实际产量 × 上年实际平均单位成本

按本年计划单位成本计算：

本月总成本 = 本月实际产量 × 本年计划单位成本

按本月实际单位成本计算：

$$本月总成本 = 本月实际产量 \times 本月实际单位成本$$

📍 **操作提示**

● 选中 H6 单元格，输入公式 "＝$B6*D6"，向右拖曳填充柄至 J6 单元格，并向下拖曳填充柄至 J7 单元格。

● 复制 I6、J6 单元格内容，选中 I9 单元格，"Ctrl＋V"进行粘贴。

（四）设置本年累计总成本栏

本年累计总成本栏包括三项内容。应按自年初至本月末止的本年累计实际产量分别乘以相应单位成本的积数填列，计算公式如下：

按上年实际平均单位成本计算：

$$本年累计总成本 = 本年累计实际产量 \times 上年实际平均单位成本$$

按本年计划单位成本计算：

$$本年累计总成本 = 本年累计实际产量 \times 本年计划单位成本$$

按本年实际单位成本计算：

$$本年实际 = 本年累计实际产量 \times 本年实际单位成本$$

📍 **操作提示**

● 选中 K6 单元格，输入公式 "＝$C6*D6"，向右拖曳填充柄至 L6 单元格，并向下拖曳填充柄至 L7 单元格。

● 选中 M6 单元格，输入公式 "＝C6*G6"，向下拖曳填充柄至 M7 单元格。

● 复制 L6、M6 单元格内容，选中 L9 单元格，"Ctrl＋V"进行粘贴。

（五）设置合计项

分别设置可比产品、不可比产品和全部产品的各项指标合计值。

- 选中 H5 单元格，输入公式 "＝H6＋H7"，向右拖曳填充柄至 M5 单元格。

- 选中 I8 单元格，输入公式 "＝I9"，向右拖曳填充柄至 M8 单元格。

- 选中 I10 单元格，输入公式 "＝I5＋I8"，向右拖曳填充柄至 M10 单元格。

完成以上步骤，编制产品生产成本表（按产品品种编制），如图 8-4 所示。

	A	B	C	D	E	F	G	H	I	J	K	L	M
1	产品生产成本表（按产品品种编制）												
2							2022年	12月					
3	产品名称	实际产量		单位成本				本月总成本			本年累计总成本		
4		本月	本年累计	上年实际	本年计划	本年实际	本年累计实际平均	按上年实际单位成本计算	按本年计划单位成本计算	本月实际	按上年实际单位成本计算	按本年计划单位成本计算	本年实际
5	可比产品合计							4,525	4,395	4,418	525,000	510,000	513,600
6	甲产品	16	1,800	150	145	148	152	2,400	2,320	2,368	270,000	261,000	273,600
7	乙产品	25	3,000	85	83	82	80	2,125	2,075	2,050	255,000	249,000	240,000
8	不可比产品合计								2,200	2,240		220,000	216,000
9	丙产品	20	2,000	—	110	112	108	—	2,200	2,240	—	220,000	216,000
10	全部产品成本								6,595	6,658		730,000	729,600

图 8-4　产品生产成本表（按产品品种编制）

五、应用Excel建立产品生产成本表（按产品品种编制）的分析模型

【案例 8-2】沿用前述案例，根据产品生产成本表（按产品品种编制），建立产品成本计划完成情况（按产品品种）分析模型和可比产品成本降低任务完成情况模型。

（一）全部产品成本计划完成情况（按产品品种）分析模型

利用 Excel 建立全部产品成本计划完成情况（按产品品种）分析表，如图 8-5 所示。

全部产品成本计划完成情况（按产品品种）分析表操作视频

	A	B	C	D	E	F	G	H	I
1	全部产品成本计划完成情况（按产品品种）分析表								
2	产品名称	产量		单位成本		总成本		降低指标	
3		计划	实际	计划	实际	按计划计算	按实际计算	降低额	降低率
4	可比产品合计								
5	甲产品								
6	乙产品								
7	不可比产品合计								
8	丙产品								
9	全部产品成本								

图 8-5　全部产品成本计划完成情况（按产品品种）分析表

（1）根据相关资料，以单元格引用的方式，填列产量、单位成本和总成本栏。

（2）设置降低指标。

分别设置各种产品及单一产品的降低指标。

① 各种产品成本分析。将各种产品的实际总成本与计划总成本进行对比，确定实际总成本比计划总成本的成本降低额与成本降低率，计算公式如下：

$$成本降低额 = 计划总成本 - 实际总成本$$

$$计划总成本 = \sum（各种产品实际产量 \times 各产品计划单位成本）$$

$$实际总成本 = \sum（各种产品实际产量 \times 各产品实际单位成本）$$

$$成本降低率 = \frac{成本降低额}{各种产品计划总成本} \times 100\%$$

② 单一产品成本分析。按单一产品考核其成本计划的完成情况，计算单一产品成本的降低额和降低率，计算公式如下：

$$单一产品成本的降低额 = 该产品计划总成本 - 该产品实际总成本$$

$$单一产品成本的降低率 = \frac{该产品成本的降低额}{该产品计划总成本} \times 100\%$$

完成以上步骤，完成全部产品成本计划完成情况（按产品品种）分析表，如图 8-6 所示。

	A	B	C	D	E	F	G	H	I
1	全部产品成本计划完成情况（按产品品种）分析表								
2	产品名称	产量		单位成本		总成本		降低指标	
3		计划	实际	计划	实际	按计划计算	按实际计算	降低额	降低率
4	可比产品合计					510,000	513,600	-3,600	-0.71%
5	甲产品	2,000	1,800	145	152	261,000	273,600	-12,600	-4.83%
6	乙产品	2,800	3,000	83	80	249,000	240,000	9,000	3.61%
7	不可比产品合计					220,000	216,000	4,000	1.82%
8	丙产品		2,000	110	108	220,000	216,000	4,000	1.82%
9	全部产品成本					730,000	729,600	400	0.05%

图 8-6　全部产品成本计划完成情况（按产品品种）分析表

（二）可比产品成本降低任务完成情况分析模型

利用 Excel 建立可比产品成本降低任务完成情况表，如图 8-7 所示。

	A	B	C	D	E	F	G	H
1	可比产品成本降低任务完成情况表							
2	可比产品名称	实际产量	单位成本		总成本		成本降低任务完成情况	
3			上年实际	本年实际	上年实际	本年实际	降低额	降低率
4	甲产品							
5	乙产品							
6	合计							

图 8-7　可比产品成本降低任务完成情况表

可比产品成本降低任务完成情况表操作视频

（1）填列实际产量、单位成本和总成本栏。根据产品生产成本表（按产品品种编制）对应项目直接引入填列，并求和。

> **📍 操作提示**
>
> - 选中 B4 单元格，输入公式 "='产品生产成本表（按产品品种编制）'!C6"。
> - 选中 C4 单元格，输入公式 "='2022 年产品产量成本表'!F6"。
> - 选中 D4 单元格，输入公式 "='产品生产成本表（按产品品种编制）'!G6"。
> - 选中 E4 单元格，输入公式 "='产品生产成本表（按产品品种编制）'!K6"。
> - 选中 F4 单元格，输入公式 "='产品生产成本表（按产品品种编制）'!M6"。
> - 同时选中 B4、C4、D4、E4、F4 单元格，向下拖曳填充柄至 F5 单元格。
> - 选中 E6 单元格，输入公式 "=E4+E5"，向右拖曳填充柄至 F6 单元格。

（2）设置降低情况。

可比产品成本降低任务完成情况分析，就是将可比产品的上年实际总成本的降低额和降低率，与成本计划中确定的降低额和降低率进行对比，计算公式如下：

$$实际成本的降低额 = \sum 实际产量 \times (上年实际单位成本 - 本年实际单位成本)$$

$$实际成本的降低率 = \frac{实际成本的降低额}{\sum (实际产量 \times 上年实际单位成本)} \times 100\%$$

📍 操作提示

- 选中 G4 单元格，输入公式"＝E4-F4"，向下拖曳填充柄至 G6 单元格。
- 选中 H4 单元格，输入公式"＝G4/E4"，向下拖曳填充柄至 H6 单元格。

完成以上步骤，完成可比产品成本降低任务完成情况表，如图 8-8 所示。

	A	B	C	D	E	F	G	H
1	可比产品成本降低任务完成情况表							
2	可比产品名称	实际产量	单位成本		总成本		成本降低任务完成情况	
3			上年实际	本年实际	上年实际	本年实际	降低额	降低率
4	甲产品	1,800	150	152	270,000	273,600	-3,600	-1.33%
5	乙产品	3,000	85	80	255,000	240,000	15,000	5.88%
6	合计				525,000	513,600	11,400	2.17%

图 8-8　可比产品成本降低任务完成情况表

任务 3　产品生产成本表（按成本项目编制）的编制与分析

一、产品生产成本表（按成本项目编制）的概念

按成本项目编制的产品生产成本表，汇总反映企业在报告期内发生的全部生产费用（按成本项目反映）和全部产品总成本。

二、产品生产成本表（按成本项目编制）的结构

按成本项目编制的产品生产成本表可分为产品生产成本和产品成本合计两部分，并按上年同期实际数、本月计划数、本月实际数、上年累计实际数、本年累计计划数和本年累计实际数分项、分栏进行反映。产品生产成本部分按成本项目反映，即按直接材料、直接人工和制造费用反映；产品成本合计部分是在产品生产成本的基础上，加上在产品、自制半成品期初余额，减去在产品、自制半成品期末余额得到的产品成本合计数。

产品生产成本表（按成本项目编制）的样表见图 8-12。

三、产品生产成本表（按成本项目编制）的分析

分析产品生产成本表（按成本项目编制）时，一般可采用比较分析法、比率分析法和相关指标比率分析法。

通过 Excel 建立产品生产成本表（按成本项目编制）的模型，以及通过 Power BI 建立产品生产成本报表（按成本项目编制）的动态分析模型，可以实现报表编制与分析的智能化，将多个表中的数据进行集成，对数据进行快速分类汇总，直观展现数据分析结果，更容易发现关键数据，让分析结果更准确地辅助企业决策。

四、应用 Excel 建立产品生产成本表（按成本项目编制）的编制模型

【案例 8-3】某企业大量大批生产甲产品，甲产品成本资料包括甲产品 2022 年产品实际成本表、甲产品 2022 年产品计划成本表和甲产品 2021 年产品实际成本表如图 8-9 至图 8-11 所示。

利用 Excel 建立甲产品生产成本表（按成本项目编制）的编制模型，如图 8-12 所示。

项目	1月	2月	3月	4月	5月	6月	7月	8月	9月	10月	11月	12月
甲产品2022年产品实际成本表												
期初数	1,136	1,214	1,773	1,189	969	811	1,089	1,244	990	1,317	990	760
直接材料	6,016	5,611	5,986	4,899	5,839	4,615	4,579	4,561	4,769	5,091	5,089	4,758
直接人工	6,875	6,768	5,728	5,776	5,696	6,115	6,632	5,742	5,703	5,767	7,089	7,302
制造费用	4,443	3,440	3,872	3,359	3,784	3,468	4,099	4,432	4,145	4,291	4,507	4,154
生产成本合计	17,334	15,819	15,586	14,034	15,319	14,198	15,310	14,735	14,617	15,149	16,685	16,214
本期转出	17,256	15,260	16,170	14,254	15,477	13,920	15,155	14,989	14,290	15,476	16,915	15,784
期末数	1,214	1,773	1,189	969	811	1,089	1,244	990	1,317	990	760	1,190

图 8-9　甲产品 2022 年产品实际成本表

项目	1月	2月	3月	4月	5月	6月	7月	8月	9月	10月	11月	12月
甲产品2022年产品计划成本表												
期初数	1,136	1,436	1,736	1,936	1,636	1,636	2,136	1,636	1,936	1,936	2,936	3,136
直接材料	5,500	5,500	5,000	5,500	5,000	5,000	6,000	5,500	6,000	5,000	5,000	6,000
直接人工	6,800	6,800	7,200	7,200	6,000	6,500	6,500	6,800	6,000	6,000	7,200	7,200
制造费用	4,000	4,000	4,000	4,000	4,000	4,000	4,000	4,000	4,000	4,000	4,000	4,000
生产成本合计	16,300	16,300	16,200	16,700	15,000	15,500	16,500	16,300	16,000	15,000	16,200	17,200
本期转出	16,000	16,000	16,000	17,000	15,000	15,000	17,000	16,000	16,000	14,000	16,000	17,500
期末数	1,436	1,736	1,936	1,636	1,636	2,136	1,636	1,936	1,936	2,936	3,136	2,836

图 8-10　甲产品 2022 年产品计划成本表

项目	1月	2月	3月	4月	5月	6月	7月	8月	9月	10月	11月	12月
甲产品2021年产品实际成本表												
期初数	985	1,157	904	900	1,257	1,003	1,471	1,044	1,193	441	1,489	1,270
直接材料	5,174	5,575	4,884	5,899	5,182	4,881	6,063	5,438	6,046	4,740	4,813	5,968
直接人工	6,871	6,287	7,121	7,234	5,705	6,579	6,395	6,815	5,626	5,961	7,197	6,979
制造费用	4,039	4,060	3,875	4,152	4,235	3,790	4,060	3,616	3,687	4,037	3,692	4,222
生产成本合计	16,084	15,922	15,880	17,285	15,122	15,250	16,518	15,869	15,359	14,738	15,702	17,169
本期转出	15,912	16,175	15,884	16,928	15,376	14,782	16,945	15,720	16,111	13,690	15,921	17,303
期末数	1,157	904	900	1,257	1,003	1,471	1,044	1,193	441	1,489	1,270	1,136

图 8-11　甲产品 2021 年产品实际成本表

甲产品生产成本表（按成本项目编制）操作视频

成本项目	上年同期实际数	本月计划数	本月实际数	上年累计实际数	本年累计计划数	本年累计实际数
甲产品生产成本表（按成本项目编制）						
	2022年	12月				
直接材料						
直接人工						
制造费用						
产品生产成本						
加：在产品、自制半成品期初余额						
减：在产品、自制半成品期末余额						
产品成本合计						

图 8-12　甲产品生产成本表（按成本项目编制）模型

（一）设置生产费用

（1）根据相关成本资料，以单元格引用的方式，填列各项成本费用上年同期实际数、本月计划数和本月实际数栏。

> **操作提示**
> - 选中 B4 单元格，输入公式"='甲产品成本资料'!M27"。
> - 选中 C4 单元格，输入公式"='甲产品成本资料'!M16"。
> - 选中 D4 单元格，输入公式"='甲产品成本资料'!M5"。
> - 同时选中 B4、C4、D4 单元格，向下拖曳填充柄至 D6 单元格。

（2）累计数计算填列设置。累计数的计算有两种方法，一是本期期初至该月金额的合计数，二是上期累计数金额加本月金额，案例采用第一种方法进行相应设置。

> **操作提示**
> - 选中 E4 单元格，输入公式"=SUM（'甲产品成本资料'!B27：M27）"。
> - 选中 F4 单元格，输入公式"=SUM（'甲产品成本资料'!B16：M16）"。
> - 选中 G4 单元格，输入公式"=SUM（'甲产品成本资料'!B5：M5）"。
> - 同时选中 E4、F4、G4 单元格，向下拖曳填充柄至 G6 单元格。

（二）设置产品生产成本

按照各栏直接材料、直接人工、制造费用求和计算。

> **操作提示**
> - 选中 B7 单元格，输入公式"=B4＋B5＋B6"，向右拖曳填充柄 G7 单元格。

（三）设置在产品、自制半成品期初余额

（1）根据相关成本资料，以单元格引用的方式，填列在产品、自制半产品期初余额上年同期实际数、本月计划数和本月实际数栏。

> **操作提示**
> - 选中 B8 单元格，输入公式 "='甲产品成本资料'!M26"。
> - 选中 C8 单元格，输入公式 "='甲产品成本资料'!M15"。
> - 选中 D8 单元格，输入公式 "='甲产品成本资料'!M4"。

（2）累计数计算填列设置。在产品、自制半成品期初余额累计数的计算设置，在数据引用时根据"期初数"栏筛选求和引入。

> **操作提示**
> - 选中 E8 单元格，输入公式 "=SUM('甲产品成本资料'!B26:M26)"。
> - 选中 F8 单元格，输入公式 "=SUM('甲产品成本资料'!B15:M15)"。
> - 选中 G8 单元格，输入公式 "=SUM('甲产品成本资料'!B4:M4)"。

（四）设置在产品、自制半成品期末余额

在产品、自制半成品期末余额数据设置与期初余额数据设置类似，由对应表格中"期末数"一栏数据筛选求和引入。

> **操作提示**
> - 选中 B9 单元格，输入公式 "='甲产品成本资料'!M32"。
> - 选中 C9 单元格，输入公式 "='甲产品成本资料'!M21"。
> - 选中 D9 单元格，输入公式 "='甲产品成本资料'!M10"。
> - 选中 E9 单元格，输入公式 "=SUM('甲产品成本资料'!B32:M32)"。
> - 选中 F9 单元格，输入公式 "=SUM('甲产品成本资料'!B21:M21)"。
> - 选中 G9 单元格，输入公式 "=SUM('甲产品成本资料'!B10:M10)"。

（五）设置产品成本合计

产品成本合计的计算公式为：

产品成本合计 = 产品生产成本 + 在产品、自制半成品期初余额 −

在产品、自制半成品期末余额

📍 操作提示

● 选中 B10 单元格，输入公式"＝B7＋B8−B9"，向右拖曳填充柄至 G10 单元格。

完成以上步骤，生成甲产品生产成本表（按成本项目编制），如图 8-13 所示。

	A	B	C	D	E	F	G
1	甲产品生产成本表（按成本项目编制）						
2		2022年	12月				
3	成本项目	上年同期实际数	本月计划数	本月实际数	上年累计实际数	本年累计计划数	本年累计实际数
4	直接材料	5,968	6,000	4,758	64,663	65,000	61,813
5	直接人工	6,979	7,200	7,302	78,770	80,200	75,193
6	制造费用	4,222	4,000	4,154	47,465	48,000	47,994
7	产品生产成本	17,169	17,200	16,214	190,898	193,200	185,000
8	加：在产品、自制半成品期初余额	1,270	3,136	760	13,114	23,232	13,482
9	减：在产品、自制半成品期末余额	1,136	2,836	1,190	13,265	24,932	13,536
10	产品成本合计	17,303	17,500	15,784	190,747	191,500	184,946

图 8-13　甲产品生产成本表（按成本项目编制）

五、应用 Excel 建立产品生产成本表（按成本项目编制）的分析模型

【案例 8-4】沿用前述案例，根据产品生产成本表（按成本项目编制），建立产品成本计划完成情况（按成本项目）分析模型和成本项目的费用构成比率分析模型。

产品成本计划完成情况及成本项目的费用构成比率分析操作视频

（一）产品成本计划完成情况（按成本项目）分析模型

利用 Excel 建立甲产品成本计划完成情况（按成本项目）分析表，如图 8-14 所示。

	A	B	C	D	E
1	甲产品成本计划完成情况（按成本项目）分析表				
2		2022年			单位：元
3	成本项目	总成本		实际与计划	
4		计划	实际	差异额	差异率
5	直接材料				
6	直接人工				
7	制造费用				
8	产品生产成本				

图 8-14　甲产品成本计划完成情况（按成本项目）分析模型

（1）根据成本报表等资料，以单元格引用的方式，填列总成本栏。

操作提示

● 选中 B5 单元格，输入公式“='甲产品生产成本表（按成本项目编制）'!F4”，向右拖曳填充柄至 C5 单元格，并向下拖曳填充柄至 C8 单元格。

（2）设置实际与计划的差异分析，计算公式如下：

$$差异额=实际数-计划数$$

$$差异率=\frac{差异额}{计划数}\times 100\%$$

操作提示

● 选中 D5 单元格，输入公式“=C5-B5”，向下拖曳填充柄至 D8 单元格。

● 选中 E5 单元格，输入公式“=D5/B5”，向下拖曳填充柄至 E8 单元格。

完成以上步骤，完成甲产品成本计划完成情况（按成本项目）分析表，如图 8-15 所示。

	A	B	C	D	E
1	甲产品成本计划完成情况（按成本项目）分析表				
2		2022年			单位：元
3	成本项目	总成本		实际与计划	
4		计划	实际	差异额	差异率
5	直接材料	65,000	61,813	-3,187	-4.90%
6	直接人工	80,200	75,193	-5,007	-6.24%
7	制造费用	48,000	47,994	-6	-0.01%
8	产品生产成本	193,200	185,000	-8,200	-4.24%

图 8-15　甲产品成本计划完成情况（按成本项目）分析表

（二）成本项目的费用构成比率分析模型

利用 Excel 建立甲产品成本项目的费用构成比率分析模型，如图 8-16 所示。

分别计算本年计划数构成比率和本年实际数构成比率，计算公式如下：

$$某成本项目的比率 = \frac{该成本项目金额}{该产品生产成本} \times 100\%$$

> **操作提示**
>
> ● 选中 B4 单元格，输入公式 "='甲产品生产成本表（按成本项目编制）'!F4/'甲产品生产成本表（按成本项目编制）'!F$7"，向右拖曳填充柄至 C4 单元格，并向下拖曳填充柄至 C6 单元格。

完成以上步骤，完成甲产品成本项目的费用构成比率分析表，如图 8-17 所示。

	A	B	C
1	甲产品成本项目的费用构成比率分析表		
2		2022年	
3	成本项目	本年计划数构成比率	本年实际数构成比率
4	直接材料		
5	直接人工		
6	制造费用		

图 8-16　甲产品成本项目的
费用构成比率分析表

	A	B	C
1	甲产品成本项目的费用构成比率分析表		
2		2022年	
3	成本项目	本年计划数构成比率	本年实际数构成比率
4	直接材料	33.64%	33.41%
5	直接人工	41.51%	40.64%
6	制造费用	24.84%	25.94%

图 8-17　甲产品成本项目
本年计划数构成比率填列

六、应用 Power BI 建立产品生产成本表（按成本项目编制）的动态分析模型

【案例 8-5】沿用前述案例，通过 Power BI 建立产品生产成本表（按成本项目编制）的动态分析模型。

（一）数据引入

将案例资料通过 Excel 工作簿导入 Power BI，具体操作情况如图 8-18 所示。

图 8-18　引入数据源

（二）数据清洗

进行数据逆透视、数据类型设置等必要的数据清洗，将 Excel 数据表格转换为一维数据信息表，具体操作结果见图 8-19。通过"关闭并应用"按钮完成数据清洗工作。

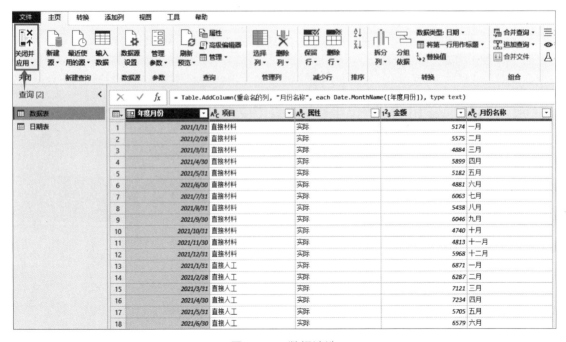

图 8-19　数据清洗

（三）数据建模

根据成本报表分析需要，建立相关分析指标度量值。

数据建模及
数据可视化
操作视频

1. 金额合计

金额合计的度量值为：

金额合计 $= sum('数据表'[金额])$

2. 本期实际数

本期实际数的度量值为：

本期实际数 $= CALCULATE([金额合计], '数据表'[属性] = "实际")$

3. 本期计划数

本期计划数的度量值为：

本期计划数 $= CALCULATE([金额合计], '数据表'[属性] = "计划")$

4. 实际比计划差异额

实际比计划差异额的度量值为：

实际比计划差异额 $= [本期实际数] - [本期计划数]$

5. 实际比计划差异率

实际比计划差异率的度量值为：

实际比计划差异率 $= [实际比计划差异额] / [本期计划数]$

6. 本期累计实际数

本期累计实际数的度量值为：

本年累计实际数 $= TOTALYTD([本期实际数], '日期表'[日期])$

7. 本期累计计划数

本期累计计划数的度量值为：

本年累计计划数 $= TOTALYTD([本期计划数], '日期表'[日期])$

8. 实际比计划累计差异额

实际比计划累计差异额的度量值为：

实际比计划累计差异额 $= [本年累计实际数] - [本年累计计划数]$

9. 实际比计划累计差异率

实际比计划累计差异率的度量值为：

实际比计划累计差异率 = [实际比计划累计差异额] / [本年累计计划数]

10. 上年实际数

上年实际数的度量值为:

上年实际数 = CALCULATE([本期实际数], SAMEPERIODLASTYEAR('日期表'[日期]))

11. 同比增长率

同比增长率的度量值为:

同比增长率 = ([本期实际数] - [上年实际数]) / [上年实际数]

12. 上月实际数

上月实际数的度量值为:

上月实际数 = CALCULATE([本期实际数], DATEADD('日期表'[日期], -1, MONTH))

13. 环比增长率

环比增长率的度量值为:

环比增长率 = ([本期实际数] - [上月实际数]) / [上月实际数]

(四) 数据可视化

根据成本报表分析需要,进行数据可视化处理,并通过筛选器实现动态分析,如图 8-20 和图 8-21 所示。

| 生产成本合计 | | 直接材料 | | 直接人工 | | 制造费用 | |

	月份	本期实际数	本期计划数	实际比计划差异额	实际比计划差异率	本年累计实际数	本年累计计划数	实际比计划累计差异额	实际比计划累计差异率
∨ □ 2021	1	17334	16300	1034	6.34%	17334	16300	1034	6.34%
∧ ■ 2022	2	15819	16300	-481	-2.95%	33153	32600	553	1.70%
∧ ■ Q1	3	15586	16200	-614	-3.79%	48739	48800	-61	-0.13%
■ 1	4	14034	16700	-2666	-15.96%	62773	65500	-2727	-4.16%
■ 2	5	15319	15000	319	2.13%	78092	80500	-2408	-2.99%
■ 3	6	14198	15500	-1302	-8.40%	92290	96000	-3710	-3.86%
∨ ■ Q2	7	15310	16500	-1190	-7.21%	107600	112500	-4900	-4.36%
	8	14735	16300	-1565	-9.60%	122335	128800	-6465	-5.02%
∨ ■ Q3	9	14617	16000	-1383	-8.64%	136952	144800	-7848	-5.42%
∨ ■ Q4	10	15149	15000	149	0.99%	152101	159800	-7699	-4.82%
	11	16685	16200	485	2.99%	168786	176000	-7214	-4.10%
	12	16214	17200	-986	-5.73%	185000	193200	-8200	-4.24%
	总计	185000	193200	-8200	-4.24%	185000	193200	-8200	-4.24%

图 8-20 生产成本与计划成本动态比较分析表

生产成本合计	直接材料	直接人工	制造费用

月份	本期实际数	上年实际数	同比增长率	上月实际数	环比增长率
1	6875	6871	0.06%	6979	-1.49%
2	6768	6287	7.65%	6875	-1.56%
3	5728	7121	-19.56%	6768	-15.37%
4	5776	7234	-20.15%	5728	0.84%
5	5696	5705	-0.16%	5776	-1.39%
6	6115	6579	-7.05%	5696	7.36%
7	6632	6395	3.71%	6115	8.45%
8	5742	6815	-15.74%	6632	-13.42%
9	5703	5626	1.37%	5742	-0.68%
10	5767	5961	-3.25%	5703	1.12%
11	7089	7197	-1.50%	5767	22.92%
12	7302	6979	4.63%	7089	3.00%
总计	75193	78770	-4.54%	74870	0.43%

图 8-21　生产成本同比与环比动态分析表

降本增效

多措并举提效益　成本领先促发展

2022 年，作为有色板块国资国企，湖南宝山有色金属矿业有限责任公司全面落实有色集团"成本管控年"工作要求，牢固树立全员"降本增效"意识，锚定全年成本总额下降 10%、实现降本 2 500 万元年度任务目标，上下联动、干群合力，推行"新"举措，迈开"新"步伐，降本增效全面有效。

双轮驱动，业财融合。2022 年，公司经过深入现场调研，数次专题研讨，创新成本管控模式，以成本管控融合生产技术、定额成本融入技术管理的新模式，引领技术管理变革，实现以技术管控促成本节约、成本管控促技术提升双轮驱动新思路。打通生产指标与财务数据传输链，下移成本管控重心，从源头上把控采、选成本。加大业财融合力度，建立工程效益最大化的设计思路，制定预算管控机制核算投入产出比，构建设计方案分析—对比—优化的工作循环。使得生产技术的管理以每个点、面经济效益最大化为基础，最终实现总体经济效益最大化的成本管控目标。

层级考核，核算延伸至全过程。成本考核实行周期考核、层级核算、奖励到人的考核方案。建立年度、周期、月度三重周期考核机制，设置基层单位—中段（班组、车间）—作业点三个层级考核。根据各生产单位作业流程或生产工艺建立考核项目、设置定额成本，核算实际节超比，奖罚到具体作业人员，将成本精细化管理延伸到生产的全过程，使每个作业点成为盈利点。

清单管理，系统优化挖潜增效。2022年，公司以动力成本管理为基础，以降本增效工作任务清单为管理抓手，以生产系统优化及节能降耗工作为重点，深挖生产降本增效潜力。

积沙成海、聚力破冰。经过公司上下同心、协力共进，成本管控点面结合，2022年1—8月公司共计实现降本增效2 411.58万元，为年度目标任务的完成打下坚实基础。扬帆起航风正劲，重任在肩需慎行。

💻 学思践行

降本增效是一项长期而艰巨的任务，需要沉稳的脚步、坚毅的决心，让技术创新与生产同步、成本管控与效益同行，通过成本领先推动企业高质量发展。

降本增效是成本管控取得的实效，"业财融合"的管控模式、开展核算延伸至全过程的层级考核以及实施便于系统优化挖潜增效的清单管理能有效地实现企业降本增效的目标。

岗课赛证融通同步训练

一、单选题

1. 假定某可比产品只是产量发生变动，其他因素不变，则（　　　）。

A. 只影响成本降低额，不影响成本降低率

B. 只影响成本降低率，不影响成本降低额

C. 既影响成本降低额，又影响成本降低率

D. 既不影响成本降低额，又不影响成本降低率

2. 产品生产成本表反映（　　　）成本。

A. 全部商品产品　　　　　　　　　　B. 可比产品

C. 不可比产品   D. 除不可比产品外

3. 可比产品是指（   ），有完备的成本资料可以进行比较的产品。

A. 国内曾经试制过   B. 企业曾经试制过

C. 国内正式生产过   D. 企业正式生产过

4. 可比产品降低额与降低率之间（   ）。

A. 成反比   B. 成正比

C. 同方向变动   D. 没有直接关系

5. 企业只生产一种产品时，影响可比产品降低额变动的因素是（   ）。

A. 产品产量   B. 产品单位成本

C. 产品品种结构   D. 产品产量和产品单位成本

6. 某企业 2023 年可比产品按上年实际平均单位成本计算的本年累计总成本为 150 万元，按本年计划单位成本计算的本年累计总成本为 140 万元，本年累计实际总成本为 145 万元。则可比产品成本的降低率为（   ）。

A. 3.45%   B. 3.33%

C. 7.14%   D. 6.67%

二、多选题

1. 全部产品生产成本表可以从（   ）两个角度进行编制和分析。

A. 按产品品种   B. 按成本项目

C. 按可比产品   D. 按不可比产品

2. 下列各项中，影响可比产品成本计划完成情况的因素有（   ）。

A. 产品产量   B. 产品工艺

C. 产品价格   D. 产品品种结构

3. 产品生产成本表应列示（   ）。

A. 计划产量   B. 实际产量

C. 计划单位成本   D. 本月实际单位成本

4. 产品生产成本表可以反映可比产品与不可比产品的（   ）。

A. 本月实际产量   B. 本年累计产量

C. 本月总成本   D. 本年总成本

5. 关于本月总成本，以下说法正确的有（   ）。

A. 按上年实际平均单位成本计算 = 本月计划产量 × 上年实际平均单位成本

B. 按上年实际平均单位成本计算 = 本月实际产量 × 上年实际平均单位成本

C. 按本年计划平均单位成本计算 = 本月计划产量 × 本年计划单位成本

D. 按本年计划平均单位成本计算 = 本月实际产量 × 本年计划单位成本

6. 按成本项目反映的产品生产成本表，一般可以采用（　　　　　）进行分析。

A. 对比分析法　　　　　　　　B. 构成比率分析法

C. 指数指标分析法　　　　　　D. 相关指标比率分析法

三、判断题

1. 可比产品是指企业以前年度已经生产过，现在仍在继续生产的产品。（　　　　）

2. 主要产品是指成本较大的产品。（　　　）

3. 产品生产成本表只反映全部产品的总成本。（　　　　）

4. 成本降低额是指按计划计算的成本额与按实际计算的总成本的差额。（　　　　）

5. 全部产品成本降低率是全部产品成本降低额与全部产品实际总成本的比率。

（　　　）

6. 按成本项目反映的产品生产成本表是按成本项目汇总反映企业在报告期内发生的产品生产成本合计额的报表。（　　　　）

四、业务题

某企业 2023 年产品产量成本资料如表 8-1 所示，其中 A 产品、B 产品是可比产品，C 产品是不可比产品。请根据相关成本资料，完成以下任务：

（1）按产品品种编制产品生产成本表。

（2）分析实际总成本与计划成本相比，成本降低任务的完成情况。

（3）分析可比产品本年与上年相比，成本降低任务的完成情况。

表 8-1　2023 年产品产量成本资料

2023 年 12 月

产品名称	产量 / 台				单位成本 / 元			本月实际总成本 / 元
	本月实际	本年累计实际	本月计划	本年计划	上年实际平均	本年计划	本年累计实际平均	
A 产品	600	6 400	550	6 600	75	70	76	45 000
B 产品	380	4 480	400	4 800	52	50	48	17 100
C 产品	80	960	75	900		240	235	18 640

主要产品单位成本表的
编制与分析

学习目标

素养目标

◆ 通过学习主要产品单位成本的编制与分析，树立"细微之处见风范，毫厘之优定乾坤"的工作态度，培养敬业求真、一丝不苟的工匠精神。

知识目标

◆ 了解主要产品单位成本表的概念。

◆ 掌握主要产品单位成本表的主要内容。

◆ 熟悉主要产品单位成本表的编制方法。

◆ 了解主要产品单位成本表的分析方法。

技能目标

◆ 能够正确编制主要产品单位成本表。

◆ 能够应用 Excel 建立主要产品单位成本表的编制模型和分析模型。

【思维导图】

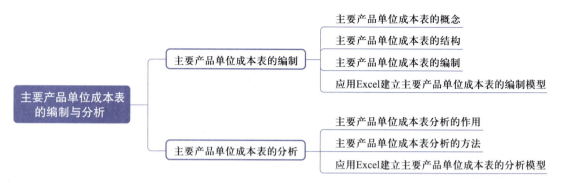

项目9 Excel
原始表格下
载

编制成本报表是每个企业的重要财务活动，而其中编制主要产品单位成本表则是该项活动的主体，也是最能反映企业主要经济指标的成本报表，因此正确编制和分析主要产品单位成本表是极其重要的。

任务1　主要产品单位成本表的编制

一、主要产品单位成本表的概念

主要产品单位成本表是反映企业在一定时期内（月份、季度、年度）生产的各种主要产品单位成本的构成和各项主要经济指标执行情况的成本报表，是产品生产成本表的必要补充。通过编制主要产品单位成本表，可以分析各种主要产品单位成本水平和结构比例；比较各种主要产品单位成本计划、定额执行情况；寻找产生差距的原因，挖掘降低主要产品单位成本的潜力，提高企业经济效益。

二、主要产品单位成本表的结构

主要产品单位成本表根据产品成本项目，分别反映产品的单位成本和各成本项目的历史先进水平、上一年的实际平均水平、当年的计划水平、当月的实际平均水平和当年的累计实际平均水平。

该表主要分为两部分：

第一部分是本表的基础部分，是根据每个主要产品设置的。该表除反映产品名称、规格、计量单位、产量、销售单价外，主要按成本项目反映单位成本的构成和水平。

第二部分是本表的补充数据，反映了上一年和今年的几项经济指标，为分析和评估提供了简单的数据。

主要产品单位成本表的样表参见图9-5。

三、主要产品单位成本表的编制

（一）产量

（1）本月计划产量和本年累计计划产量，应根据本月和本年的生产计划填列。

（2）本月实际产量和本年累计实际产量，应根据产品成本明细账或产成品成本汇总表填列。

（3）销售单价，应根据产品定价表填列。

（二）单位成本

（1）历史先进水平的单位成本，应根据该企业历史上该种产品成本最低年度成本表的实际平均单位成本填列。

（2）上年实际平均的单位成本，应根据上年度本表的累计实际平均单位成本填列。

（3）本年计划的单位成本，应根据本年度成本计划中的资料填列。

（4）本月实际的单位成本，应根据产品成本明细账或产成品成本汇总表填列。

（5）本年实际平均的单位成本，应根据本年年初起至报告期末止，该产品成本明细账完工入库产品的本年累计实际总成本与本年累计实际产量之商填列。

（6）表中主要技术经济指标，主要列示原材料、主要材料、燃料和动力消耗量，应根据产品定额消耗计划和本期实际消耗等资料进行填列。

通过 Excel 建立主要产品单位成本表的模型，可以实现报表编制的智能化，更快、更加直观地反映企业主要产品的单位成本变化情况，简化填表等过程，把财务人员从繁杂的计算工作中解放出来，从而提高工作效率。

四、应用Excel建立主要产品单位成本表的编制模型

【案例9-1】某企业主要产品为乙产品，该产品主要耗用材料为A、B两种材料，其中编制月份为2022年12月，单位为元，乙产品计量单位为台，规格为IL，售价为每台780元，其他相关产品成本及具体资料如图9-1至9-4所示。

	A	B	C	D	E
1	乙产品2022年生产产量表				
2	上年实际累计产量	本月计划	本月实际产量	本年计划	本年累计实际数
3	4,500	450	440	4,800	4,600

图9-1　乙产品2022年生产产量表

	A	B	C
1	乙产品相关成本项目历史先进水平统计表（平均值）		
2	成本项目	数值	年份
3	直接材料	182	2019
4	其中：A材料	109	2019
5	B材料	73	2019
6	直接人工	260	2018
7	制造费用	79	2020
8	产品生产成本	522	2019

图9-2　乙产品相关成本项目历史先进水平统计表（平均值）

	A	B	C	D	E	F
1	乙产品2022年生产成本表（按成本项目编制）					
2	成本项目	上年实际累计数	本月计划	本月实际	本年计划	本年累计实际数
3	直接材料	850,500	83,475	80,850	887,040	848,470
4	其中：A材料	510,300	50,085	48,510	532,224	509,082
5	B材料	340,200	33,390	32,340	354,816	339,388
6	直接人工	1,215,000	119,250	115,500	1,267,200	1,212,100
7	制造费用	364,500	35,775	34,650	380,160	363,630
8	产品生产成本	2,430,000	238,500	231,000	2,534,400	2,424,200
9	加：在产品、自制半成品期初余额	11,924	11,925	11,550	126,720	121,210
10	减：在产品、自制半成品期末余额	14,309	14,310	13,860	152,064	145,452
11	产品成本合计	2,427,615	236,115	228,690	2,509,056	2,399,958

图9-3　乙产品2022年生产成本表（按成本项目编制）

	A	B	C	D	E
1	A、B材料单价表				
2		计划		实际	
3	年份	A材料	B材料	A材料	B材料
4	2019	2.80	5.00	3.00	5.00
5	2020	3.00	5.00	3.10	5.10
6	2021	3.10	5.10	3.50	5.20
7	2022	3.10	5.20	3.40	5.30

图 9-4　A、B 材料单价表

利用 Excel 建立 2022 年乙产品单位成本表模型，如图 9-5 所示。注：因本案例中无燃料和动力费用，可省略。

	A	B	C	D	E	F
1	2022年乙产品单位成本表					
2	编制单位：				年　月	
3	产品名称		本月计划产量		本年累计计划产量	
4	规　　格		本月实际产量		本年累计实际产量	
5	计量单位		销售单价			
6	成本项目	历史先进水平	上年实际平均	本年计划	本月实际	本年实际平均
7	直接材料					
8	直接人工					
9	制造费用					
10	产品单位成本					

图 9-5　2022 年乙产品单位成本表

（一）设置单位成本表的基本信息及历史先进水平

（1）填写编制单位、产品名称等。根据企业基本信息进行填写，编制月份为 2022 年 12 月，单位为元，规格为 IL，销售单价为 780 元。

（2）根据乙产品成本资料，以单元格引用的方式，填列本月计划产量、本年累计计划产量、本月实际产量及本年累计实际产量栏。

操作提示

- 选中 D3 单元格，输入公式“='乙产品 2022 年生产产量表'!B3”。
- 选中 D4 单元格，输入公式“='乙产品 2022 年生产产量表'!C3”。
- 选中 F3 单元格，输入公式“='乙产品 2022 年生产产量表'!D3”。
- 选中 F4 单元格，输入公式“='乙产品 2022 年生产产量表'!E3”。

（3）填写历史先进水平。根据"乙产品相关成本项目历史先进水平统计表（平均值）"对应项目，通过直接引入填列本表中的信息。

> **操作提示**
>
> ● 选中 B7 单元格，输入公式"='乙产品相关成本项目历史先进水平统计表(平均值)'!B3"。
>
> ● 选中 B8 单元格，输入公式"='乙产品相关成本项目历史先进水平统计表(平均值)'!B6"，向下拖曳填充柄至 B10 单元格。

（二）设置单位成本

（1）成本项目单位成本为该成本项目成本除以产品产量，计算公式如下：

$$成本项目单位成本 = \frac{该成本项目成本}{产品产量}$$

（2）产品单位成本为产品生产成本除以产品产量，计算公式如下：

$$产品单位成本 = \frac{产品生产成本}{产品产量}$$

> **操作提示**
>
> 以上年实际平均的单位成本为例：
>
> ● 选中 C7 单元格，输入公式"='乙产品 2022 年生产成本表（按成本项目编制）'!B3/'乙产品 2022 年生产产量表'!$A$3"。
>
> ● 选中 C8 单元格，输入公式"='乙产品 2022 年生产成本表（按成本项目编制）'!B6/'乙产品 2022 年生产产量表'!$A$3"，向下拖曳填充柄至 C10 单元格。
>
> ● 本年计划、本月实际和本年实际平均单位成本的操作步骤与上年实际平均的单位成本类似。

完成以上步骤后，生成 2022 年乙产品单位成本表，如图 9-6 所示。

图 9-6　2022 年乙产品单位成本表

任务 2　主要产品单位成本表的分析

一、主要产品单位成本表分析的作用

一定时期产品单位成本的高低与企业的生产技术、生产组织状况和经营管理水平等情况密切相关，结合企业的各种经济资料，对产品单位成本进行分析，可以查明成本升降的具体原因，以便采取措施降低产品成本。

二、主要产品单位成本表分析的方法

对产品单位成本的分析，重点分析两种产品，一是单位成本升降幅度较大的产品；二是在企业全部产品中所占比重较大的产品。在这两类产品中，又应重点分析升降幅度较大的和所占比重较大的成本项目。分析产品单位成本要依据有关成本报表资料和相关成本资料。其分析方法一是进行综合分析，即运用比较分析法，将本期实际单位成本与本年计划单位成本、历史先进水平等资料进行对比，查明产品单位成本计划的完成情况以及发展变化趋势等；二是进行因素分析，即运用因素分析法，对影响产品单位成本各成本项目费用变动的数量因素和价格因素进行分析，查明各个成本项目成本升降的具体原因。

通过 Excel 建立主要产品单位成本表的分析模型，可以实现报表分析的智能化，更快、更直观地反映企业主要产品的单位成本变化情况，更容易针对各因素进行成本分析，也更容易对各个变动因素进行调节进而得出改进策略。

三、应用Excel建立主要产品单位成本表的分析模型

【案例9-2】请根据"2022年丙产品单位成本表""K材料单价表"以及"2022年丙产品生产成本表"，建立丙产品单位成本综合分析模型和丙产品单位成本项目分析模型，成本资料详见图9-7、图9-8及图9-9。

	A	B	C	D	E	F
1	2022年丙产品单位成本表					
2	编制单位：某企业			2022年12月		
3	产品名称	乙	本月计划产量	100	本年累计计划产量	1,100
4	规　格	ⅡL	本月实际产量	80	本年累计实际产量	1,050
5	计量单位	台	销售单价	880		
6	成本项目	历史先进水平	上年实际平均	本年计划	本月实际	本年实际平均
7	直接材料	204	230	234	260	262
8	直接人工	280	300	305	348	350
9	制造费用	70	81	72	71	70
10	产品单位成本	554	611	611	679	682
11	主要技术经济指标	消耗量	消耗量	消耗量	消耗量	消耗量
12	K材料	22.00	22.50	22.60	23.00	23.00

图9-7　2022年丙产品单位成本表

	A	B	C
1	K材料单价表		
2	年份	计划	实际
3	2019	9.50	9.80
4	2020	10.00	10.10
5	2021	10.10	10.22
6	2022	10.40	11.39

图9-8　K材料单价表

	A	B	C	D	E	F	G
1	2022年丙产品生产成本表						
2	成本项目	单位用量		单位价格		单位成本	
3		本年计划	本年实际	本年计划	本年实际	本年计划	本年实际
4	直接材料	13.00	13.10	18.00	20.00	234.00	262.00
5	直接人工	7.63	7.00	40.00	50.00	305.00	350.00
6	制造费用	9.00	7.00	8.00	10.00	72.00	70.00
7	主要技术经济指标：K材料	22.60	23.00	10.40	11.39	235.00	262.00

图9-9　2022年丙产品生产成本表

（一）主要产品单位成本综合分析模型

利用 Excel 建立 2022 年丙产品单位成本综合分析模型，如图 9-10 所示。

	A	B	C	D	E	F	G	H	I	J	K	L
1	2022年丙产品单位成本综合分析表						差异					
2	成本项目	历史先进水平	上年实际平均	本年计划	本月实际	本年实际平均	本年实际比本年计划	差异率	本年实际比上年实际	差异率	本年实际比历史先进水平	差异率
3	直接材料											
4	直接人工											
5	制造费用											
6	产品单位成本											

图 9-10　2022 年丙产品单位成本综合分析模型

（1）根据成本资料，以单元格引用的方式，填列各项成本项目栏。

操作提示

● 选中 B3 单元格，输入公式“='2022 年丙产品单位成本表'!B7”，向右拖曳填充柄至 F3 单元格，并向下拖曳填充柄至 F6 单元格。

（2）设置差异分析，计算公式如下：

$$差异额 = 本年实际 - 本年计划（或上年实际、历史先进水平）$$

$$差异率 = \frac{差异额}{本年计划（或上年实际、历史先进水平）} \times 100\%$$

操作提示

● 选中 G3 单元格，输入公式“=F3-D3”。

● 选中 H3 单元格，输入公式“=G3/D3”。

● 选中 I3 单元格，输入公式“=F3-C3”。

● 选中 J3 单元格，输入公式“=I3/C3”。

● 选中 K3 单元格，输入公式“=F3-B3”。

- 选中 L3 单元格，输入公式"＝K3/B3"。
- 同时选中 G3、H3、I3、J3、K3 和 L3 单元格，向下拖曳填充柄至 L6 单元格。

完成以上步骤后，完成 2022 年丙产品单位成本的综合分析表，如图 9-11 所示。

	A	B	C	D	E	F	G	H	I	J	K	L
1	2022年丙产品单位成本综合分析表						差异					
2	成本项目	历史先进水平	上年实际平均	本年计划	本月实际	本年实际平均	本年实际比本年计划	差异率	本年实际比上年实际	差异率	本年实际比历史先进水平	差异率
3	直接材料	204	230	234	260	262	28.00	11.97%	32.00	13.91%	58.00	28.43%
4	直接人工	280	300	305	348	350	45.00	14.75%	50.00	16.67%	70.00	25.00%
5	制造费用	70	81	72	71	70	-2.00	-2.78%	-11.00	-13.58%	0.00	0.00%
6	产品单位成本	554	611	611	679	682	71.00	11.62%	71.00	11.62%	128.00	23.10%

图 9-11　2022 年丙产品单位成本综合分析表

（二）主要产品单位成本变动分析模型

利用 Excel 建立 2022 年丙产品单位成本变动分析模型，如图 9-12 所示。

	A	B	C	D	E	F	G	H	I
1	2022年丙产品单位成本变动分析表							差异分析	
2	成本项目	单位用量		单位价格		单位成本		量差	价差
3		本年计划	本年实际	本年计划	本年实际	本年计划	本年实际		
4	直接材料								
5	直接人工								
6	制造费用								
7	主要技术经济指标：K材料								

图 9-12　2022 年丙产品单位成本变动分析模型

（1）根据成本资料，以单元格引用的方式，填列单位用量、单位价格和单位成本栏。

📍 操作提示

- 选中 B4 单元格，输入公式"＝'2022 年丙产品生产成本表'!B4"，向右拖曳填充柄至 G4 单元格，并向下拖曳填充柄至 G7 单元格。

（2）设置差异分析，计算公式如下：

$$量差 =（实际用量 - 计划用量）\times 计划价格$$

$$价差 = 实际用量 \times（实际价格 - 计划价格）$$

📍 操作提示

● 选中 H4 单元格，输入公式"=（C4-B4)*D4"，向下拖曳填充柄至 H7 单元格。

● 选中 I4 单元格，输入公式"=（E4-D4)*C4"，向下拖曳填充柄至 I7 单元格。

完成以上步骤后，完成 2022 年丙产品单位成本变动分析，如图 9-13 所示。

成本项目	单位用量		单位价格		单位成本		差异分析	
	本年计划	本年实际	本年计划	本年实际	本年计划	本年实际	量差	价差
直接材料	13.00	13.10	18.00	20.00	234.00	262.00	1.80	26.20
直接人工	7.63	7.00	40.00	50.00	305.00	350.00	-25.00	70.00
制造费用	9.00	7.00	8.00	10.00	72.00	70.00	-16.00	14.00
主要技术经济指标：K材料	22.60	23.00	10.40	11.39	235.00	262.00	4.16	22.84

2022年丙产品单位成本变动分析表

图 9-13　2022 年丙产品单位成本项目变动分析表

📋 降本增效

上下齐心，"破局"攻坚降本增效

党的二十大报告中指出，"高质量发展是全面建设社会主义现代化国家的首要任务""推动经济实现质的有效提升和量的合理增长"。这些重要论述为国有企业加快提高核心竞争力、增强核心功能、实现健康可持续发展指明了方向、提供了遵循。

陕钢集团汉中钢铁有限责任公司烧结厂将单位绩效指标与降本增效目标完成情况挂钩，深入聚焦降本增效，"破局"攻坚解决成本难题。

"顺藤摸瓜"查找高能耗点位。"为每个电能用户制订消耗定额，超出部分相关单位要积极做出判断，对超额原因进行具体分析，并制订可量化的控制措施。"每日早会上，设备环保科对分厂前一日的能耗指标一一进行通报，针对电耗指标超标的区域，各管辖范围负责人在会上进行阐述。此外，组织仪表自动化专业人员对分厂高能耗电机每日用电量进行分析，对比风机工频运行风门开度与变频运行频率，评估最佳用能方案，根据现场收尘点风量、风速调整风机风门开度及频率，确保除尘系统在满足环保要求的同时，合理控制电机电耗。

"抽丝剥茧"寻找最低成本配方。为进一步降低烧结熔剂成本，该厂制定出"单耗＋成本"双重管理思路，在物料堆存方面，从物料的进购、堆放、使用"三位一体"进行管控，在确保生产过程稳定的前提下，烧结矿粉低保持库存运行，料场根据来料情况，及时做好堆取调节，通过监控画面和配料下料趋势图全过程监控使用过程，做到精准配料，确保使用比例在控制范围，降低烧结成本。

"稳中求窄"摸索最佳指标区间。物料消耗的降低对降低成本有着重大意义。随着原料中二氧化硅运行趋势的波动，为确保氧化钙在目标区间控制运行，该厂始终坚持"上道工序为下道工序服务"的工作宗旨，要求生产技术骨干持续小幅度修正碱度控制基准值，降低生产成本。与此同时，将烧结矿氧化亚铁控制范围从之前的 1.5% 缩小至 1% 控制，通过窄区间控制烧结矿碱度、氧化亚铁含量，熔剂及燃料消耗降幅明显。

降本攻坚战打响以来，烧结厂组织开展了一次又一次的头脑风暴专题会，全员集思广益，立足岗位发掘改善点。

💻 学思践行

降本增效是企业经营管理的第一性原理，也是企业构建核心竞争力、提高抗风险能力的关键武器。降本增效依靠"顺藤摸瓜"查找高能耗点位；依靠"抽丝剥茧"寻找最低成本配方；依靠"稳中求窄"摸索最佳指标区间，集思广益，立足岗位发掘改善点。

一、单选题

1. 成本报表从实质上看是一种（　　）。

A. 外部报表 　　　　　　B. 内部报表

C. 费用表 　　　　　　　D. 资金流量表

2. 主要产品单位成本表中，产量应根据（　　）表填列。

A. 产品定价 　　　　　　B. 库存商品成本

C. 主营业务成本 　　　　D. 生产产量

3. 主要产品单位成本表是全部产品生产成本表的进一步反映，故上年实际平均、本年计划、本月实际、本年实际平均的单位成本，应与按产品品种反映的全部产品生产成本表的相应单位成本相比（　　）。

A. 偏高 　　　　　　　　B. 一致

C. 偏低 　　　　　　　　D. 不确定

二、多选题

1. 主要产品单位成本表基本部分包括（　　　　）。

A. 产量 　　　　　　　　B. 产品名称

C. 销售单价 　　　　　　D. 成本项目

2. 成本分析的一般程序包括（　　　　）。

A. 明确分析目标，制定分析计划

B. 广泛收集资料，掌握全面情况

C. 从总体分析入手，深入进行因素和项目分析

D. 编写成本分析报告

三、判断题

1. 成本报表的设置要求数字真实、计算准确、内容完整、编报及时、计算口径和填报方法保持各会计期间的一致。（　　）

2. 主要产品单位成本表是反映企业在一定时期内（月份、季度、年度）生产的各种主要产品单位成本的构成和各项主要经济指标执行情况的成本报表，是产品生产

成本表的必要补充。（　　）

四、业务题

某公司主要生产丁产品，2023年丁产品相关成本资料见表9-1至表9-6。丁产品规格为IIL，销售单价为800元/台。请根据以下信息编制丁产品主要产品单位成本项目分析表格。

表9-1　丁产品2023年生产产量表

单位：台

上年实际累计产量	本月计划	本月实际产量	本年计划	本年累计实际数
7 000	600	580	7 500	7 200

表9-2　2023年丁产品的生产工时及小时费用表

产品名称	单位工时消耗/小时		小时工资成本/元		直接人工费用/元	
	本年计划	本年实际	本年计划	本年实际	本年计划	本年实际
丁	8.35	8.65	45	48	325	355

表9-3　2023年丁产品的制造费用分配表

产品名称	单位工时消耗/小时		单位工时制造费用/元		制造费用/元	
	本年计划	本年实际	本年计划	本年实际	本年计划	本年实际
丁	11	13	10	9	72	80

表9-4　主要技术经济指标K材料单价表

单位：元

年份	计划	实际
2019	9.50	9.80
2020	10.00	10.10
2021	10.10	10.22
2022	10.40	11.39
2023	10.80	11.21

表9-5　丁产品相关成本项目历史先进水平统计表

单位：元

成本项目	数值	年份
直接材料	218	2019
其中：A材料	110	2019
B材料	72	2019
直接人工	290	2018
制造费用	99	2020
产品生产成本	679	2019

表9-6　丁产品2023年生产成本表

单位：元

成本项目	上年实际累计数	本月计划	本月实际	本年计划	本年累计实际数
直接材料	1 360 800	133 560	129 360	1 419 264	1 357 552
其中：A材料	816 480	80 136	77 616	851 558.4	814 531.2
B材料	544 320	53 424	51 744	567 705.6	543 020.8
直接人工	1 944 000	190 800	184 800	2 027 520	1 939 360
制造费用	583 200	57 240	55 440	608 256	581 808
产品生产成本	3 888 000	381 600	369 600	4 055 040	3 878 720
加：在产品、自制半成品期初余额	19 078.4	19 080	18 480	202 752	193 936
减：在产品、自制半成品期末余额	22 894.4	22 896	22 176	243 302.4	232 723.2
产品成本合计	3 884 184	377 784	365 904	4 014 489.6	3 839 932.8

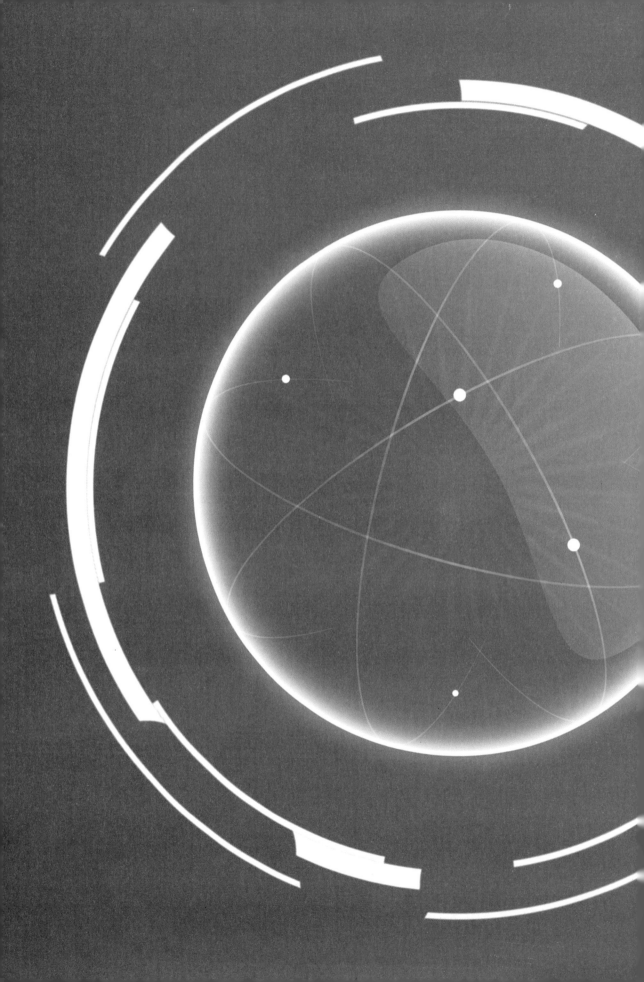

其他费用支出报表的编制与分析

学习目标

素养目标

◆ 培养创新思维，敢于打破原有思维框架，探索新的规律、新的方法。

知识目标

◆ 了解其他费用支出报表的概念。

◆ 掌握其他费用支出报表的主要内容。

◆ 熟悉其他费用支出报表的编制方法。

◆ 了解其他费用支出报表的分析方法。

技能目标

◆ 能够正确编制其他费用支出报表。

◆ 能够应用 Excel 建立其他费用支出报表的分析模型。

【思维导图】

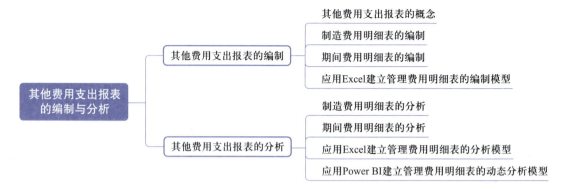

项目10 Excel
原始表格下
载

其他费用支出报表包含制造费用明细表和期间费用明细表等，作为除主要产品成本分析外的重要组成部分，对公司运营、政策实施等都起到了很好的支撑作用，因此，学会编制与分析其他费用支出报表，是全面进行企业成本分析的重要组成部分。

任务1 其他费用支出报表的编制

一、其他费用支出报表的概念

其他费用支出报表主要反映报告期内企业各种费用支出总额及其构成情况，包括制造费用明细表和期间费用明细表等。

制造费用明细表是反映企业在一定时期内发生的各项制造费用及其构成情况的成本报表。表中的各明细项目，应包括企业各个生产单位为组织和管理生产所发生的各项费用。期间费用明细表是反映企业在该报告期内发生的各项管理经营费用及构成情况的成本报表，主要包括销售费用明细表、管理费用明细表和财务费用明细表。

二、制造费用明细表的编制

制造费用明细表按制造费用项目分别反映各项费用的本年计划数、上年同期实际数、本月实际数和本年累计实际数等。具体填列方法如下：

（1）本年计划数栏应根据本年制造费用年度计划数填列。

（2）上年同期实际数栏应根据上年同期制造费用明细表的累计实际数填列。

（3）本月实际数栏应根据制造费用总账账户所属各基本生产车间制造费用明细账的本月合计数汇总计算填列。

（4）本年累计实际数栏应根据制造费用总账账户所属各基本生产车间制造费用明细账的本月合计数汇总计算填列。

以某公司 2022 年 12 月制造费用明细表为例，其详细结构如表 10-1 所示。

表 10-1　制造费用明细表

编制单位：某公司　　　　　　　　　　编制日期：2022 年 12 月　　　　　　　　　　单位：万元

费用项目	本年计划数	上年同期实际数	本月实际数	本年累计实际数
职工薪酬	360	420	36	480
物料消耗	900	876	440	5 400
低值易耗品摊销	60	36	5	72
劳动保护费	12	24	1	12
水费	24	36	2	36
电费	72	48	6	96
运输费	180	192	15	168
折旧费	96	108	8	96
办公费	72	60	5	48
其他	144	156	14	180
合计	1 920	1 956	532	6 588

三、期间费用明细表的编制

（一）销售费用明细表的编制

销售费用明细表按销售费用项目分别反映各类销售费用的本年计划数、上年同期实际数、本月实际数和本年累计实际数。

销售费用明细表的编制方法如下：

（1）本年计划数应根据本年销售费用计划填列。

（2）上年同期实际数应根据上年同期销售费用明细表的累计实际数填列。

（3）本月实际数应根据销售费用明细账的本月合计数填列。

（4）本年累计实际数应根据销售费用明细账的本月末累计数填列。

以某公司 2022 年 12 月销售费用明细表为例，其详细结构如表 10-2 所示。

表 10-2　销售费用明细表

编制单位：某公司　　　　　　　编制日期：2022 年 12 月　　　　　　　单位：元

项目	本年计划数	上年同期实际数	本月实际数	本年累计实际数
职工薪酬	288 000	336 000	28 800	384 000
业务费	720 000	700 800	352 000	4 320 000
运输费	48 000	28 800	4 000	57 600
装卸费	9 600	19 200	800	9 600
包装费	19 200	28 800	1 600	28 800
保险费	57 600	38 400	4 800	76 800
展览费	144 000	153 600	12 000	134 400
广告费	76 800	86 400	6 400	76 800
差旅费	57 600	48 000	4 000	38 400
租赁费	115 200	124 800	11 200	144 000
折旧费	1 536 000	1 564 800	425 600	5 270 400
修理费	65 000	63 000	10 000	70 000
其他	24 000	25 000	3 000	26 000
合计	3 161 000	3 217 600	864 200	10 636 800

（二）管理费用明细表的编制

管理费用明细表是反映在一定会计期间企业管理部门在报告期内为组织和管理企业生产经营活动所发生的各项费用及其构成情况的报表。该表一般可分本年计划数、上年同期实际数、本月实际数和本年累计实际数四个部分。

管理费用明细表的编制方法如下：

（1）本年计划数应根据企业的管理费用计划填列。

（2）上年同期实际数应根据上年同期管理费用明细表的累计实际数填列。

（3）本月实际数应根据管理费用明细账的本月合计数填列。

（4）本年累计实际数应根据管理费用明细账本月末的累计数填列。

以某公司 2022 年 12 月管理费用明细表为例，其详细结构如表 10-3 所示。

表 10-3　管理费用明细表

编制单位：某公司　　　　　　　　　编制日期：2022 年 12 月　　　　　　　　　单位：元

项目	本年计划数	上年同期实际数	本月实际数	本年累计实际数
职工薪酬	460 800	537 600	46 080	614 400
物料消耗	1 152 000	1 121 280	563 200	6 912 000
办公费	76 800	46 080	6 400	92 160
差旅费	15 360	30 720	1 280	15 360
会议费	30 720	46 080	2 560	46 080
中介机构费	92 160	61 440	7 680	122 880
业务招待费	230 400	245 760	19 200	215 040
税金	122 880	138 240	10 240	122 880
研究费	92 160	76 800	6 400	61 440
修理费	184 320	199 680	17 920	230 400
折旧费	2 457 600	2 503 680	680 960	8 432 640
低值易耗品摊销	104 000	100 800	16 000	112 000
专利转让费	38 400	40 000	4 800	41 600
合计	5 057 600	5 148 160	1 382 720	17 018 880

（三）财务费用明细表的编制

财务费用明细表是反映企业在一定期间内发生的财务费用及其构成情况的报表。

财务费用明细表按财务费用项目分别反映各类财务费用的本年计划数、上年同期实际数、本月实际数和本年累计实际数。

财务费用明细表的编制方法如下：

（1）本年计划数应根据本年财务费用计划填列。

（2）上年同期实际数应根据上年同期财务费用明细表的累计实际数填列。

（3）本月实际数应根据财务费用明细账的本月合计数填列。

（4）本年累计实际数应根据财务费用明细账本月末的累计数填列。

以某公司2022年12月财务费用明细表为例，其详细结构如表10-4所示。

表10-4　财务费用明细表

编制单位：某公司　　　　　　　　编制日期：2022年12月　　　　　　　　单位：元

项目	本年计划数	上年同期实际数	本月实际数	本年累计实际数
利息支出（减利息收入）	183 600	16 200	14 040	145 800
汇兑损失（减汇兑收益）	64 800	6 480	7 560	83 646
金融机构手续费	10 800	1 080	2 160	12 960
其他筹资费用	12 960	1 296	1 188	14 040
合计	272 160	25 056	24 948	256 446

期间费用明细表与制造费用明细表编制过程相似，下面以管理费用明细表为例，应用Excel建立编制模型。

四、应用Excel建立管理费用明细表的编制模型

【案例10-1】某公司于年末准备编制2022年管理费用明细表，根据编制需求，准备了如下材料："2021年管理费用明细表"（见图10-1）、"2022年管理费用预算表"（见图10-2）以及"2022年管理费用明细账发生额汇总表"（见图10-3）。

利用Excel建立该公司2022年管理费用明细表的编制模型，如图10-4所示。

（1）根据相关成本资料，以单元格引用的方式，填列本年计划数、上年同期实际数、本月实际数和本年累计实际数栏。

	A	B	C	D	E
1	2021年管理费用明细表				
2	编制单位：	某公司	编制日期：	2021年12月	
3	项目	本年计划数	上年同期实际数	本月实际数	本年累计实际数
4	职工薪酬	460,800	537,600	46,080	614,400
5	物料消耗	1,152,000	1,121,280	563,200	6,912,000
6	办公费	76,800	46,080	6,400	92,160
7	差旅费	15,360	30,720	1,280	15,360
8	会议费	30,720	46,080	2,560	46,080
9	中介机构费	92,160	61,440	7,680	122,880
10	业务招待费	230,400	245,760	19,200	215,040
11	税金	122,880	138,240	10,240	122,880
12	研究费	92,160	76,800	6,400	61,440
13	修理费	184,320	199,680	17,920	230,400
14	折旧费	2,457,600	2,503,680	680,960	8,432,640
15	低值易耗品摊销	104,000	100,800	16,000	112,000
16	专利转让费	38,400	40,000	4,800	41,600
17	合 计	5,057,600	5,148,160	1,382,720	17,018,880

图 10-1　2021 年管理费用明细表

	A	B	C	D	E
1	2022年管理费用预算表				
2	编制单位：	某公司	编制日期：	2022年12月	
3	项目	2021年实际金额	2022年计划金额	浮动比例	备注
4	职工薪酬	614,400	675,840	5%	无
5	物料消耗	6,912,000	7,603,200	5%	无
6	办公费	92,160	101,376	5%	无
7	差旅费	15,360	16,896	5%	无
8	会议费	46,080	50,688	5%	无
9	中介机构费	122,880	135,168	5%	无
10	业务招待费	215,040	236,544	5%	无
11	税金	122,880	135,168	5%	无
12	研究费	61,440	67,584	5%	无
13	修理费	230,400	253,440	5%	无
14	折旧费	8,432,640	9,275,904	5%	无
15	低值易耗品摊销	112,000	123,200	5%	无
16	专利转让费	41,600	45,760	5%	无
17	合 计	17,018,880	18,720,768		

图 10-2　2022 年管理费用预算表

	A	B	C
1	2022年管理费用明细账发生额汇总表		
2	账户名称	发生额合计	
3		12月	年度累计
4	职工薪酬	50,688	743,424
5	物料消耗	675,840	9,123,840
6	办公费	8,320	131,789
7	差旅费	1,382	18,248
8	会议费	2,790	55,250
9	中介机构费	6,144	108,134
10	业务招待费	28,800	354,816
11	税金	10,752	141,926
12	研究费	6,784	71,639
13	修理费	18,816	266,112
14	折旧费	715,008	9,739,699
15	低值易耗品摊销	12,800	98,560
16	专利转让费	4,560	43,472
17	合计	1,542,685	20,896,909

图 10-3　2022 年管理费用明细账发生额汇总表

	A	B	C	D	E
1	2022年管理费用明细表				
2	编制单位：	某公司	编制日期：	2022年12月	单位：元
3	项目	本年计划数	上年同期实际数	本月实际数	本年累计实际数
4	职工薪酬				
5	物料消耗				
6	办公费				
7	差旅费				
8	会议费				
9	中介机构费				
10	业务招待费				
11	税金				
12	研究费				
13	修理费				
14	折旧费				
15	低值易耗品摊销				
16	专利转让费				
17	合计				

图 10-4　2022 年管理费用明细表编制模型

📍 操作提示

● 选中 B4 单元格，输入公式 "='2022年管理费用预算表'!C4"，向下拖曳填充柄至 B16 单元格。

● 选中 C4 单元格，输入公式 "='2021年管理费用明细表'!E4"，向下拖曳填充柄至 C16 单元格。

- 选中 D4 单元格，输入公式"='2022年管理费用明细账发生额汇总表'!B4"，向右拖曳填充柄至 E4 单元格，并向下拖曳填充柄至 E16 单元格。

（2）设置合计栏

 操作提示

- 选中 B17 单元格，输入公式"=SUM（B4:B16）"，向右拖曳填充柄至 E17 单元格。

完成以上步骤后，生成 2022 年管理费用明细表，如图 10-5 所示。

	A	B	C	D	E
1	2022年管理费用明细表				
2	编制单位：	某公司	编制日期：	2022年12月	单位：元
3	项目	本年计划数	上年同期实际数	本月实际数	本年累计实际数
4	职工薪酬	675,840	614,400	50,688	743,424
5	物料消耗	7,603,200	6,912,000	675,840	9,123,840
6	办公费	101,376	92,160	8,320	131,789
7	差旅费	16,896	15,360	1,382	18,248
8	会议费	50,688	46,080	2,790	55,250
9	中介机构费	135,168	122,880	6,144	108,134
10	业务招待费	236,544	215,040	28,800	354,816
11	税金	135,168	122,880	10,752	141,926
12	研究费	67,584	61,440	6,784	71,639
13	修理费	253,440	230,400	18,816	266,112
14	折旧费	9,275,904	8,432,640	715,008	9,739,699
15	低值易耗品摊销	123,200	112,000	12,800	98,560
16	专利转让费	45,760	41,600	4,560	43,472
17	合计	18,720,768	17,018,880	1,542,685	20,896,909

图 10-5　2022 年管理费用明细表

任务 2　其他费用支出报表的分析

一、制造费用明细表的分析

通过制造费用明细表的分析，企业可以考核制造费用执行情况，发现制造费用项目超支或节约情况及其原因，为编制成本计划和成本预算提供依据。

制造费用明细表的分析一般采用比较分析法，将制造费用的本期发生情况、预算及以前年度的发生额进行比较，从而发现问题的分析方法。一般来说可以是绝对额的比较，也可以是构成比例的比较。

二、期间费用明细表的分析

期间费用是企业日常活动发生的不能计入特定核算对象的成本，而应计入发生当期损益的费用。

期间费用明细表的分析与制造费用明细表的分析类似，主要采用比较分析法。

以管理费用明细表为例，建立 Excel 成本分析模型。

三、应用Excel建立管理费用明细表的分析模型

【案例 10-2】沿用【案例 10-1】的资料，对 2019—2022 年的管理费用进行趋势分析和比例分析，其中"2021 年管理费用明细表""2022 年管理费用明细表"见图 10-1、图 10-5，其余资料见图 10-6、图 10-7。

	A	B	C	D	E
1	2020年管理费用明细表				
2	编制单位：	某公司	编制日期：	2020年12月	单位：元
3	项目	本年计划数	上年同期实际数	本月实际数	本年累计实际数
4	职工薪酬	460,800	486,520	46,080	537,600
5	物料消耗	677,647	659,576	331,294	1,121,280
6	办公费	40,421	24,253	3,368	46,080
7	差旅费	15,360	30,720	1,280	30,720
8	会议费	18,071	27,106	1,506	46,080
9	中介机构费	83,782	55,855	6,982	61,440
10	业务招待费	135,529	144,565	11,294	245,760
11	税金	72,282	81,318	6,024	138,240
12	研究费	76,800	64,000	5,333	76,800
13	修理费	184,320	199,680	17,920	199,680
14	折旧费	2,234,182	2,276,073	619,055	2,503,680
15	低值易耗品摊销	61,176	59,294	9,412	100,800
16	专利转让费	29,538	30,769	3,692	40,000
17	合计	4,089,909	4,139,728	1,063,240	5,148,160

图 10-6　2020 年管理费用明细表

A	B	C	D	E	F
2022年管理费用各项明细季度汇总表					
项目	第1季度	第2季度	第3季度	第4季度	合计
职工薪酬	128,463	226,866	255,873	132,222	743,424
办公费	6,564	56,721	35,867	32,637	131,789
差旅费	1,200	10,050	5,600	1,398	18,248
会议费	10,250	32,040	6,800	6,160	55,250

图 10-7　2022 年管理费用各项明细季度汇总表

（一）管理费用趋势分析模型

利用 Excel 建立管理费用趋势分析模型，如图 10-8 所示。为便于查看，本案例仅以"职工薪酬""物料消耗""办公费"为例，其余项目分析方法一致，此处不做展示。

A	B	C	D	E	F	G	H
2019-2022年实际管理费用趋势分析表					趋势分析		
年份	2019	2020	2021	2022	2022比2019	2022比2020	2022比2021
项目	本年累计实际数	本年累计实际数	本年累计实际数	本年累计实际数			
职工薪酬							
物料消耗							
办公费							
合计							

图 10-8　管理费用趋势分析模型

（1）根据 2019—2022 年管理费用明细表，以单元格引用的方式，填列各年管理费用本年累计实际数和合计栏。

> **操作提示**
>
> ● 选中 B4 单元格，输入公式"='2020 年管理费用明细表'!C4"，向下拖曳填充柄至 B6 单元格。
>
> ● 选中 C4 单元格，输入公式"='2020 年管理费用明细表'!E4"，向下拖曳填充柄至 C6 单元格。
>
> ● 选中 D4 单元格，输入公式"='2021 年管理费用明细表'!E4"，向下拖曳填充柄至 D6 单元格。

- 选中 E4 单元格，输入公式"='2022年管理费用明细表'!E4"，向下拖曳填充柄至 E6 单元格。

- 选中 B7 单元格，输入公式"=SUM（B4:B6）"，向右拖曳填充柄至 E7 单元格。

（2）设置趋势分析动态比率，计算公式为：

动态比率 = 分析期数值 ÷ 基期数值

操作提示

- 选中 F4 单元格，输入公式"=$E4/B4"，向右拖曳填充柄至 H4 单元格，并向下拖曳填充柄至 H7 单元格。

完成以上步骤后，完成 2019—2022 年实际管理费用趋势分析表，如图 10-9 所示。

	A	B	C	D	E	F	G	H
1	2019-2022年实际管理费用趋势分析表					趋势分析		
2	年份	2019	2020	2021	2022	2022比2019	2022比2020	2022比2021
3	项目	本年累计实际数	本年累计实际数	本年累计实际数	本年累计实际数			
4	职工薪酬	486,520	537,600	614,400	743,424	152.80%	138.29%	121.00%
5	物料消耗	659,576	1,121,280	6,912,000	9,123,840	1383.29%	813.70%	132.00%
6	办公费	24,253	46,080	92,160	131,789	543.40%	286.00%	143.00%
7	合计	1,170,349	1,704,960	7,618,560	9,999,053	854.36%	586.47%	131.25%

图 10-9　管理费用趋势分析表

（二）管理费用比例分析模型

利用 Excel 建立管理费用比例分析模型，如图 10-10 所示。为便于查看，本案例仅以"职工薪酬""物料消耗""办公费"为例，其余项目分析方法一致，此处不做展示。

	A	B	C	D	E	F	G	H	I
1	2019-2022年管理费用比例分析表						比例分析		
2	年份	项目	职工薪酬	物料消耗	办公费	合计	职工薪酬占比	物料消耗占比	办公费占比
3	2019	本年累计实际数							
4	2020	本年累计实际数							
5	2021	本年累计实际数							
6	2022	本年累计实际数							

图 10-10　管理费用比例分析模型

（1）根据 2019—2022 年管理费用明细表，以转置粘贴的方式，填列各年管理费用本年累计实际数和合计栏。

（2）设置比例分析，某明细项目的占比比率计算公式为：

$$某明细项目的占比比率 = \frac{该明细项目金额}{该年管理费用合计} \times 100\%$$

完成以上步骤后，完成 2019—2022 年实际管理费用比例分析，如图 10-11 所示。

	A	B	C	D	E	F	G	H	I
1		2019-2022 年管理费用比例分析表					比例分析		
2	年份	项目	职工薪酬	物料消耗	办公费	合计	职工薪酬占比	物料消耗占比	办公费占比
3	2019	本年累计实际数	486,520	659,576	24,253	1,170,349	41.57%	56.36%	2.07%
4	2020	本年累计实际数	537,600	1,121,280	46,080	1,704,960	31.53%	65.77%	2.70%
5	2021	本年累计实际数	614,400	6,912,000	92,160	7,618,560	8.06%	90.73%	1.21%
6	2022	本年累计实际数	743,424	9,123,840	131,789	9,999,053	7.43%	91.25%	1.32%

图 10-11　管理费用比例分析表

四、应用 Power BI 建立管理费用明细表的动态分析模型

【案例 10-3】仍用前述案例资料，通过 Power BI 建立管理费用明细表动态分析模型。

（一）数据引入

将案例资料通过 Excel 工作簿导入 Power BI，具体操作情况如图 10-12 所示。

图 10-12　引入数据源

（二）数据清洗

进行数据逆透视、数据类型设置等必要的数据清洗，将 Excel 数据表格转换为一维数据信息表，具体操作结果见图 10-13。通过"关闭并应用"按钮完成数据清洗工作。

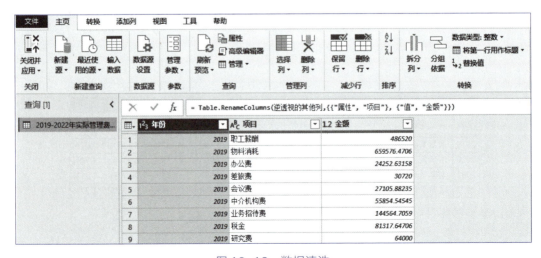

图 10-13　数据清洗

（三）数据建模

根据成本报表分析需要，建立相关分析指标度量值。

1. 金额合计

金额合计的度量值为：

金额合计 = sum（'2019—2022 年实际管理费用分析表引入 '［金额］）

2. 项目费用合计

项目费用合计的度量值为：

项目费用合计 = CALCULATE（［金额合计数］, ALLSELECTED（'2019—2022 年实际管理费用分析表引入 '［项目］））

数据建模操作视频

3. 项目总体占比

项目总体占比的度量值为：

项目总体占比 = divide（［金额合计］,［项目费用合计］）

管理费用动态占比分析表操作视频

（四）数据可视化

根据成本报表分析需要，进行数据可视化处理，并通过筛选器实现动态分析，如图 10-14 和图 10-15 所示。

管理费用动态趋势分析表操作视频

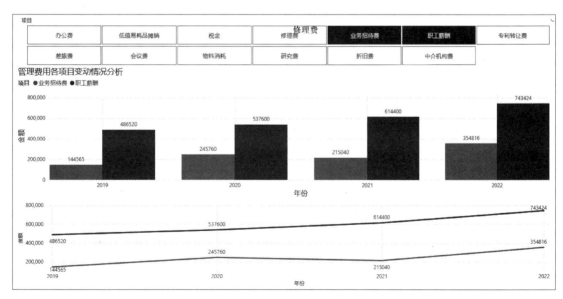

图 10-14　管理费用动态趋势分析表

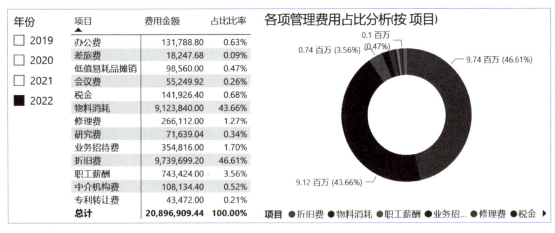

年份	项目	费用金额	占比比率
☐ 2019	办公费	131,788.80	0.63%
☐ 2020	差旅费	18,247.68	0.09%
☐ 2021	低值易耗品摊销	98,560.00	0.47%
■ 2022	会议费	55,249.92	0.26%
	税金	141,926.40	0.68%
	物料消耗	9,123,840.00	43.66%
	修理费	266,112.00	1.27%
	研究费	71,639.04	0.34%
	业务招待费	354,816.00	1.70%
	折旧费	9,739,699.20	46.61%
	职工薪酬	743,424.00	3.56%
	中介机构费	108,134.40	0.52%
	专利转让费	43,472.00	0.21%
	总计	**20,896,909.44**	**100.00%**

图 10-15　管理费用动态占比分析表

降本增效

中航高科前九月预盈 8.44 亿元创新高　降本增效期间费用率降至 10%

航空复材龙头中航航空高科技股份有限公司（简称：中航高科）经营表现优异。中航高科于 1956 年成立，1994 年上市，2015 年公司进行了重大资产重组，此后历经多次业务调整，逐步聚焦高壁垒、高附加值的航空复材赛道。

净利创新高。中航高科形成了"航空新材料"和"高端智能装备"两大板块业务，拥有航空工业复材、优材百慕、京航生物、航智装备、万通新材五家全资或控股子公司。2023 年 10 月 9 日，中航高科发布 2023 年前三季度业绩快报。报告期内，公司预计实现营业收入 36.18 亿元，比上年同期增加 2.54 亿元，增速为 7.56%；实现净利润 8.44 亿元，比上年同期增加 1.73 亿元，增长 25.74%；扣非净利润预计 8 亿元，比上年同期增加 1.44 亿元，增长 21.93%。结合往期财报数据，中航高科 2023 年前三季度净利润、扣非净利润均创历史新高。

谈及前三季度公司业绩的表现，中航高科表示，经营业绩增长的主要原因是航空新材料成本管控和管理提升使得公司综合毛利率同比提升，装备业务同比减亏是业务结构变化使综合毛利贡献提高和减少冗余人员使人工成本下降。

控制期间费用。据东方财富 Choice 数据显示，2019 年至 2022 年，中航高科的期间费用率分别为 17.6%、13.5%、11.2%、10.2%，连续下降，整体减少了 7.4%；2023 年上半年，公司的期间费用率进一步下降至 10%。

盈利能力方面，中航高科综合毛利率和净利率呈持续上升趋势。2020 年至 2022 年，公司的毛利率分别为 30.03%、30.07%、30.94%；净利率分别为 14.76%、15.53%、17.26%。2023 年上半年，公司的毛利率和净利率分别为 37.68%、22.78%，较上年同期分别增长 4.16%、2.14%。

💻 学思践行

在市场经济的激烈竞争下，企业要想生存或发展壮大，在技术领先、资金雄厚的基础上，企业管理起着至关重要的作用，企业管理活动的命脉就是企业成本和期间费用的控制管理，它直接关系着企业的成本和利润高低，以及企业管理水平的提升和竞争力的增强。要想获得最大的经济效益，必须加强成本和期间费用控制，健全成本管理责任制，这也是企业经济管理的重要内容。

岗课赛证融通同步训练

一、单选题

1. 期间费用明细表是反映企业在该报告期内发生的（　　　）及构成情况的报表。

A. 管理经营费用　　　　　　　　B. 产品生产过程中的直接费用

C. 制造费用　　　　　　　　　　D. 生产成本

2. 比较分析法是指通过对指标的实际数进行对比，从数量上确定差异的一种分析方法。以下不属于比较分析法的是（　　　）。

A. 计划数与实际数进行对比

B. 本期实际指标数与前期实际指标数对比

C. 与同类企业的相同指标实际数进行对比

D. 与不同类企业同期实际数相比

3. 影响材料费用总额的因素有很多，按其相互关系可归纳为三个：产品产量、单位产品材料消耗量和（　　　）。

A. 材料单价 　　　　　　　　　B. 产品质量

C. 人员工资 　　　　　　　　　D. 管理费用

4. 影响可比产品成本计划完成情况的因素主要有产品产量、（　　　）和产品单位成本。

A. 产品品种构成 　　　　　　　B. 管理费用

C. 半成品数量 　　　　　　　　D. 制造费用

5. 原材料消耗数量变动的影响 =（ 实际单位耗用量 − 计划单位耗用量 ）×（　　　）。

A. 产品计划单价 　　　　　　　B. 原材料实际单价

C. 原材料计划单价 　　　　　　D. 产品实际单价

6. 成本分析既要从（　　　）出发，分析全部商品产品成本计划完成的总括情况，也要分析每种产品成本计划的完成情况。既可以对全部商品产品成本计划的完成情况有（　　　）了解，也为进一步分析指明方向和重点。

A. 总体　总括 　　　　　　　　B. 局部　部分

C. 全面　部分 　　　　　　　　D. 总体　局部

二、多选题

1. 通过编制制造费用明细表，企业可以（　　　　　　）。

A. 计算企业产品的单位成本

B. 考核费用计划执行情况

C. 发现费用项目超支或节约情况及其原因

D. 为编制计划和预测未来水平提供依据

2. 制造费用明细表的结构包括（　　　　　　）。

A. 本年计划数 　　　　　　　　B. 上年同期实际数

C. 本月实际数 　　　　　　　　D. 本年累计实际数

3. 成本分析的意义有（　　　　　　）。

A. 正确认识、掌握和运用成本变动的规律，实现降低成本的目标

B. 有助于进行成本控制，正确评价成本计划完成情况

C. 为制订成本计划、经营决策提供重要依据

D. 完善企业成本管理制度，指明成本管理工作的努力方向

4. 成本分析的一般程序包括（　　　　）。

A. 明确分析目标，制订分析计划

B. 广泛收集资料，掌握全面情况

C. 从总体分析入手，深入进行因素和项目分析

D. 编写成本分析报告

5. 成本分析的方法有（　　　　）。

A. 比较分析法　　　　　　　　B. 比率分析法

C. 连环替代法　　　　　　　　D. 差额计算法

三、判断题

1. 比较分析法是指通过对指标的计划数与实际数进行对比，从数量上确定差异的一种分析方法。（　　）

2. 比率分析法实质上也是一种比较分析法，是相对数指标的实际数与基期数的对比分析。（　　）

四、业务题

某公司于 2023 年年末准备对 2021—2023 年实际发生的管理费用各个项目进行分析，同时对 2023 年各个季度管理费用的个别项目进行分析。请根据以下资料（见表 10-5 至表 10-7）完成：

（1）编制 2021—2023 年实际发生的管理费用分析表。

（2）利用比较分析法、比率分析法等方法对相关指标进行分析，并制作相关表格。

表 10-5　2021 年管理费用明细表

编制单位：某公司　　　　　　　　编制日期：2021 年 12 月　　　　　　　　单位：元

项目	本年计划数	上年同期实际数	本月实际数	本年累计实际数
职工薪酬	691 200	729 780	69 120	806 400
物料消耗	1 016 471	989 365	496 941	1 450 265
办公费	60 632	36 379	5 053	69 120

项目	本年计划数	上年同期实际数	本月实际数	本年累计实际数
差旅费	23 040	46 080	1 920	46 080
会议费	27 106	40 659	2 259	69 120
中介机构费	125 673	83 782	10 473	92 160
业务招待费	203 294	216 847	16 941	368 640
税金	108 424	121 976	9 035	207 360
研究费	115 200	96 000	8 000	115 200
修理费	276 480	299 520	26 880	299 520
折旧费	3 351 273	3 414 109	928 582	3 455 600
低值易耗品摊销	91 765	88 941	14 118	151 200
专利转让费	44 308	46 154	5 538	60 000
合计	6 134 866	6 209 592	1 594 860	7 190 665

表10-6 2022年管理费用明细表

编制单位：某公司　　　　　　　　编制日期：2022年12月　　　　　　　　单位：元

项目	本年计划数	上年同期实际数	本月实际数	本年累计实际数
职工薪酬	1 313 280	1 386 582	131 328	1 532 160
物料消耗	1 931 294	1 879 793	944 188	4 520 326
办公费	115 200	69 120	9 600	131 328
差旅费	43 776	87 552	3 648	87 552
会议费	51 501	77 252	4 292	131 328
中介机构费	238 778	159 185	19 898	175 104
业务招待费	386 259	412 009	32 188	700 416
税金	206 005	231 755	17 167	393 984
研究费	218 880	182 400	15 200	218 880
修理费	525 312	569 088	51 072	569 088
折旧费	6 367 418	6 486 807	1 764 305	6 855 464
低值易耗品摊销	174 353	168 988	26 824	287 280
专利转让费	84 185	87 692	10 523	114 000
合计	11 656 241	11 798 223	3 030 233	15 716 910

表 10-7　2023 年管理费用明细表

编制单位：某公司　　　　　　　　编制日期：2023 年 12 月　　　　　　　　单位：元

项目	本年计划数	上年同期实际数	本月实际数	本年累计实际数
职工薪酬	1 050 624	1 109 266	105 062	1 225 728
物料消耗	1 545 035	1 503 834	755 351	2 031 335
办公费	92 160	55 296	7 680	105 062
差旅费	35 021	70 042	2 918	70 042
会议费	41 201	61 801	3 433	105 062
中介机构费	191 023	127 348	15 919	140 083
业务招待费	309 007	329 608	25 751	560 333
税金	164 804	185 404	13 734	315 187
研究费	175 104	145 920	12 160	175 104
修理费	420 250	455 270	40 858	455 270
折旧费	5 093 935	5 189 446	1 411 444	5 206 063
低值易耗品摊销	139 482	135 191	21 459	229 824
专利转让费	67 348	70 154	8 418	91 200
合计	9 324 994	9 438 580	2 424 187	10 710 293

附　录

2023 年全国职业院校会计技能大赛高职组会计实务赛项正式赛题（成本会计部分节选）

背景资料：

一、公司基本情况

北京天冰器材有限公司，主要从事各种灭火器材的生产和销售。公司有焊接、喷涂、瓶体和组装四个车间。焊接车间生产 1 号车架总成和 2 号车架总成，完工后转喷涂车间继续生产 1 号车架总成和 2 号车架总成，完工后转入半成品库。瓶体车间生产 1 号瓶体总成和 2 号瓶体总成，完工后转入半成品库。组装车间将 1 号车架总成和 1 号瓶体总成组装成 35KG 推车灭火器，将 2 号车架总成和 2 号瓶体总成组装成 50KG 推车灭火器。

二、公司成本会计核算方法及相关规定

1. 产品成本核算方法为分步法。车架总成由焊接车间和喷涂车间共同完成，中间无半成品入库，计算车架总成成本时，两车间采用平行结转分步法。

2. 原材料在各车间的第一道工序一次性投入。生产产生的铁管边角料及铁管废品等通过存货（名称：废铁）进行管理。当月产生的边角料及合理损耗内的铁管，以上月结存价为其入账价格，并冲减对应半成品的直接材料成本。

3. 月末在产品通过约当产量法计算。直接人工和制造费用的完工程度分工序按定额机器工时计算，月末在产品在本工序的完工程度均为 50%。

4. 各车间归集的制造费用通过对应车间产品消耗的定额工时进行分摊（注：本车间产品只分摊本车间消耗的制造费用）；发生的车间管理费用列作公共制造费用，由四个车间共同负担，按所有车间产品的定额工时进行分摊，尾差计入最后一个车间最后一个产品中。

5. 除特殊说明外，计算过程中涉及的分配率或分摊率、加权平均单价等需保留四位小数，涉及百分比的，保留百分比前两位小数。计算过程中，若无特殊说明，金额保留两位小数。

三、2022 年 3 月发生的与成本相关的业务

1. 产成品、半成品期初余额，见表 1。

表 1　产成品、半成品期初余额

2022 年 3 月 31 日　　　　　　　　　　　　　金额单位：元

名称	数量	金额
1 号车架总成	1 860	93 985.80
2 号车架总成	1 850	104 580.50
1 号瓶体总成	1 860	1 111 033.70
2 号瓶体总成	1 850	1 502 200.00
35KG 推车灭火器	2 000	1 410 400.00
50KG 推车灭火器	2 300	2 129 501.00

2. 31 日，分配本月职工福利费。完成职工福利费分配表（见表 2）空白项目计算，并将计算结果填在相应空格内。

表 2　职工福利费分配表

2022 年 3 月 31 日　　　　　　　　　　　　　金额单位：元

受益对象		分配标准（人工工时）/ 小时	分配率	分配金额
焊接车间	1 号车架总成	822		
	2 号车架总成	858		
	小计	1 680	—	4 200.00
喷涂车间	1 号车架总成	1 178		
	2 号车架总成	1 222		
	小计	2 400	—	6 000.00
瓶体车间	1 号瓶体总成	2 386		
	2 号瓶体总成	2 654		
	小计	5 040	—	12 600.00

受益对象		分配标准 （人工工时）/小时	分配率	分配金额
组装车间	35KG 推车灭火器	1 204		
	50KG 推车灭火器	1 196		
	小计	2 400	—	6 000.00
管理部门		—	—	6 600.00
销售部门		—	—	2 400.00
车间管理部门		—	—	4 800.00
技术部门		—	—	2 400.00
总计		—	—	45 000.00

3. 31 日，分配本月职工教育经费。完成职工教育经费分配表（见表 3）空白项目计算，并将计算结果填在相应空格内。

表 3　职工教育经费分配表

2022 年 3 月 31 日　　　　　　　　　　　　　　　　　　　　金额单位：元

受益对象		分配标准 （人工工时）/小时	分配率	分配金额
焊接车间	1号车架总成	822		
	2号车架总成	858		
	小计	1 680	—	2 100.00
喷涂车间	1号车架总成	1 178		
	2号车架总成	1 222		
	小计	2 400	—	3 000.00
瓶体车间	1号瓶体总成	2 386		
	2号瓶体总成	2 654		
	小计	5 040	—	7 500.00
组装车间	35KG 推车灭火器	1 204		
	50KG 推车灭火器	1 196		
	小计	2 400	—	3 000.00
管理部门		—	—	3 300.00

受益对象	分配标准（人工工时）/小时	分配率	分配金额
销售部门	—	—	1 200.00
车间管理部门	—	—	2 400.00
技术部门	—	—	1 200.00
总计	—	—	23 700.00

4. 31日，分配本月职工薪酬。完成职工薪酬分配表（见表4）空白项目计算，并将计算结果填在相应空格内。

表4　职工薪酬分配表

2022年3月31日　　　　　　　　　　　　　　　　　　金额单位：元

受益对象		分配标准（人工工时）/小时	分配率	分配金额
焊接车间	1号车架总成	822		
	2号车架总成	858		
	小计	1 680	—	65 226.00
喷涂车间	1号车架总成	1 178		
	2号车架总成	1 222		
	小计	2 400	—	93 180.00
瓶体车间	1号瓶体总成	2 386		
	2号瓶体总成	2 654		
	小计	5 040	—	195 678.00
组装车间	35KG推车灭火器	1 204		
	50KG推车灭火器	1 196		
	小计	2 400	—	92 568.00
管理部门		—	—	160 854.00
销售部门		—	—	43 030.00
车间管理部门		—	—	74 544.00
技术部门		—	—	49 696.00
总计		—	—	774 776.00

5. 31 日，分配本月水费。完成本月水费分配表（见表 5）空白项目计算，并将计算结果填在相应空格内。

表 5　水费分配表

2022 年 3 月 31 日　　　　　　　　　　　　　　　　金额单位：元

受益对象	耗用量 / 吨	分配率	分配金额
焊接车间	200		
喷涂车间	900		
瓶体车间	2 100		
组装车间	200		
车间管理部门	200		
销售部门	50		
管理部门	100		
技术部门	250		
总计	4 000	—	16 800.00

6. 31 日，分配本月电费。完成本月电费分配表（见表 6）空白项目计算，并将计算结果填在相应空格内。

表 6　电费分配表

2022 年 3 月 31 日　　　　　　　　　　　　　　　　金额单位：元

受益对象	耗用量 / 千瓦时吨	分配率	分配金额
焊接车间	6 000		
喷涂车间	5 600		
瓶体车间	3 000		
组装车间	600		
车间管理部门	500		
销售部门	200		
管理部门	200		
技术部门	500		
总计	16 600	—	13 280.00

7. 31 日。计提本月折旧，见表 7。

表 7　折旧费用分配表

2022 年 3 月 31 日　　　　　　　　　　　　　　　金额单位：元

受益对象	月折旧额
焊接车间	16 160.00
喷涂车间	17 600.00
瓶体车间	43 400.00
组装车间	16 000.00
销售部门	352.00
管理部门	65 912.00
技术部门	352.00
总计	159 776.00

8. 31 日，分摊应由车间管理部门承担的长期待摊费用 6 533.33 元，见表 8。

表 8　长期待摊费用分摊表

2022 年 3 月 31 日　　　　　　　　　　　　　　　金额单位：元

分摊部门	月摊销额
车间管理部门	6 533.33

9. 31 日，摊销无形资产。完成无形资产摊销表（见表 9）空白项目计算，并将计算结果填在相应空格内。

表 9　无形资产摊销表

2022 年 3 月 31 日　　　　　　　　　　　　　　　金额单位：元

无形资产	使用部门	取得日期	原值	摊销年限	月摊销额
土地使用权	管理部门	2020 年 5 月 16 日	1 800 000.00	20 年	
非专利技术	瓶体车间	2020 年 7 月 20 日	1 500 000.00	20 年	
非专利技术	管理部门	2020 年 5 月 16 日	120 000.00	10 年	
合计			3 420 000.00	—	

10. 31 日，结转低值易耗品成本。完成低值易耗品领用汇总表（见表 10）空白项目计算，并将计算结果填在相应空格内。

表 10　周转材料——低值易耗品领用汇总表

2022 年 3 月 31 日　　　　　　　　　　　　　　　　　　　　　金额单位：元

材料名称	单位	单价	焊接车间		喷涂车间		瓶体车间		组装车间		合计	
			数量	金额	数量	金额	数量	金额	数量	金额	数量	金额
焊条	根	0.406 9	13 000									
除锈剂	KG	5.159 0					3 200					
线手套	副	1.605 3	10		20		40		20			
电焊服	套	100.000 0	2									
防护眼镜	副	5.153 8	5									
合计			—		—		—		—		—	

11. 31 日，结转制造费用。

（1）参照前序业务及业务资源，完成生产车间制造费用分摊表（见表 11）空白项目计算，并将计算结果填在相应空格内。

表 11　生产车间制造费用分摊表

2022 年 3 月 31 日　　　　　　　　　　　　　　　　　　　　　金额单位：元

受益对象		分配标准（人工工时）/ 小时	分配率	分配金额
焊接车间	1 号车架总成	490		
	2 号车架总成	510		
	小计	1 000	—	
喷涂车间	1 号车架总成	140		
	2 号车架总成	160		
	小计	300	—	
瓶体车间	1 号瓶体总成	380		
	2 号瓶体总成	420		
	小计	800	—	

受益对象		分配标准（人工工时）/ 小时	分配率	分配金额
组装车间	35KG 推车灭火器	1 800		
	50KG 推车灭火器	2 200		
	小计	4 000	—	
总计		6 100	—	

（2）参照前序业务及业务资源，完成公共制造费用分摊表（见表12）空白项目计算，并将计算结果填在相应表格内。

表12　公共制造费用分摊表

2022年3月31日　　　　　　　　　　　　　　　　　　　金额单位：元

受益对象		分配标准（人工工时）/ 小时	分配率	分配金额
焊接车间	1号车架总成	490		
	2号车架总成	510		
喷涂车间	1号车架总成	140		
	2号车架总成	160		
瓶体车间	1号瓶体总成	380		
	2号瓶体总成	420		
组装车间	35KG 推车灭火器	1 800		
	50KG 推车灭火器	2 200		
总计		6 100	—	

提示：先根据前序业务，将由车间管理部门承担的费用汇总为公共制造费用总计数，然后再在四个车间按照人工工时数进行分配。

（3）根据生产车间制造费用分摊表（见表11）以及公共制造费用分摊表（见表12）相关业务资源，完成制造费用分摊汇总表（见表13）空白项目计算，并将计算结果填在相应表格内。

表13 制造费用分摊汇总表

2022年3月31日 金额单位：元

受益对象		分配金额
焊接车间	1号车架总成	
	2号车架总成	
	小计	
喷涂车间	1号车架总成	
	2号车架总成	
	小计	
瓶体车间	1号瓶体总成	
	2号瓶体总成	
	小计	
组装车间	35 KG 推车灭火器	
	50 KG 推车灭火器	
	小计	
总计		

12. 31日，边角料入库，成本 1 135 元，其中焊接车间生产 1 号车架总成产生的边角料成本 560 元；生产 2 号车架总成产生的边角料成本 575 元，见表14。

表14 边角料入库成本冲减表

2022年3月31日 金额单位：元

车间	生产产品名称	入库边角料成本
焊接车间	1号车架总成	560.00
	2号车架总成	575.00
合计		1 135.00

提示：入库边角料冲减相应产品生产成本直接材料项目。

13. 31日，结转焊接车间生产领料成本。完成焊接车间生产领料成本汇总表（见表15）空白项目计算，并将计算结果填在相应表格内。

表15　焊接车间生产领料成本汇总表

2022年3月31日　　　　　　　　　　　　　　　　　金额单位：元

材料名称	单位	单价	1号车架总成		2号车架总成		合计	
			数量	金额	数量	金额	数量	金额
铁管	KG	2.85	12 400		16 400		28 800	
分摊材料成本差异金额			—	53.01	—	70.11	—	
合　计			—		—		—	

提示：车架总成生产领料成本 = 领料数量 × 单价 + 分摊材料成本差异。

14. 31日，结转喷涂车间生产领料成本。完成喷涂车间生产领料成本汇总表（见表16）空白项目计算，并将计算结果填在相应表格内。

表16　喷涂车间生产领料成本汇总表

2022年3月31日　　　　　　　　　　　　　　　　　金额单位：元

材料名称	单位	单价	1号车架总成		2号车架总成		合计	
			数量	金额	数量	金额	数量	金额
插销	个	0.15	6 200		6 460			
胶轮	个	11.50	6 200		6 460			
红色塑粉	KG	14.75	930		1 292			
小　计			—		—		—	
分摊材料成本差异金额			—	128.92	—	141.47	—	
合　计			—		—		—	

15. 31日，计算2号车架总成约当产量。2号车架总成经焊接和喷涂两个车间顺序完成生产。焊接车间包括切割、弯管、钻孔及焊接四个生产工序，喷涂车间包括喷漆、胶轮装配两个生产工序，各工序定额工时和在产品数量见表17。完成2号车架总成约当产量计算表（见表17）空白项目计算，并将计算结果填在相应表格内。

表 17　2 号车架总成约当产量计算表

2022 年 3 月 31 日　　　　　　　　　　　　　　　　金额单位：元

工序	车间	工序名称	定额工时 /（小时 /10 辆）	完工程度	在产品数量	约当产量
1	焊接车间	切割	5		20	
2		弯管	4		10	
3		钻孔	3		9	
4		焊接	6		11	
小计			18	—	50	
5	喷涂车间	喷漆	3		20	
6		胶轮装配	2		10	
小计			5	—	30	

16. 31 日，计算焊接车间产品成本。完成焊接车间产品成本计算表（见表 18）空白项目计算，并将计算结果填在相应表格内。

提示 1：1 号车架总成没有期初在产品。

提示 2：本月投入直接材料成本根据表 15 和表 14 相关费用填入。

提示 3：本月投入直接人工成本根据表 2、表 3、表 4 相关费用填入。

提示 4：本月投入制造费用成本根据表 13 相关费用填入。

提示 5：1 号车架总成和 2 号车架总成由焊接车间和喷涂车间共同完成，焊接车间和喷涂车间采用平行结转分步法计算车架总成成本。本月各成本项目归集的费用按照完工半成品产量和广义在产品约当产量进行分配。

表 18　焊接车间产品成本计算表

2022 年 3 月 31 日　　　　　　　　　　　　　　　　金额单位：元

成本项目	1 号车架总成				2 号车架总成			
	直接材料	直接人工	制造费用	合计	直接材料	直接人工	制造费用	合计
期初在产品成本	—	—	—	—	20.35	24.82	18.61	63.78
本月投入成本								
本月总成本								

成本项目	1号车架总成				2号车架总成			
	直接材料	直接人工	制造费用	合计	直接材料	直接人工	制造费用	合计
完工产量	3 100	3 100	3 100	—	3 200	3 200	3 200	—
期末在产品约当产量	—	—	—		—	—	—	
约当总产量				—				—
单位成本								
合格产品成本								
期末在产品成本	—	—	—	—				

17. 31 日，计算喷涂车间产品成本。完成喷涂车间产品成本计算表（见表 19）空白项目计算，并将计算结果填在相应表格内。

表 19　喷涂车间产品成本计算表

2022 年 3 月 31 日　　　　　　　　　　　　　　　　　　金额单位：元

成本项目	1号车架总成				2号车架总成			
	直接材料	直接人工	制造费用	合计	直接材料	直接人工	制造费用	合计
期初在产品成本	—	—	—	—	149.25	31.71	23.79	204.75
本月投入成本								
本月总成本								
完工产量	3 100	3 100	3 100	—	3 200	3 200	3 200	—
期末在产品约当产量	—	—	—					—
约当总产量				—				—
单位成本								
合格产品成本								
期末在产品成本	—	—	—	—				

18. 31 日，计算车架总成成本。完成车架总成成本汇总计算表（见表 20）空白项目计算，并将计算结果填在相应表格内。

表 20　车架总成成本汇总计算表

2022 年 3 月 31 日　　　　　　　　　　　　　　　　　　金额单位：元

成本项目	1 号车架总成				2 号车架总成			
	直接材料	直接人工	制造费用	合计	直接材料	直接人工	制造费用	合计
焊接车间								
喷涂车间								
总成本								
完工产量	3 100				3 200			
单位成本								

19. 31 日，结转瓶体车间生产领料成本。完成瓶体车间生产领料成本汇总表（见表 21）空白项目计算，并将计算结果填在相应表格内。

表 21　瓶体车间生产领料成本汇总表

2022 年 3 月 31 日　　　　　　　　　　　　　　　　　　金额单位：元

名称	单位	单价	1 号车架总成		2 号车架总成		合计	
			数量	金额	数量	金额	数量	金额
1 号瓶体	个	99.00	3 000		—	—	3 000	
2 号瓶体	个	118.00	—	—	3 397		3 397	
干粉灭火器	KG	8.80	105 000		169 850		274 850	
氮气	L	2.10	18 000		30 573		48 573	
器头阀门	个	19.50	3 000		3 397		6 397	
压力表	个	1.20	3 000		3 397		6 397	
小计			—		—		—	
分摊材料成本差异			—	1 981.35	—	3 045.07	—	
合计			—		—		—	

20. 31 日，计算瓶体总成约当产量。瓶体车间包括瓶体检验、除锈、干燥、干粉装配、阀门压力表装配、充氮及检验 7 个生产工序，各工序定额工时和在产品数量见表 21，完成瓶体车间生产领料成本汇总表（见表 22），完成 2 号瓶体总成约当产量计算表（见表 22）空白项目计算，并将计算结果填在相应表格内。

表22　2号瓶体总成约当产量计算表

2022年3月31日　　　　　　　　　　　　　　　　　　数量单位：辆

工序	车间	工序名称	定额工时 /（小时/100件）	完工程度	在产品数量	约当产量
1	瓶体车间	瓶体检验	1		20	
2		除锈	1.5		15	
3		干燥	1		25	
4		干粉装配	2		8	
5		阀门压力表装配	4		5	
6		充氮	1.5		9	
7		检验	1		15	
合计			12	—	97	

21. 31日，计算瓶体总成成本。完成瓶体总成成本汇总计算表（见表23）空白项目计算，并将计算结果填在相应表格内。

表23　瓶体总成成本汇总计算表

2022年3月31日　　　　　　　　　　　　　　　　　　金额单位：元

成本项目	1号瓶体总成				2号瓶体总成			
	直接材料	直接人工	制造费用	合计	直接材料	直接人工	制造费用	合计
期初在产品成本	2 240.00	746.67	560.00	3 546.67	—	—	—	—
本月投入成本								
本月总成本								
完工产量	3 000	3 000	3 000	—	3 300	3 300	3 300	—
期末约当产量	—	—	—					
约当总量				—				—
单位成本								
合格产品成本								
期末在产品成本	—	—	—					

22. 31 日，计算 1 号车架总成、2 号车架总成、1 号瓶体总成和 2 号瓶体总成等半成品加权平均单价。完成半成品加权平均单价计算表（见表 24）空白项目计算，并将计算结果填在相应表格内。

表 24　半成品加权平均单价计算表

2022 年 3 月 31 日　　　　　　　　　　　　　　　金额单位：元

名称	单位	期初		本期入库		加权平均单价
		数量	金额	数量	金额	
1 号车架总成	辆	1 860		3 100		
2 号车架总成	辆	1 850		3 200		
1 号瓶体总成	个	1 860		3 000		
2 号瓶体总成	个	1 850		3 300		
合计	—				—	—

23. 31 日，结转组装车间生产领料成本。完成组装车间生产领料成本汇总表（见表 25）空白项目计算，并将计算结果填在相应表格内。

表 25　组装车间生产领料成本汇总表

2022 年 3 月 31 日　　　　　　　　　　　　　　　金额单位：元

名称	单位	单价	35 KG 推车灭火器		50 KG 推车灭火器		合计	
			数量	金额	数量	金额	数量	金额
喷管总成	个	15.20	3 100		3 080		6 180	
器头护罩	个	2.80	3 100		3 080		6 180	
固定带	根	1.90	3 100		3 080		6 180	
铭牌	个	3.00	3 100		3 080		6 180	
灭火气罩	个	19.00	3 100		3 080		6 180	
1 号车架总成	辆		3 100		—		3 100	
2 号车架总成	辆		—		3 080		3 080	
1 号瓶体总成	个		3 100		—		3 100	
2 号瓶体总成	个		—	—	3 080		3 080	

名称	单位	单价	35 KG 推车灭火器		50 KG 推车灭火器		合计	
			数量	金额	数量	金额	数量	金额
小计			—		—		—	
分摊材料成本差异			—	194.84	—	193.58	—	
合计			—		—		—	

24. 31 日，计算产成品成本。完成产成品成本计算表（见表 26）空白项目计算，并将计算结果填在相应表格内。

表 26　产成品成本计算表

2022 年 3 月 31 日   金额单位：元

成本项目	35 KG 推车灭火器				50 KG 推车灭火器			
	直接材料	直接人工	制造费用	合计	直接材料	直接人工	制造费用	合计
期初在产品成本	—	—	—	—	—	—	—	—
本月投入成本								
本月总成本								
完工产量	3 100	3 100	3 100	—	3 080	3 080	3 080	—
期末约当产量								
约当总量				—				—
单位成本								
合格产品成本								
期末在产品成本	—	—	—	—	—	—	—	—

参考文献

1. 财政部会计财务评价中心. 初级会计实务（2023 年度）［M］. 北京：经济科学出版社，2023.

2. 张敏，黎来芳，于富生. 成本会计学［M］. 9 版. 北京：中国人民大学出版社，2023.

3. 张敏，黎来芳，于富生. 成本会计学（第 8 版）学习指导书［M］. 北京：中国人民大学出版社，2023.

4. 周云凌，王雪岩. 成本会计：原理、实务、案例、实训［M］. 5 版. 大连：东北财经大学出版社，2022.

5. 周云凌，王雪岩. 成本会计：原理、实务、案例、实训训练手册［M］. 5 版. 大连：东北财经大学出版社，2022.

6. 蒋小芸. 成本核算与管理［M］. 4 版. 北京：高等教育出版社，2022.

7. 张桂春. 成本核算与管理［M］. 3 版. 北京：高等教育出版社，2023.

8. 万寿义，任月均，李日昱. 成本会计习题与案例［M］. 6 版. 大连：东北财经大学出版社，2022.

主编简介

沈豫琼，会计学教授，会计师，注册会计师，云南财经职业学院副校长。从事职业教育 30 余年，参加教育部高等职业学校会计专业教学标准、会计信息管理专业教学标准、会计专业实训教学条件建设标准研制；参加教育部高职专科大数据与会计专业教学标准研制，主要执笔人；云南省教育督导评估专家；主持财政部专项课题"财经素养教育分学段主体活动研究"子课题研究 (已结题)；主持教育部教师工作司课题"教师的财经素养能力发展研究"子课题研究

究（已结题）；是会计信息管理国家专业教学资源库"财经应用文写作"课程负责人；主编、参编教材 10 余部，其中主编的《会计基础》教材被评为云南省优秀教材。

钱文，会计学副教授，云南财经职业学院会计学院教研室主任，云南省招生考试院高等职业院校分类考试专家，云南省人才技术开发协会常务副理事长。从事财务会计类专业教学工作 30 余年，研究方向为财务管理学、会计学、审计学。著有《财务管理与会计信息化创新研究》，主编、

参编教材 6 部，发表学术论文 20 余篇。参与课题"新时代高职会计应用人才培养及其改革研究"等 2 项。荣获 2023 年云南省职业院校技能大赛财会职业能力赛项第一名（一等奖）等 19 个奖项。

郑重声明

高等教育出版社依法对本书享有专有出版权。任何未经许可的复制、销售行为均违反《中华人民共和国著作权法》，其行为人将承担相应的民事责任和行政责任；构成犯罪的，将被依法追究刑事责任。为了维护市场秩序，保护读者的合法权益，避免读者误用盗版书造成不良后果，我社将配合行政执法部门和司法机关对违法犯罪的单位和个人进行严厉打击。社会各界人士如发现上述侵权行为，希望及时举报，我社将奖励举报有功人员。

反盗版举报电话　（010）58581999　58582371

反盗版举报邮箱　dd@hep.com.cn

通信地址　北京市西城区德外大街4号　高等教育出版社法律事务部

邮政编码　100120

读者意见反馈

为收集对教材的意见建议，进一步完善教材编写并做好服务工作，读者可将对本教材的意见建议通过如下渠道反馈至我社。

咨询电话　400-810-0598

反馈邮箱　gjdzfwb@pub.hep.cn

通信地址　北京市朝阳区惠新东街4号富盛大厦1座

　　　　　高等教育出版社总编辑办公室

邮政编码　100029

防伪查询说明

用户购书后刮开封底防伪涂层，使用手机微信等软件扫描二维码，会跳转至防伪查询网页，获得所购图书详细信息。

防伪客服电话　（010）58582300

网络增值服务使用说明

授课教师如需获取本书配套教辅资源，请登录"高等教育出版社产品信息检索系统"（http://xuanshu.hep.com.cn/），搜索本书并下载资源。首次使用本系统的用户，请先注册并进行教师资格认证。

高教社高职会计教师交流及资源服务QQ群（在其中之一即可，请勿重复加入）：

QQ3群：675544928　QQ2群：708994051（已满）

QQ1群：229393181（已满）

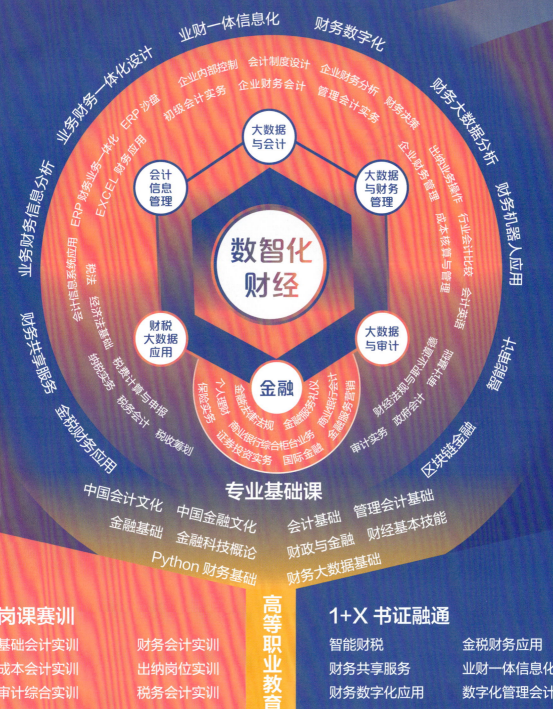

业财一体信息化　　财务数字化

业务财务一体化设计　　财务大数据分析

企业内部控制　会计制度设计
ERP沙盘　　企业财务分析　　财务机器人应用
初级会计实务　企业财务会计　管理会计实务　财务决策
ERP财务业务一体化
EXCEL财务应用
会计信息系统应用

大数据与会计

会计信息管理

大数据与财务管理

出纳业务操作
行业会计比较
成本核算与管理
会计英语

数智化财经

财税大数据应用

大数据与审计

智能审计

金融

个人理财
保险实务
金融服务礼仪
金融法律法规
商业银行综合柜台业务
证券投资实务
商业银行会计
国际金融
金融服务营销

财经法规与职业道德
审计实务　政府会计　审计基础
区块链金融

业务财务信息分析
会计信息系统应用
到账
纳税实务
税费计算与申报
税务会计　税收筹划
金税财务应用

专业基础课

中国会计文化　中国金融文化　　会计基础　管理会计基础
金融基础　　金融科技概论　　财政与金融　财经基本技能
Python财务基础　　　财务大数据基础

岗课赛训

基础会计实训　　　财务会计实训
成本会计实训　　　出纳岗位实训
审计综合实训　　　税务会计实训
管理会计实训　　　会计综合实训
数字金融业务实训　会计信息化实验

高等职业教育财经类专业群

1+X 书证融通

智能财税　　　　　金税财务应用
财务共享服务　　　业财一体信息化应用
财务数字化应用　　数字化管理会计
智能估值　　　　　智能审计
财务机器人应用